KB263202

중등 필독 신문 2

중등 필독 신문 2

이현옥·이현주 지음

체인지업
CHANGEUP

프롤로그

생각하고, 질문하고, 행동하는 사람

생각하는 힘이 필요한 시대다. 인공지능의 보편화가 무서운 속도로 진행되면서, 점점 '인간이 생각하지 않아도 기계가 답을 내놓는 사회'로 변해 가고 있다. 이런 분위기라면 얼마 못 가 기계에게 인간의 일자리뿐만 아니라 '세계의 주인' 타이틀까지 빼앗길지도 모를 일이다.

'기계가 다 해주면 아무래도 편하지… 우린 그저 누리면 되잖아.'

물론, 누리면 된다. 그러나 아무 생각 없이 있다 보면 결국 기계의 판단에 따라 모두가 움직이게 될 것이다. 가령, 원치 않은 영상까지 유튜브 알고리즘에 의해 '보게 되는' 것처럼 말이다. 추천 영상만 보는 내가 주체적인 삶을 산다고 말할 수 있을까? 결국 인공지능을 움직이는 것은 사람이다. 스스로 어떤 가치관을 가지고 어떻게 운용하는지에 결과가 따라 달라진다. 지금 우리에게 필요한 건 인간만이 가진 '생각의 힘'으로 인공지능을 쓸모 있게 다루는 것이다. 단순히 인공지능 시대라서가 아니라 '생각하는 힘'은 어느 순간에서든 빛을 발한다. 우리는 때로 순간의 기지로 모든 것을 판단한다고 착각하지만 그렇지 않다. 오랜 판단의 경험이 결집되어 순식간에 판단을 내리기 때문이다. 이는 생각의 힘을 길러야 하는 까닭이기도 하다.

《중등 필독 신문 2》를 준비하면서 우리는 원점으로 돌아가 비판적 사고력이 무엇인지, 그것이 왜 필요한지에 대해 생각해 보았다. 비판적 사고는 '정보를 객관적으로 분석하고 평가하여 합리적인 판단을 내리는 능력'이다. 단순한 정보의 수집을 넘어 정보의 타당성과 신뢰성을 검토하여 문제를 해결하기 위한 최선의 방법을 찾아내는 것이다. 비판적 사고력을 키우면 어려움에 닥쳤을 때, 문제 해결을 위한 질문을 만들어 낼 수 있다. 답을 찾아 나갈 수 있다. 무엇보다 합리적인 판단을 내릴 수 있다. 거기다 창의적이고 혁신적인 아이디어까지 첨가할 수 있다면 비판적 사고력이 '제대로' 발휘된 것이다. 비판적 사고의 과정들을 낱낱이 파헤쳐 조금이라도 쉽게 사고력을 향상시키는 것. 이것이 우리가 이 책을 펴내는 궁극적인 목적이다.

이번에는 1편과 다른 영역을 다뤘다. IT, 정치, 생활, 역사, 국제, 철학…. 쉽지 않은 분야이다. 달리 생각해 보면, 그렇기에 더 매력적인 주제다. 어려운 주제를 다루다 보면 생각의 폭이 확장되고 세상을 바라보는 시각 자체도 훨씬 다양해질 것이다. 이번 편은 수능에서 다뤘던 '비독해' 지문을 주제로 사고를 확장할 수 있게끔 구성했다. 수능 주제를 다루는 새로운 독서 경험이 될 거라 자신한다.

2024년부터 적용되는 〈2022 개정 교육과정〉 내용에서도 주제를 추출했다. 교육과정이란 학교에서 배우는 모든 내용을 담은 틀이다. 교과 시간에 배우는 내용을 주제로 다루다 보면 이해가 빨라지는 놀라운 경험을 하게 될 것이다. 물론, 자신감은 덤이다. 이 책에서 생각하는 방법을 충분히 연습해 '질문'과 '사고'의 힘으로 무장한 여러분 모두가 되었으면 좋겠다.

'내가 과연 수능 지문을 이해할 수 있을까?'
'내 문해력과 사고력이 이 책을 따라갈 수 있을까?'

어떤 생각은 두려움을 딛고 나아가지만 어떤 생각은 두려움 앞에서 멈춰 선다. 우리는 여러분에게 '수능 지문, 별거 아니네'라고 말할 수 있는 근거 있는 '지적 허영심'을 선물하고 싶다. 우리의 발전 가능성은 무한하다. 미래를 크게 보고, 지금부터 만들어 나가면 해내지 못할 일이 없다. 생각하는 두뇌로 세상에 대하여 질문하는 자는 앞서나갈 것이다. 60개의 다양한 토픽을 심도 있게 다뤄보면서 누구도 넘볼 수 없는 사고력을 갖길 바란다.

2024년, 가을
이현옥·이현주 드림

 # 목차

Chapter.4 　역사

Chapter.5 　국제

Chapter.6 철학

Chapter 1

IT

로봇 이용해 해외환자 수술한다

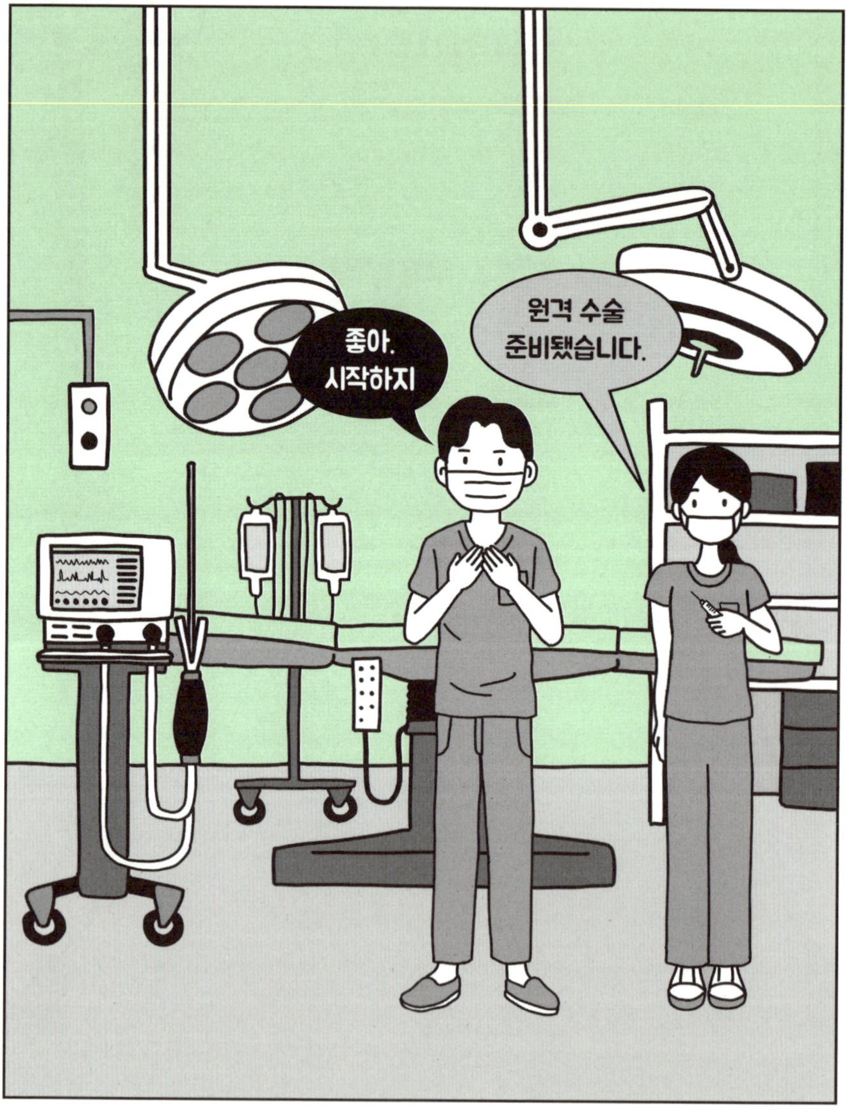

"로봇 청소기, 아이 학교 다녀온 모습을 보고 싶어. 집안 모습을 보여 줘."

삼성전자가 새롭게 준비 중인 로봇의 미래 모습이다. 이제 어린 자녀를 둔 부모님들은 삼성전자의 사물인터넷 플랫폼 〈SmartThings〉를 통해 가정의 모습을 실시간으로 살필 수 있다. 근무 중에도 가정을 살피고 관리할 수 있어 불안을 덜 수 있게 된 것이다. 사람 대신 로봇 개와 드론이 현장을 순찰하고, 그동안 접하지 못한 신기술도 활성화된다. 울산의 한 공장에서는 위험 요소를 미리 감지하기 위해 키 61cm의 로봇 개가 여의도 3배 크기의 공장을 수시로 살핀다. 그뿐만이 아니다. 홈케어 재활복지 전시회에서는 고령과 장애인들을 위한 배변 처리 로봇이 첫선을 보였고, 간병인을 위한 허리보조 로봇도 출시되었다. 삼성물산에서는 한술 더 떠 아파트 입주민을 위한 자율주행 로봇 배송 서비스를 시작한다. 아파트 단지와 외부 상가를 연계한 실외 로봇 서비스인 것이다. 입주민이 인근 상가의 식음료를 온라인으로 주문하면 자율주행 로봇이 물건을 픽업해 각 동의 집 앞까지 배달해 준다.

로봇이 진화를 거듭하며 이제는 제조 현장에서 사람과 함께 협업하는 시대가 왔다. 서비스 분야에서는 사람이 하기 힘든 일을 로봇이 대신하며 물류나 배송, 손님 응대, 요리 등 로봇의 활용 분야도 점차 넓어지고 있다. 지능형 로봇, 생성형 인공지능 로봇이 이토록 성장하는 이유는 무엇일까? 답은 간단하다. 사람이 귀하기 때문이다. 일할 수 있는 '생산 가능 인구'가 줄어들면서 로봇이 자연스레 그 자리를 채우고 있다. 로봇은 제조업뿐만 아니라 우주, 항공, 방위 등 신산업 분야와 서비스 산업에서도 폭넓게 활용될 전망이다. 물론, 활용범위는 필요에 따라 얼마든 확장이 가능하다.

　로봇은 용도에 따라 의료 로봇과 산업 로봇, 크게 두 부류로 나뉜다. 의료 로봇은 수술을 보조하거나 재활, 환자의 모니터링 등을 돕고 산업 로봇은 자동차 조립, 제품 검사, 포장 등 제조공정에 널리 활용된다. 자율주행 로봇은 산업 로봇으로 구분되며 자동차나 드론, 로봇 청소기 등 다양한 분야에서 그 가능성을 인정받고 있다. 특히 의료 분야의 '텔레메디신' 기술에 관심이 집중되는데, 이를 통해 많은 이들이 의료의 새 시대를 기대하고 있다. '텔레메디신'은 의료기술이나 서비스를 원격으로 제공하는 매우 혁신적인 시스템이다. 환자와 의료진이 멀리 떨어져 있어도 수술이 가능한 시대가 올 것이다.

　해저케이블 네트워크도 이에 한몫했다. 해저케이블을 통해 우리는 각종 정보를 신속하게 주고받을 수 있으며, 세계 어디에서나 효율적으로 협업할 수 있다. 특히 시차와 정보 전송 용량에 구애받지 않는다는 강점이 있는데, 전 세계 의료인 간에 견해를 나누거나 로봇 수술의 집도, 의료기법 강의 시에도 유용하게 활용할 수 있다.

　로봇은 정확하게, 반복적으로 일할 수 있다. 생산성이 높고 부품이 고장 나지 않는 이상 쉬지 않아도 된다. 인간보다 빠르게 반복 작업을 수행하며 위험한 작업도 척척 해낸다. 인간보다 정밀하게 작업할 수 있고 지치지도 않으니 어쩌면 인간보다 낫다고도 볼 수 있다. 공공 안전을 강화하는 기능도 로봇의 주요 장점이지만, 이 가공할 능력에도 문제는 있다. 인간의 감성과 창의성을 따라가지 못해 복잡한 상황에서는 판단이 어려울 수 있으며, 기술적 오류나 결함이 잠재되어 있을 가능성도 있다.

　인간의 자리를 로봇이 대신하면서 불거지는 일자리에 대한 사회현상은 피해갈 수 없다. 인간과 협력하고 상생할 수 있는 존재로서 로봇을 활용해야 할 것이며, 이는 우리의 숙명이자 숙제이기도 하다. 로봇은 분명히 인간의 삶의 질을 높일 것이다. 다만 로봇 기술의 표준화와 규제, 윤리 문제에 따른 제조업체와 활용기관의 사회적 합의가 필요할 것으로 보인다. 더불어 이러한 편리함이 격차와 불평등을 생산되는 또 다른 통로가 될 수 있음을 잊지 말아야 한다.

 ## 어떻게 생각할 것인가

로봇 기술이 나날이 발전하면서 제조업용 로봇과 전문 서비스용 로봇의 경계가 허물어지고 있다. 서비스 로봇 시장은 연평균 11.2%나 성장했으며, 생성형 인공지능의 열풍으로 로봇 기술이 하루가 다르게 진화한다. 서빙 로봇과 자율주행 물류이송 로봇도 활용될 전망이며, 물음에 답한 후 안내까지 해주는 대화형 자율주행 로봇도 선보일 예정이다. 거의 모든 질문에 대답할 수 있고 경량화되어 사용이 간편 로봇 기술. 이 기술 앞에서 우리는 어떤 생각을 해볼 수 있을까?

로봇 기술이 우리에게 상상 이상의 편리함을 줄 것은 분명하다. 하지만 신기술의 장점에만 혈안이 되어서는 안 된다. 단점과 문제점을 찾아보고, 그에 따른 대응책을 마련하는 과정이 우리에게는 필요하다. 로봇의 진화가 우리에게 일으킬 문제에 대해서, 가령 로봇의 데이터 수집 능력이 발전할수록 커지는 개인의 프라이버시 침해 가능성과 자율로봇이 인간의 생명에 대한 결정을 내릴 때 발생할 수 있는 오류와 그 책임에 관한 문제를 생각해 볼 수 있다. 약해질 사회적 유대에 대해서도 고민해보자.

로봇을 다루는 사람과 그렇지 않은 사람의 격차도 무시할 수 없다. 로봇 개발과 유지에 필요한 높은 비용은 나라별 격차를 만들 수밖에 없기 때문이다. 주요 기술을 독점하는 대기업은 초기 개발 비용을 소비자에게 부담시키기도 한다. 또한 로봇은 사이버 공격에 취약해 정보 유출 가능성이 크다. 로봇 생산과 폐기 과정에서 발생할 전자 폐기물 증가와 자원 고갈 문제도 고민해 봐야 한다.

이처럼 로봇의 편리성만을 생각하지 않고, 개발과 사용과정에서 생길 수 있는 다양한 문제점을 다뤄 본다면 기술의 부정적 영향을 최소화하는 데 도움이 된다. 더불어 의로운 방향으로 기술을 개발하고 이를 실생활에 적용하는 지혜도 찾을 수도 있다. 새로운 기술의 도입 앞에서 더 비판적으로, 더 객관적으로 현상을 바라봐야 하는 까닭이다.

비판적 사고력 UP!

1. 로봇 개발로 인해 일어날 수 있는 문제점 중 가장 우려되는 것은 무엇인가?
2. 로봇의 의료기술이 인간의 생사를 결정하기 전 어떤 기준을 세우는 것이 좋을까?
3. 로봇 개발에 필요한 윤리적인 기준에 대해 생각해보자.

 02 드론의 놀라운 진화

재미로 드론 장난감을 날리던 시절이 있었다. 높은 곳에서 지상의 모습을 담는 드론을 보며 신기해했던 기억이 있을 것이다. 장난감 정도로 여겼던 드론의 기술은 최근 몇 년간 엄청난 변화를 겪었다. 고해상도 카메라, 열화상 카메라, GPS, 초음파 센서 장착은 물론 정밀한 데이터 수집도 가능해졌다. 조금만 써도 배터리를 충전해야 했던, 장난감쯤으로 여겼던 예전의 드론이 아니다. 비행 시간은 길어지고 충전 속도는 빨라졌다. 일부 드론은 30분 이상 비행할 수 있으며, 배터리 교체가 쉬운 모듈식 디자인에 내구성 또한 높다. 더 작고, 더 가볍게 만들기 위해 탄소섬유나 고강도 플라스틱 등의 첨단 소재를 사용하기도 한다. 비행성능과 안전성의 향상은 두 말할 것도 없다.

기계적 발전도 발전이지만 소프트웨어의 변화도 놀랍다. 인공지능과 머신러닝 알고리즘의 발전으로 자율비행능력을 갖추게 된 것이다. 스스로 경로를 계획하고 장애물을 피하거나 자동 착륙도 할 수 있다. 수집한 데이터를 농업이나 건설, 재난 구조에 사용할 수 있을 만큼 기술이 발달했다. 5G의 발달로 통신 범위와 전송 속도 역시 크게 향상되었다. 원격제어와 실시간 데이터 스트리밍도 가능하니 드론의 활용도는 그야말로 무궁무진하다.

드론은 물류나 영화촬영 등 다양한 분야로 뻗어 나간다. 구글과 아마존이 드론 배송 시스템을 개발하고 있으며 군사정찰이나 감시, 공격용 드론은 대규모 행사나 국경을 감시하는 데도 활용된다. 응급 의약품이나 혈액을 전달하기도 하며, 자연재해 발생 시 피해 지역을 파악하는 데도 유용하게 쓰인다. 접근이 어려운 지역의 재난 구호나 의료 물품 배송에 주요 역할을 톡톡히 해내고 있다. 그뿐만이 아니다. 도시 개발과 교통 관리, 환경 모니터링 등을 통해 도시 관리도 돕는다. 레이싱, 비행 시뮬레이션 등 단순한 취미 활동의 범주를 뛰어넘은 지 오래다.

특히 세계 군사 선진국들이 소형 드론의 실전 배치에 열을 올리고 있다. 스텔스, 초음속, 자폭 등의 기능을 개발해 전투, 정찰 임무를 맡기는 것이다. 스텔스는 레이더 반사 면적을 줄여 일반 레이더로는 조기에 탐지하거나 식별하기 어렵게 만드는 '식별기술'이다. 소형 무인 드론이 스텔스 형태를 갖추게 되면 레이더로 탐지하는 것이 까다로워지고, 방어하는 입장에서는 대응이 어려울 수밖에 없다. 스텔스 드론은 미국, 중국 등 선진국들도 앞다투어 개발하고 있으며 실전 배치하는 단계로까지 이어졌다.

비교적 낮은 공중을 비행하는 드론은 물리적으로 손상에 취약하다는 단점이 있다. 시스템에 오류가 발생하면 새나 지형지물과 충돌하기도 한다. 드론 연구팀들은 내구성을 강화하고 손상 시에도 정상적인 비행이 가능하도록 꾸준히 연구하고 있다. 더 험하고 복잡한 지형을 탐사하는 기술도 등장했다. 모터의 회전 기능을 추가하기 위해 식물의 씨앗 형태를 드론에 접목한 것이다. 날개 씨앗은 헬리콥터 프로펠러처럼 외피를 벗겨 바람을 타고 이동한다. 모터 회전에너지를 추가로 얻지 않고, 외부 환경의 힘을 이용하기 때문에 상당히 용이하다.

드론은 나날이 진화하며 다양한 분야에서 활용되고 있다. 드론이 인간 생활에 큰 변화를 가져온 만큼 드론에 거는 앞으로의 기대 또한 크다.

드론만 있으면 큰 힘과 경비를 들이지 않고도 공중에서 간편하게 촬영할 수 있다. 비싼 헬기를 띄워 촬영하던 것이 조그마한 드론만으로 해결이 된 것이다. 드론의 역사를 100년으로 잡으면 무서운 속도로 발전했음을 알 수 있다. 드론은 원래 수벌을 의미하는 드론(drone)에서 유래했다. 프로펠러가 돌아가는 소리가 벌이 날갯짓을 하는 소리와 흡사해 붙여진 이름이다. 민간 드론 시장의 발전을 주도한 곳은 중국이며, 국가적 지원의 영향으로 드론 시장의 70%를 중국이 차지하고 있다.

개인이 촬영을 위해 활용하던 드론은 이제 배송과 물류, 농업, 영화촬영, 건설, 재난 구호 등 다양한 분야에서 활발하게 활용되고 있다. 이 시점에서 드론이 어느 분야에서 어떻게 활용되고 변환될 수 있을지 생각해보자. 드론의 새로운 활용 가능성을 예측하는 것은 비즈니스 모델을 개발하는 데 큰 도움이 된다. 특히 일할 수 있는 인구가 줄어드는 오늘날에는 농업에 드론을 활용하는 신사업을 구상할 수 있다. 농작물에 비료를 뿌리거나 농장을 관리하는 용도로 이미 몇 농가들이 드론을 활용하고 있으며 그 활용 범위는 점차 확대될 것으로 보인다.

미래의 발전 방향 예측은 드론의 장점을 강화하고 단점을 보완하는 데도 큰 도움이 된다. 드론을 활용한 마술 콘서트나 군집 비행 등의 공연을 계획할 수도 있으며, 드론 서커스나 불꽃놀이는 지금도 어렵지 않게 접할 수 있다. 이러한 기술을 키워나가면 새로운 산업으로의 도약도 꿈꿀 수 있다. 속도를 겨루는 '드론 레이싱'도 매력적인 취미 활동으로 자리를 잡을 것이다. 드론을 직접 운전하면서 자신만의 방식으로 개조하고 디자인한다면 그 만족감은 배가될 것이다. 이 외에도 야간 순찰을 대신하는 드

론이나 공중 드론 택시, 험한 지형을 설비하고 관리하는 데도 드론을 활
용할 수 있다.

드론은 그야말로 우리의 생활을 바꿔놓고 있다. 여러 분야에서 혁신을 일
으킬 대단한 기술력임이 틀림없고 성장 속도도 매우 빠르다. 글로벌 시장
조사기관인 '마켓앤마켓'에 따르면 당장 향후 5년간 연간 드론 시장 성장
률이 70%를 뛰어넘을 거라고 한다. 빠른 성장세를 통해 드론이 활용 가
능한 상황을 마음껏 예측해보자. 상상을 현실로 만드는 쾌감을 느낄 수
있을 것이다.

 ## 비판적 사고력 UP!

1. 드론의 활용 영역 가운데 발전 가능성이 가장 큰 영역은 무엇이며,
그 이유는 무엇인가?

2. 드론이 새롭게 진출할 영역에는 어떤 것이 있을까?

3. 드론의 활용으로 변화될 10년 후의 일상을 예측해보자.

3D 합성 영상 원리와 활용

최신 애니메이션 영화를 본 적 있는가? 실사와 비슷한 섬세한 입체 구현에 놀랐을 것이다. 3D 입체 영상을 생성, 출력하기 위해서는 '모델링'과 '렌더링' 작업이 필요하다. 모델링 작업에서는 3차원 가상공간에서 물체의 모양과 크기, 공간적 위치, 표면 특성 등과 관련된 고유의 값을 설정하거나 수정한다. 점토를 입체적으로 빚을 때 그 모양을 만드는 과정이라고 생각하면 된다. 모양과 크기를 설정할 때는 주로 삼각형을 활용하는데, 작은 삼각형 조합을 그물처럼 만들어 입체감을 준다. 삼각형 꼭짓점의 상대적 위치나 개수는 변하지 않으며 간격이나 회전 방향만 변형된다.

렌더링 작업은 공간에서 입체적인 물체를 바라보는 시점을 기준으로 2차원 화면을 생성하는 것을 말한다. 점토 인형에 색을 칠하고 사진을 찍는 것과 비슷하다. 모델링으로 만든 3D 물체에 색을 칠하고 빛과 그림자를 넣어 실제처럼 보이는 과정이라고 생각하면 쉽다. 전체 화면을 잘게 나눈 화소로 표시하며, 물체의 거리에 따라 화소값을 지정해 원근감을 만들어낸다. 모델링과 렌더링을 반복하여 만든 프레임을 순서대로 표시하면 동영상이 되는 것이다. 모델링과 렌더링은 정확한 계산에 따라 실사와 최대한 비슷한 결과물을 도출해낸다.

영상 제작 순서는 이렇다. 형태와 크기, 공간적 위치를 설정하는 모델링과 표면에 질감과 색상을 입히는 텍스처링으로 3D 영상을 제작한다. 적절한 조명을 연출해 사실감을 높이고 렌더링과 합성을 통해 하나의 완성된 영상을 만든다. 이런 3D 합성 영상은 영화나 드라마, 광고에서 시각적 효과를 더하거나 게임, 애니메이션 제작에 쓰인다. 나아가 건축이나 제품의 디자인을 시각화하거나 의료 분야의 시뮬레이션에도 활용할 수 있다.

물론, 문제점도 있다. 3D 합성 영상의 결과물이 복잡하면 그만큼 렌더링

시간이 많이 걸린다. 또 가려진 부분은 표현하는 데 한계가 있다. 합성과정에는 시간과 비용이 많이 들며, 아직까지는 복잡한 질감을 완벽하게 재현해 내기가 어렵다. 실제 물체의 질감과 조명, 그림자를 살리는 AI 기술과 사실감을 높이는 연구가 진행 중이며, 복잡한 장면도 실시간으로 부드럽게 렌더링할 수 있는 최적화 기술도 함께 연구하고 있다. 가상현실이나 증강현실 등 실감형 기술과 연계하면 조금 더 높은 퀄리티의 영상도 기대해 볼 수 있을 것이다.

실감형 콘텐츠의 발전으로 인해 우리는 더 현실감 있는 경험을 할 수 있게 되었다. 교육용 3D 시각화 자료를 만들어 이를 통해 학습자의 이해도와 몰입도를 높일 수도 있다. 영상뿐만 아니라 교육계, 건축계로도 그 쓰임새를 넓혀 나가고 있으며 특히 수술과 의료진의 교육, 실습, 개인 맞춤형 의료기기 제작, 건축물의 설계와 기후 변화에 반응하는 건축물 구현에 큰 도움이 될 것으로 보인다.

이와 같이 3D 합성 영상 기술은 실사 수준의 사실감, 실시간 처리 능력을 보여준다. 현실적이고 몰입감 있는 게임 환경 구축은 물론 건축 설계 및 인테리어 디자인 시 건축물의 외관과 실내공간까지 시각화해 준다. 제품 광고와 마케팅을 위한 독특하고 매력적인 콘텐츠를 제작할 수 있기에 여러 업체에서도 이 기술에 관심을 보이고 있다. 기술의 자동화 및 효율성 향상, 실감형 콘텐츠 제작이 가능해진다면 더욱 다양한 분야로 발전해 나갈 것으로 기대된다.

입체적으로 표현된 3D 영상을 보면 그저 신기하고 재미있기만 할 것이다. 위에서 살펴본 것처럼 영상 제작 방식 자체를 궁금해하거나 영상제작 기술의 악용 우려를 생각하진 않을 것이다. 자신과는 무관한 분야의 일로 여겨지기 때문이다. 그러나 절대 그렇지 않다. 3D 영상 기술이 발달하면서 이와 관련한 악용 사례가 심심치 않게 발생하고 있다. 나와는 상관없다고 생각하던 문제들이 내 주변에서 일어날 수 있다는 뜻이다.

예를 들어 보자. 인터넷 공간에 떠도는 몇 장의 사진을 교묘하게 합성해 그럴듯한 영상을 만들 수 있다. 일명 '딥페이크'라고 불리는 기술이다. 인공지능 기술을 사용해 눈, 코, 입 등 얼굴의 특징을 살려 실제 사람처럼 만든다. 목소리 데이터를 활용해 '하지도 않은 말'을 했다고 허위 사실을 만들어낸다. 최근 정치인, 유명인을 사칭한 딥페이크 영상이 사회를 혼란스럽게 만들고 있다. 물론, 개인의 이미지로도 얼마든 만들 수 있다. 타깃층이 넓다는 것이다. 부모의 목소리를 합성해 보이스 피싱을 일삼는 범죄자들의 행각을 뉴스를 통해 접한 적이 있을 것이다.

몇 개의 애플리케이션만으로 3D 영상을 뚝딱 만들어 낼 수도 있다. 그렇다면 그 피해는 유명인에게만 그치지 않을 것이다. 딥페이크 영상은 개인의 사생활을 침해하고, 나아가 크나큰 사회의 혼란을 야기할 수도 있다. 이처럼 3D 합성이나 기술의 발전은 개인정보 탈취 등을 통해 얼마든 악용할 수 있다.

새로운 기술이 나왔을 때는 그 기술의 결과물을 충분히 즐기는 자세도 필요하며, 역으로 이 신기술의 문제 유무를 살펴보는 비판적 사고력 또한 필요하다. 그 기술이 믿을 만한지, 윤리적인 문제는 없는지 생각해 봐야

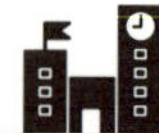 ## 비판적 사고력 UP!

1. 3D 영상 합성 기술은 어디에, 어떻게 활용되고 있을까?

2. 3D 영상 합성 기술 개발 시 고려해야 할 점은 무엇일까?

3. 3D 영상 합성 기술의 악용을 막기 위해 어떤 장치가 필요할지 생각해보자.

 # 04 빅 데이터 시대, 데이터가 몰려온다

빅 데이터란 기존 데이터베이스 관리 도구의 능력을 넘어서는 대량의 정형, 또는 데이터베이스 형태가 아닌 비정형의 데이터 집합을 포함한 데이터로부터 가치를 추출하고 결과를 분석하는 기술이다. 단순히 데이터의 양뿐만 아니라 그 다양성과 복잡성으로 인해 '빅'이란 수식어가 붙은 것이다. 일반적으로 빅 데이터는 데이터를 수집, 관리, 처리하는 기존 데이터베이스의 용량을 초과하며, 디지털로 모니터링할 수 있는 전 세계의 모든 사물과 장소에서 만들어진다.

우리는 빅 데이터를 통해 방대한 양의 데이터를 분석하고 일정한 패턴을 추출할 수 있다. 하지만 정보의 양이 많아지는 만큼 데이터의 신뢰성도 떨어진다. 따라서 빅 데이터를 분석할 때는 정확한 정보인지, 분석할 만한 가치가 있는지 등을 살펴야 한다.

최근 소셜 미디어의 확산으로 자신의 의견을 웹사이트에 게시하는 것이 지극히 자유로워졌다. 그러나 자신의 의도와 달리 해석되어 때로는 수많은 오해를 불러일으키기도 한다. 이처럼 데이터라는 것은 맥락에 따라 그 의미가 크게 달라지는데, 이를 가변성(Variability)이라고 한다. 빅 데이터는 복잡한 분석을 실행한 후 용도에 맞게 정보를 가공하는데 이때 중요한 것은 정보를 사용하는 대상의 '이해의 정도'이다. 정보에 대한 기본적인 이해가 없으면 정보 가공을 위해 소비한 시간적, 경제적 비용이 무용지물이 될 수 있다.

그렇다면, 빅 데이터는 구체적으로 어떻게 활용될까? 2008년 미국 대통령 선거에서 버락 오바마 후보는 다양한 형태의 유권자 데이터베이스를 확보하여 이를 분석, 활용한 '유권자 맞춤형 선거 전략'을 전개했다. 당시 오바마 캠프는 인종, 종교, 나이, 가구 형태, 소비수준과 같은 기본 인적 사항으로 유권자를 분류했으며 과거 투표 여부, 구독하는 잡지, 마시는 음료 등 유권자의 취향까지 전화 또는 개별 방문, 소셜 미디어를 통해 수집했다. 수집된 데이터는 오바마 캠프 본부로 전송되어 유권자 데이터베이스를 온라인으로 통합 관리하는 '보트빌더(VoteBuilder)'로 넘어갔다. 여기서 유권자 성향 분석, 미결정 유권자 선별, 유권자에 대한 예측을 해 나간 것이다. 결국 빅 데이터를 통한 유권자 맞춤형 선거 전략으로 비용 대비 효과적인 선거를 치를 수 있었다.

'아마존닷컴'은 모든 고객들의 구매 내역을 데이터베이스에 기록하고, 이 기록을 분석해 소비자의 소비 취향과 관심사를 파악한다. 이런 빅 데이터로 아마존은 고객 한 사람 한 사람의 취미나 독서 경향을 찾아 '추천 상품(레코멘데이션)'을 표시한다. 해당 독자의 취향과 일치한다고 생각되는 상품을 메일, 홈페이지상에서 고객에게 자동적으로 제시하는 것이다. '구글'과 '페이스북'도 이용자의 검색 조건, 사진, 동영상 같은 비정형 데이터 사용을 즉각 처리한다. 이용자에게 맞춤형 광고를 제공하는 '빅 데이터'의 활용 범위를 확장하는 것이다. 이 밖에도 '코로나 19와 이민자 유학생 간 상관관계 찾기'와 '2014 월드컵 우승 분석' 등도 빅 데이터를 통해 가능하다.

이제는 마케팅, 의료, 금융, 제조 분야에서 빅 데이터는 없어서는 안 될 존재로 자리매김했다. 빅 데이터와 데이터 분석은 다양한 산업 분야에서 혁신적인 성과를 이끌어 내고 있으며, 앞으로 그 중요성은 더욱 커질 것이다.

빅 데이터를 통해 의사결정을 하거나 미래 트렌드를 분석하는 사람을 흔히 '데이터 전문가'라 부른다. 수없이 쏟아지는 정보들을 분석 및 해석하여 사회의 변화를 끌어내는 일은 어쩌면 이 시대에 가장 필요한 능력일지도 모른다. 시대를 읽고 그 흐름에 맞게 준비해나가려면 수없이 많은 데이터를 정리하고 수용할 수 있어야 한다. 하지만 그 많은 데이터를 개인이 무슨 수로 정리할 수 있을지 의문이 생길 것이다. 물론 우리가 빅 데이터 전문가처럼 전문 도구를 사용하여 정확한 분석을 하기는 어렵다. 그럴더라도 할 수 있는 데까지 시도해 보고 도전해 보는 것은 큰 의미가 있다. 할 수 있는 최선을 다해 본 사람과 그렇지 않은 사람은 '수용의 속도'가 현저히 다르기 때문이다.

개인이 빅 데이터를 분석하는 방법은 생각보다 간단하다. 우리가 흔히 사용하는 것에서부터 시작하면 된다. 먼저, 구매 영수증을 스캔하고 구매 기록을 정리하여 우리의 소비 패턴을 분석해보자. 자주 구매하는 제품이나 브랜드, 선호하는 스타일을 따져 보면 자신의 소비 습관을 어느 정도 분석할 수 있다. 빅 데이터 분석은 생활에서부터 차근차근 시작하면 된다.

주로 사용하는 소셜미디어의 분석도 가능하다. 자신이 업데이트한 정보 중 가장 인기가 많았던 주제와 보편적으로 조회 수가 많았던 콘텐츠에 어떤 차이가 있는지, 어떻게 바꾸면 나아질지 분석해 본다. 유행 패턴에서도 활용할 수 있다. 현재 가장 인기 있는 검색어와 주제를 알아본 후 이를 바탕으로 블로그 포스팅이나 소셜 미디어 콘텐츠를 만들어 반응을 살핀다. 반응 상태에 따라 주제를 바꾸기도 하면서 변화를 눈여겨본다면 충분한 데이터를 확보할 수 있을 것이다.

자신이 읽은 책 리스트를 정리하고 선호하는 책 분야와 독서습관을 분석해 새로운 독서습관을 만들어나갈 수도 있다. 빅 데이터, 데이터 과학, 머신러닝 등의 기초 강좌를 수강하거나 대학의 유명 강의를 듣는 것도 많은 도움이 될 것이다. 데이터 분석에 사용되는 프로그램이나 정부 및 공공기관에서 제공하는 데이터 분석 사례를 자료로 삼아 공부할 수 있다. 데이터 분석에 관심 있는 이들이 모인 커뮤니티에서 정보를 얻거나 서적을 활용하는 방법도 있다.

이처럼 사소하고 개인적인 데이터 분석에서 그 범위와 양을 확장해 가며 데이터 분석을 연습하다 보면, 데이터 활용에 대한 구체적이고 실용적인 방법을 찾게 될 것이다.

 ## 비판적 사고력 UP!

1. 내 주변의 있는 데이터를 종류별로 정리해보자.
2. 가장 손쉽게 많은 양의 데이터를 모을 수 있는 분야를 골라 분석해보자.
3. 2에서 분석한 데이터를 기반으로 미래의 내가 마주하게 될 일들을 나열해보자.

디지털 데이터의 부호화 과정과 실생활의 활용

2018년 수능, 2022년 개정 교육과정

우리가 가지고 있는 자료를 디지털화하기 위해 필요한 것이 정보를 컴퓨터 언어로 바꿔주는 '디지털 부호화 과정'이다. 쉽게 말해 글자나 숫자, 그림 등을 컴퓨터가 이해할 수 있는 0과 1로 바꾸는 것이다. 0과 1을 '비트'라고 하는데, 가령 우리가 [신문]이라는 단어를 컴퓨터에 입력한다면 이 글자를 컴퓨터가 이해할 수 있도록 바꿔준다. 변환의 약속에 따라 '신'은 숫자 55342, '문'은 89332로 표현된다. 숫자로 변환된 문자를 0과 1만을 사용해서 바꿔주면 '신'은 10001111로, '문'은 1010001로 바뀐다. [신문]은 결국 10001111 1010001로 변환되는 것이다. 이렇게 변환하면 컴퓨터가 글자를 이해하고 저장해 다른 컴퓨터와 정보를 주고받을 수 있다. 즉, 디지털 부호화를 통해 컴퓨터가 다양한 정보를 다룰 수 있게 되는 것이다.

과정은 이러하다. 송신기에서 기호를 소스 부호화, 채널 부호화, 선 부호화를 거쳐 부호로 변환한다. 소스 부호화는 데이터를 압축하기 위해 기호를 0과 1로 변환하는 과정이다. 어떤 기호를 110과 같은 부호로 변환했을 때, 0과 1을 '비트'라고 한다면 이 정보는 3비트가 된다. 채널 부호화는 정보가 훼손되지 않고 전달되도록 보호하는 방법이다. 정보를 주고받는 과정에서 생길 수 있는 오류를 발견, 수정하도록 도와준다. 예를 들어 컴퓨터가 '1101'이라는 데이터를 보낼 때 데이터가 잘 전달되었는지 확인하기 위해 수신기에서 확인하는 도구인 '패리티 비트'를 추가해서 '11010'으로 만든다. 데이터를 여러 개의 비트로 나누고, 그 사이에 오류 검증을 위한 수정 비트를 넣기도 한다.

선부호화는 부호들을 전기 신호로 변환하는 과정이다. 0과 1에 해당하는 전기 신호의 전압을 결정하는 과정이 선부호화인 것이다. 전압의 결정 방향은 선부호화 방식에 따라 달라진다. 이렇게 변환된 정보들은 엔트로피 부호화 과정을 거친다. 정보를 주고받다 보면 특정 기호는 많이 나타나는데 또 어떤 기호는 발생확률이 낮다는 것을 알 수 있다. 기호 집합의 평균 정보량을 기호 집합의 엔트로피라고 하며, 정보량에 따라 기호를 달리하는 것이 결국 엔트로피 부호화가 되는 것이다. 자주 나오는 정보는 짧게, 덜 나오는 정보는 길게 부호화해서 전체 데이터를 더 적은 공간에 담는다. 가령 신문은 자주 나오는 말이니 E로, 중등은 가끔 나오는 말이니 F1으로, 필독은 거의 나오지 않는 말이니 G2로 나타낸다. 정리하자면, '중등 필독 신문'은 엔트로피 과정을 거쳐 'F1G2E'로 바뀌게 된다.

이렇게 자주 쓰는 단어를 짧게 부호화해서 처리하면 공간을 절약하여 정보를 다룰 수 있다. 우리가 텍스트나 이미지 파일을 압축할 때 자주 나오는 글자나 색깔을 짧게 부호화하고, 덜 나오는 글자나 색깔을 길게 부호화하는 것도 부호화의 예라 할 수 있다.

디지털 부호화는 전화, 인터넷, 무선 통신 등의 통신 시스템에서도 활용된다. 음성과 데이터를 디지털 신호로 변환하여 전송하고 수신 측에서는 이를 다시 아날로그 신호로 변환하여 사용한다. 방송에는 영상과 음성을 압축하여 전송하는데 이것을 통해 더 높은 화질과 음질을 제공할 수 있으며, 이미지나 비디오를 압축하면 큰 파일을 작은 크기로 저장하거나 전송할 수도 있다.

정보를 디지털화하기 위해서는 이처럼 간단한 부호로 변경하고 보완하는 과정을 거쳐야 한다. 복잡한 것을 단순하게 만들고 약속에 따라 운용함으로써 우리는 쉽고 간단한 디지털 세상을 마음껏 향유할 수 있게 되었다.

디지털 데이터가 부호화되면 우리는 어떤 이점을 얻을 수 있을까? 디지털 데이터 부호화를 통해 정보가 0과 1의 형태로 변환되면, 이는 곧 '이진수'이니 정보의 손실 없이 데이터를 주고받을 수 있다. 전송 중에 오류가 나거나 수정할 부분이 생기더라도 패리티 비트만 추가하면 되기에 매우 효율적이다.

더불어 데이터의 오류도 식별할 수 있으며, 부호화되어 있기에 외부에서 정보를 알아내기도 어렵다. 데이터를 숫자로 전환해 빠르고 즉각적인 정보처리가 가능해진다. 실시간 정보처리나 빅 데이터 분석, 인공지능 및 기계학습에도 활용할 수 있다. 나아가 통신이나 보안, 컴퓨터 그래픽스, 음성 인식, 영상 처리 등 다양한 분야로 응용이 가능하다.

모든 기술에 이점만 존재하는 것은 아니다. 디지털 데이터 부호화에도 보완해야 할 점이 많다. 먼저, 데이터를 부호화하고 압축하는 과정에서 일부 정보가 손실될 수 있다. 이진수로 나타내어 쉽다고 생각할 수 있지만, 부호화 알고리즘은 사실 매우 복잡하다. 부호화하고 해독하는 데 많은 시간과 리소스가 필요하기 때문이다.

또한 데이터 처리 속도를 느리게 만들거나 시스템 성능을 저하시킬 우려도 있다. 부호화된 데이터가 반드시 안전한 것만은 아니다. 일부 알고리즘은 치명적인 취약점을 갖고 있으며, 해커가 악용할 소지도 다분하다. 보완에 대한 조치가 제대로 이루어지지 않을 경우 데이터가 노출될 가능성도 배제할 수 없다. 특정한 키나 알고리즘 없이는 해독이 어려운 '복잡성'도 이에 한몫한다. 데이터는 한 번 손상되면 복구를 장담하기 어렵다. 가끔 컴퓨터에 악성 바이러스가 작동하여 모든 데이터를 날려 버리는 일은 부호화의 가장 큰 취약점이라고 볼 수 있다.

새로운 기술을 접할 때 이점과 취약점을 함께 살펴보는 것은 대단히 중요하다. 이점만을 생각한다면, 취약점 보완법을 마련하지 못할 가능성이 크다. 즉, 취약점을 어느 정도 파악하고 있으면 문제가 발생했을 때 발빠르게 대처할 수 있다. 컴퓨터의 정보를 백업해 정보손실에 대비하는 것처럼 사전 대응은 필수다. 이점과 취약점을 파악하고 이를 함께 고려한다면 적절한 정책을 수립, 신기술의 사회적 악영향을 최소화할 수 있을 것이다.

 ## 비판적 사고력 UP!

1. 디지털 부호화의 이점을 최대한 살릴 수 있는 활용법은 무엇일까?
2. 디지털 부호화의 취약점 보완을 위해 필요한 노력은 무엇일까?
3. 디지털 부호화의 이점과 취약점을 모두 감안한 기술 개발의 원칙을 생각해보자.

챗GPT, 믿어도 될까?

대화형 인공지능이 폭발적인 관심을 얻으면서 학생들의 챗GPT 활용 빈도도 높아졌다. 사용자 나이 제한 때문에 아직 어린 학생들은 사용이 어렵지만, 고등학생이나 대학생만 돼도 챗GPT를 포털 검색창보다 훨씬 편리하고 능숙하게 사용한다. 수학이나 과학, 역사 등 다양한 과목의 과제 자료를 모으거나 에세이 작성, 코딩 과제를 하는 데 인공지능 챗봇을 활용한다. 주제별로 퀴즈나 연습 문제를 만들어 풀어보며 시험에 대비하는 학생도 있고, 외국어 학습 시 번역을 요청하거나 대화를 통해 언어 능력을 키우는 학생도 있다.

문법 교정이나 어휘 확장, 문장 구조를 이해하는 데도 인공지능은 큰 도움을 준다. 아이디어 브레인스토밍이나 스토리텔링, 맞춤형 학습 계획을 세울 수도 있으며 한 가지 주제에 대한 구체적인 탐색, 자료 수집과 정리에도 탁월하다. 이처럼 학생들이 다양한 분야에서 챗GPT를 활용하는 이유는 무엇일까?

우선 인공지능은 '검색'보다 쉽다. 이곳저곳에서 자료를 찾아 요약하거나 필요한 정보만 골라내야 하는 검색의 불편함을 상쇄할 수 있다. 검색엔진은 사용자가 적절한 답변을 찾기 위해 여러 링크를 클릭하고 추려야 하지만 인공지능은 필요한 정보를 빠르게 요약하여 제공한다. 또한 '대화형'이기 때문에 상호작용도 수월하다. 학생 개개인이 필요한 것들을 '맞춤형'으로 학습할 수 있기에 그 선호도는 나날이 높아지고 있다.

개인의 학습 속도나 수준에 맞춰 인공지능의 답변을 조절할 수 있다는 것도 큰 장점이다. 복잡한 개념을 쉽게 풀어 설명해주기에 효율성이 극대화된다. 다양한 주제에 대한 폭넓은 지식을 가지기에 매우 유용한 것이다.

한 플랫폼 내에서 여러 질문을 해결할 수 있다는 것도 가공할 만하다. 답변에 대한 추가 질문을 마치 대화하듯 할 수 있다는 것도 챗GPT의 활용도를 높이는 하나의 특징이다. 언제 어디서나 쉽게 접근할 수 있으며, 필요할 때 즉각적인 도움을 주니 이를 활용하지 않을 수도 없다.

챗GPT는 유용한 학습 도구로써 텍스트 답변뿐 아니라 코드, 수학 공식, 표, 예제 등을 통해 다양한 형식의 학습 자료까지 제공하며, 학생들의 공부 기호를 충족시켜 준다. 놀라운 것은 이 챗GPT가 이제 겨우 '출발선상'에 있다는 점이다. 앞으로 챗GPT가 얼마나 더 많은 자연어 학습을 통해 신뢰성 있는 정보를 제공할지 귀추가 주목된다. 지식을 업데이트하고 대화의 형태를 수집하면서 개개인과의 맞춤형 대화도 가능해질 것이고 이미지, 비디오 등 다양한 형태의 데이터를 분석하고 이해할 수 있는 능력 또한 지금보다 훨씬 다채로워질 것이다.

챗GPT가 '음성 비서'로서의 역할을 충실하게 담당할 수 있게 하려면 가장 먼저 올바른 질문을 할 줄 알아야 한다. 인간이 어떤 질문을 어떻게 하느냐에 따라 그 대답이 극명하게 달라지기 때문이다. 그에 따라 인공지능 모델에게 입력할 정보를 어떻게 구성할지 알려주는 프롬프트 디자이너가 각광을 받고 있다. 데이터를 최적화하고 모델이 원하는 결과를 도출할 수 있도록 질문하는 것이 그만큼 중요하기 때문이다.

이제, 질문이 중요해지는 시대가 온다. 자신의 배경 지식을 바탕으로 구조적이고 체계적인 질문을 하는 사람이 챗GPT 세상에서 우위를 차지하게 될 것이다.

"챗GPT는 실수를 할 수 있습니다. 중요한 정보를 확인하세요."

챗GPT를 사용해 본 적이 있다면 이 문구를 한 번쯤 보았을 것이다. 챗GPT는 분명 유용하고 편리한 도구이지만 그만큼 비판적인 사고 또한 필요하다. 챗GPT가 앞세운 문구처럼 '인공지능의 검색 결과를 그대로 믿어도 되는가'에 대한 문제가 여전히 남아있기 때문이다.

예를 들어보자. 챗GPT에 '3190×0.2456'을 검색해보자. 답이 '783.064'라고 나온다. 이 계산 결과가 정확한지 계산기에 입력해보았다. 계산기의 답은 '783,464'다. 챗GPT가 틀린 답을 내놓은 것이다. 아무리 언어 중심의 대화형 챗봇이라고 해도, 기본적인 계산도 못 할 거라고는 그 누구도 생각하지 않았을 것이다. 또 다른 예도 있다. 여러 명이 한꺼번에 배구 선수 김연경의 나이를 검색해 봤다. 실제 나이인 36세(1988년생)로 나오기도 했지만 27세로 나오는 경우도 있었다. 이처럼 챗GPT가 항상 옳은 정보만을 학습한다는 근거가 없기 때문에 언제든 오류가 생길 수 있다. 더불어 중요한 정보는 몇 번이고 찾아보는 자세가 필요하다. 쏟아져 나오는 정보를 그대로 믿었다가는 위에 언급한 안내 문구처럼 정말 큰 '실수'를 하게 될 수도 있으니 말이다.

최신 정보를 업데이트할 충분한 시간이 필요하다는 제한도 있다. 다시 말해, 실시간으로 정보의 업데이트가 이루어지지 않기에 최신 정보와 일일이 비교해야 정확한 정보를 얻을 수 있다. 그뿐만 아니라 사실과 거짓이 섞여 있는 정보를 학습할 경우 정확하지 않은 지식이나 '가짜 뉴스'를 생성할 가능성도 배제할 수 없다. 기계학습 모델이기에 누군가가 마음먹고 편향된 정보를 입력하거나 잘못된 정보를 고의로 입력할 경우 그대로 받아들일 수가 있다는 것이다.

실제로 챗GPT는 편향된 정보로 입력된 경우가 많아 때때로 사회적 문제를 일으키기도 한다. 온라인 콘텐츠는 여러 인종과 언어, 성별, 문화에 의해 작성되는데 그중 특정 그룹의 목소리가 더 많이 반영된다면, 어떤 식으로든 문제 발생의 여지가 주어지기 때문이다. 챗GPT가 모아들이는 자료에 대한 윤리적 기준도 명확하지 않다. 저작권 침해 문제, 개인정보 유출 문제, 지적 재산권 침해 문제도 챗GPT가 가진 한계라고 볼 수 있다.

새로운 기술을 받아들일 때, 우리는 각별한 주의를 해야 한다. 이 기술이 우리에게 얼마큼 이롭게 작용하는지, 별다른 문제는 없는지 등을 비판적으로 생각하며 사용해야 한다는 것이다. 신기술을 무분별하게 받아들인다면, 아무리 뛰어난 기술이라고 해도 우리 인간에게는 그리 좋은 영향을 주지 못할 것이다.

 ## 비판적 사고력 UP!

1. 챗GPT의 가장 큰 장점은 무엇일까?
2. 챗GPT 사용 시 가장 경계해야 할 것은 무엇일까?
3. 올바른 챗GPT 활용을 위해서는 어떠한 윤리적 기준이 필요한지 생각해보자.

AI 윤리와 규제

2022년 개정 교육과정

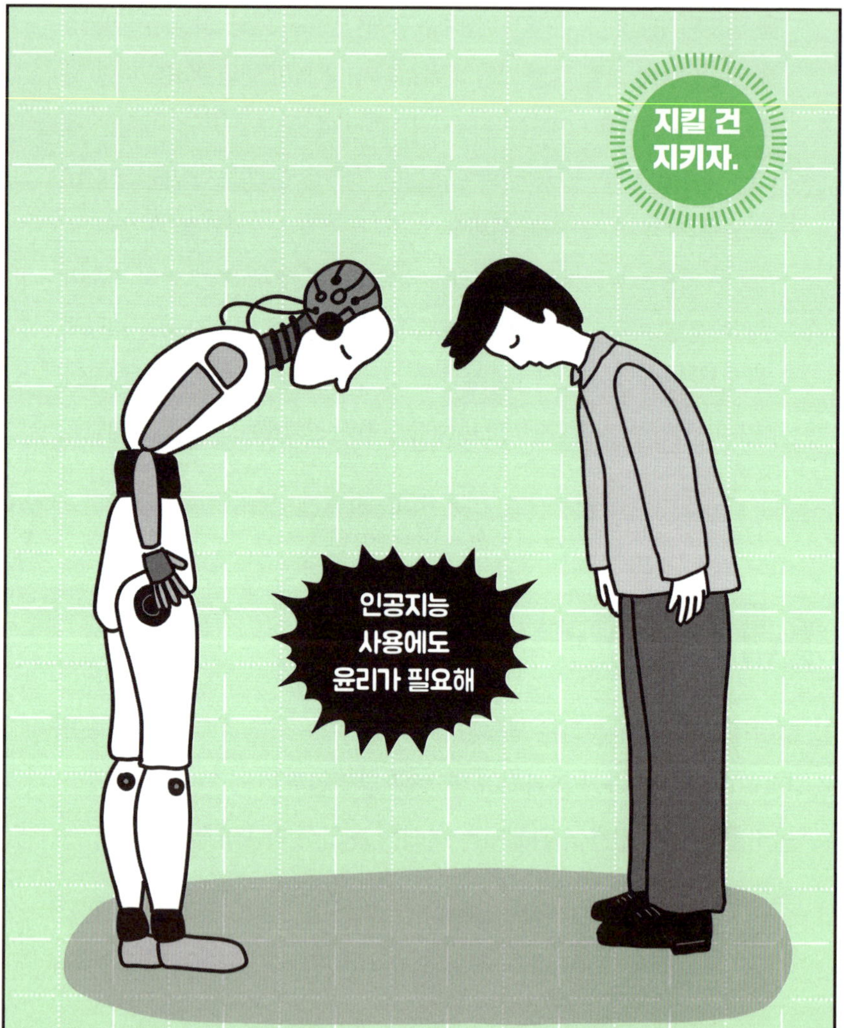

인공지능 시대를 맞아 전 산업 분야가 인공지능 활용을 위한 각종 서비스를 내놓고 있다. 'IBM'의 〈글로벌 AI 도입 지수 보고서〉에 따르면 사업에 AI를 활용하고 있거나 검토 중인 기업이 82%나 된다. AI를 본격적으로 활용하고 있는 회사도 40%를 훌쩍 넘어섰다.

회사와 관계없이 개인이 인공지능을 활용하는 경우도 많다. 마이크로소프트 직원 4명 가운데 3명이 이미 업무에 AI를 활용 중이다. 근로자들은 AI 솔루션을 통해 개인 업무 효율성을 높인다. 회사의 지원 없이 자체적으로 AI를 활용하는 직원도 80%에 육박한다. 그에 따라 기업 간, 기업 내 인공지능 활용능력이 회사와 개인의 발전에 커다란 영향을 미칠 전망이다.

인공지능은 일할 때뿐만 아니라 일상생활에서도 광범위하게 활용된다. 오픈 AI가 대화형 인공지능 기술인 챗GPT를 선보인 이후 챗봇을 활용한 검색이 보편화되었으며, 이에 빅테크들이 앞다투어 인공지능 개발에 나섰다. 전 세계 검색엔진 점유율 90% 이상을 차지하는 구글도 AI 산업에 뛰어들었다.

"주변에서 가장 가깝고, 좋은 평가를 받은 상점을 소개해 달라"는 물음에 반응하는 '제미나이' 서비스가 그 대표적 예다. 제미나이는 대형 언어 모델(Large Language Model)을 생성하는 멀티모달 AI다. 텍스트로 입력된 질문만을 처리하는 챗GPT와는 차원이 다르다. 제미나이는 텍스트를 비롯해 오디오, 이미지, 영상 등 모든 종류의 입력값을 이해하고 답변할 수 있다. 이러한 언어 모델은 챗봇, 자연어 처리, 음성 인식 등 다양한 분야에서 활용된다. 메일을 요약해 핵심 내용을 전달하고 사진첩에서 필요한 사진을 골라 스토리를 만들 수 있다. 인간의 능력을 90이라고 했을 때 오픈AI와 구글, 아마존의 AI는 80점대의 능력을 지녔다고 하니 놀라울 따름이다.

인공지능을 활용한 다양한 서비스가 등장하면서 AI 기술의 윤리와 규제에 대한 고민도 깊어지고 있다. 데이터 및 알고리즘의 수집과 학습, 개발과 활용 차원에서 편향된 데이터나 알고리즘의 문제가 발생하기 때문이다. 개인정보 활용의 조치가 미흡하고 편견과 차별, 경제 및 사회적 불평등, 인권 침해, 범죄 악용이 인공지능이 지닌 가장 큰 문제로 떠올랐다. 피싱이나 딥페이크, 각종 사이버 범죄, 사람을 자동으로 공격하는 이른바 '킬러로봇'의 문제도 우려된다. 거짓 정보 생성과 지적재산권 침해, 일자리 위협도 빼놓을 수 없다.

무엇보다 윤리적 문제를 규제할 방법에 대한 논의가 필요하다. 이에 우리나라를 비롯한 세계 각국에서는 인공지능의 편향성과 차별, 확산에 대한 기본원칙을 발표하고 있다. 데이터의 인지적 편향을 최소화하고 공정성과 다양성을 증진할 수 있는 알고리즘의 구성을 기대하는 것이다. 앞으로 학계나 산업, 시민사회의 다양한 전문가들이 힘을 모아 국제적 규범을 만들어가야 할 것이다.

금융, 의료, 교육, 물류 등 일상의 다양한 분야에서 편리함을 제공하는 인공지능이 편리성과 더불어 인간의 권리나 자유를 침해하지 않고 사회적 불평등을 심화시키지 않는 좋은 '도구'가 되길 기대해 본다.

아마 인공지능 서비스를 한 번도 사용해보지 않은 학생은 거의 없을 것이다. 간단한 챗봇 서비스라도 사용해 봤을 텐데, 그때 어떤 생각이 들었는가? '편리하고 신기하니 자주 써야겠다'라고만 생각했다면 곤란하다. '좋긴 한데, 문제는 없을까?' 하고 되묻는 자세가 필요하다는 것이다. 편리한 기술은 결코 '장점'만 가지고 있지 않으며, 여러 도덕적 이슈와 차별의 문제를 발생시킨다. 이렇게 유행이나 양상에 대한 의문을 한 번쯤 가져보는 태도가 바로 '비판적 사고'의 시작이다.

인공지능이 발달할수록 편향이나 불평등의 문제는 늘어날 수밖에 없고, 미래에는 인공지능을 다룰 줄 아는 사람과 그렇지 않은 사람의 삶의 질이 달라질 것이다. 결국 우리는 개개인이 인공지능을 올바르게 다룰 줄 알아야 함은 물론, 공정한 활용과 보급 윤리를 꾸준히 만들어나가야 할 것이다.

무엇보다 인공지능 윤리를 지정함에 앞서 '기술은 인간을 위해 존재한다'라는 전제를 버려서는 안 된다. 인공지능을 만들고 활용하는 데 있어 인간의 존엄성과 자율성, 안전성을 최우선으로 고려해야 한다. 특정 개인이 집단을 차별하지 않고 공정하고 다양하게 사용할 수 있어야 하며, 오작동이나 부작용에 대한 책임 소재를 분명하게 하고 안정성을 지속적으로 모니터링하고 관리해야 한다. 더불어 그 윤리를 때에 따라 업데이트해서 적절한 의견을 반영해 끊임없이 바꿔나가는 것이 바람직하다.

인공지능은 무서운 속도로 우리의 삶에 영향을 줄 것이다. 그렇다고 인공지능에만 너무 의존하다 보면 스스로 아무것도 못 하는 무능력한 인간이 될 수도 있다. 지금도 스마트폰 없이는 일상생활이 불가능한 현대인이 많다. 이처럼 인공지능의 침투는 지금보다 더 크게 사회를 뒤흔들 수 있다. 이때 우리는 경각심을 느끼고 생각을 바로 세워야 한다. 그래야 인공지능에 휘둘리지 않는 삶을 살 수 있다.

인공지능은 우리 인간이 주체가 되어 <u>스스로 윤리를 만들어가며 사용할</u> 때, 비로소 인간에게 유익한 기술로 자리잡을 것이다.

 ## 비판적 사고력 UP!

1. 인공지능 윤리에서 가장 필요하다고 생각되는 부분은 무엇인가?

2. 인공지능을 곧이곧대로 받아들이기만 한다면 어떤 딜레마에 빠지게 될까?

3. 인공지능의 편의성과 효율성을 끌어올릴 윤리 규정을 만들어보자.

 08 3D 프린팅으로 만드는 나만의 피자

3D 프린팅이란 프린터로 '물체'를 뽑아내는 기술이다. 잉크를 사용하여 종이에 문서나 그림 파일을 뽑아내던 기존의 형태와는 그 성격이 다르다. 디지털 기술을 통해 물체를 층층이 쌓아 만드는 고도의 기술이라고 볼 수 있다. 플라스틱 같은 소재를 사용하여 3차원 모델링 파일을 출력하는 방식인데, 초기에는 제조기업 시제품의 제작 속도를 높이는 데 사용되었다. 지금은 이 단계를 넘어 개인 작업물을 프린팅하거나 흉상을 제작하는 등 다양한 분야로 그 쓰임새가 확장되고 있다.

3D 프린팅은 크게 5가지 방식으로 나뉜다. Fused Deposition Modeling(FDM)은 가장 널리 사용되는 3D 프린팅 기술이며, 플라스틱 필라멘트를 '글루 건'처럼 녹여 한 층 한 층 쌓아 올리는 방식이다. 장난감이나 작은 모형을 만들 때 주로 사용한다. Stereolithography(SLA)는 광경화성 수지를 레이저로 경화시켜 층을 만드는 방식이다. 높은 정밀도와 부드러운 표면 마감이 특징이며 정밀한 소형 부품이나 부드러운 표면을 만들 때 쓰인다. Selective Laser Sintering(SLS)은 파우더 형태의 소재를 레이저로 소결하여 층을 형성하는 방식이다. 내구성이 높고 복잡한 구조의 물체, 가령 자동차나 기계 부품처럼 튼튼하고 복잡한 모양의 물건을 제작할 때 매우 유용하다.

Digital Light Processing(DLP)도 있다. SLA와 유사하지만 디지털 프로젝터를 사용해 레이어를 경화시키는 방식이다. 빠른 제작 속도를 자랑하며 정밀한 모형이나 부품을 만들 때 좋다. Material Jetting은 잉크젯 프린터처럼 작동하여 액체 '포토폴리머'를 쌓고 자외선으로 경화시킨다. 다채로운 색상과 복잡한 형상을 구현할 수 있다. 여러 색을 동시에 만들 때 사용한다.

3D 프린팅은 맞춤형 임플란트와 보철물, 수술 도구를 만드는 데도 요긴

하게 쓰인다. 인체 조직모형을 제작하여 의료기술과 접목하는데, 특히 제조사의 시제품 제작과 맞춤형 부품의 소량 생산, 복잡한 기하학적 부품제작에 탁월하다. 종종 건축 모형이나 건축 부품, 전체 건축 구조물을 프린팅하기도 한다. 나아가서는 맞춤형 의류와 신발, 액세서리, 항공기의 작은 부품이나 우주 탐사용 부품을 제작하는 데도 활용된다.

3D 프린팅은 개인의 필요에 맞는 제품을 제작할 수 있다는 장점이 있다. 소량 생산이 가능해 매우 경제적이며, 기존의 제조방식으로는 불가능한 복잡한 구조도 제작이 가능하다. 신속하게 테스트할 제품을 만들고 수정도 빠르게 할 수 있어 좋다. 단, 대량 생산 시 시간이 많이 소요되고 현재 사용 가능한 종류가 한정적이며 후처리가 필요한 경우가 많다. 이때 추가비용과 시간이 소요된다는 단점이 있다. 장비나 비용은 여전히 고가라 진입 장벽이 높은 것도 아쉬운 부분이다.

3D 프린팅은 제조 산업을 나날이 발전시키고 있다. 빠른 프로토타입 제작을 통해 제조 시간을 단축하고 불필요한 비용을 절감한다. 조형물 제작 등 예술 분야에서도 다양하게 활용되며, 작가의 상상력을 구체화하고 창의적인 작품을 만들어내는 데 도움을 준다.

우리가 주목해야 할 것은 교육 분야인데 이 3D 프링팅 기술이 학습 도구로써 사용되면 학생들이 직접 물체를 만들어보고 실험하며 다채로운 학습과 실습이 가능해진다. 이처럼 다양한 산업에서 그 쓰임새를 확장하고 있는 3D 프린팅이 우리 삶을 어떻게 바꿔나갈지, 그 혁신적인 변화가 기대된다.

간단한 3D펜으로 플라스틱을 녹여 입체적인 글씨를 써본 경험이 다들 있을 것이다. 신기하긴 했지만, 그 기술이 이렇게까지 세상을 바꿔놓을 거라고는 예상하지 못했을 것이다. 당시에는 체험하는 정도의, 아주 먼 기술로 여겨졌기 때문이다. 그러나 모든 기술이 그렇다. 처음에는 전문가들만이 사용했던 기술이 차차 대중화되며 우리의 생활에 영향을 준다. 가령 소수의 전문가들만 할 수 있었던 코딩을 엔트리 프로그램을 통해 누구나 할 수 있게 된 것처럼 말이다. 새로운 기술 앞에서 머뭇거리기보다는 자신의 생활에서 활용 가능한 방법을 생각해보는 것이 좋다.

그렇다면 3D 프린팅을 실생활에 어떻게 접목할 수 있을까? 세상 하나뿐인 나만의 굿즈를 제작할 수 있다. 3D펜으로 글씨를 쓰던 것과는 차원이 다른 작업물이 탄생할 것이다. 이때 필요한 것이 아이디어다. 어떤 기술을 제대로 활용하기 위해서는 자신만의 핵심 아이디어가 필요하다. 자신에게 필요한 물건을 상상하고 기획해 낸다면 즐거움과 성취감을 동시에 맛볼 수 있다. 내가 가장 잘 알고 있는 나의 취향과 필요를 함께 반영할 수 있기 때문이다.

고장난 물건의 부품을 수리하는 데도 이 3D 프린팅을 활용할 수 있다. 3D 프린터로 음식도 만들 수 있는데, 이스라엘의 푸드테크 업체 '리디파인미트'는 3D 프린터로 스테이크를 만들었다. KFC도 3D 프린터로 치킨 만드는 방법을 개발하고 있으며, 2023년에 만든 비건 치킨 너겟은 식감과 맛이 뛰어나 좋은 평가를 얻었다. 연어와 피자, 버려지는 빵과 과일, 채소 등을 활용해 만드는 '업프린팅 푸드'도 주목할 만하다.

패션 계통으로 고개를 돌리면 직접 디자인한 '나만의 옷'을 만들 수도 있다. 미국의 모 여성 의류 브랜드는 2016 뉴욕 패션위크에서 3D 프린팅 드레스를 처음으로 선보였다. 몸의 움직임에 맞게 소재를 구성하고 기존 의류에서 사용하지 않던 소재를 활용해 호평을 받았다. 한편, 네덜란드에서는 3D 프린터로 맞춤형 니트를 제작하기도 했다. 소비자의 수요에 맞춰 즉각적으로 맞춤형 제품을 만든다는 '온디맨드' 철학에 따라 소비자가 원하는 디자인의 옷을 원하는 때에 만든 것이다. 이것은 비단 앞서가는 외국 기업만의 이야기가 아니다. 우리가 이 기술을 익히고 공부하면 얼마든 새롭게 접목하고 창조해낼 수 있다는 것이다.

앞으로 3D 프린팅이 우리 삶에서 무엇과 어떻게 접목되어 쓰이게 될지 생각해보자. 앞선 고민들이 기술 발전의 방향성을 올바르게 결정하고, 보다 유익한 기술을 만드는 데 기여할 수 있을 것이다.

 비판적 사고력 UP!

1. 내가 제작하고 판매할 수 있는 나만의 3D 프린팅 제품은 무엇인가?
2. 3D 프린팅 기술이 가장 크게 확장될 분야와 그 이유는 무엇인가?
3. 3D 프린팅 기술이 자신의 생활에 미칠 영향과 그에 따른 변화를 생각해보자.

검색 엔진이 순서를 정하는 법

‘신문’이라는 단어를 검색하면 수많은 자료가 나열된다. 관련 뉴스는 대부분 정확도나 최신순으로 나타나는데, 자료의 순서 결정에는 다양한 요소가 영향을 미친다. 검색엔진은 사용자의 검색어와 검색 결과의 관련성을 가장 중요하게 여긴다. 사용자가 입력한 검색어와 웹 페이지 콘텐츠 간의 일치도를 확인하여 관련성을 평가하는 것이다. 다시 말해, 웹 페이지 화면에 나타나는 기준은 ‘중요도’와 ‘적합도’이다.

검색 엔진은 보다 빠른 검색 결과 노출을 위해 여러 웹 페이지의 데이터를 수집하여 인덱스를 미리 작성한다. 인덱스란 단어를 알파벳순으로 정리한 목록이며, 각 단어가 등장하는 웹 페이지와 단어의 빈도수가 저장되고 그 ‘중요도’도 함께 기록된다. 중요도는 웹 페이지의 중요성을 값으로 나타낸 것이다. 링크 분석을 통해 받을 수 있는 웹 페이지 A의 값은 A를 링크한 각 웹 페이지들로부터 받는 값의 합이며, 이후 A의 값은 다시 A가 링크한 각 웹 페이지로 자연스럽게 나뉜다. 웹 페이지들이 연결하는 링크는 언제든 변할 수 있기에 검색 엔진은 주기적으로 웹 페이지의 중요도를 업데이트한다.

사용자가 검색어를 입력하면 검색 엔진은 인덱스에서 검색어에 적합한 웹 페이지를 찾는다. 적합도는 단어의 빈도, 단어가 포함된 웹 페이지의 수, 웹 페이지의 글자 수를 반영해 값을 정한다. 검색 결과에 표시되는 페이지의 품질과 신뢰성 역시 고려한다. 페이지의 내용이 정확하고 신뢰할 수 있는지 판단하는 것이다. 더불어 페이지의 권위성, 사용자 경험 등도 고려 대상이 된다.

콘텐츠 이용에 불편함이 없는 페이지가 상위에 노출되는 것은 당연한 이치다. 다른 웹 사이트의 링크 수나 미디어 공유 수, 사용자 의견을 참고하여 인기도를 반영한다. 각 주제에 대한 전문성과 정확한 지식을 보유한 페이지일수록 높은 순위를 얻게 된다. 지역 기반 검색 결과의 경우 사용자의 위치 정보를 고려하여 조정된다. 사용자의 이전 검색 이력과 행동 패턴에 따라 검색 결과는 얼마든 조정될 수 있다. 정리하자면 검색 엔진은 중요도와 적합도, 기타 항목을 적절한 비율로 합산하여 화면에 나열되는 웹페이지 순서를 결정하게 되는 것이다.

검색 엔진에서 이러한 기준에 따라 정보가 나열된다면, 그다음으로 중요한 것이 '나만의 판별 기준'이다. 검색 엔진에서 제시한 모든 정보는 다 사용할 필요도 없거니와 그럴 수도 없다. 그러므로 나만의 기준을 정해 필요한 정보를 선별하는 것이 중요하다. 출처가 분명한 정보일수록 정보 판별에 좋으며, 최신 정보인지 확인할 필요도 있다.

검색엔진이 순서를 정해주더라도 결국 정보를 선택하고 수용하는 것은 자기 자신이다. 분별력을 갖추고 적절한 기준을 세워, 자신에게 필요하고 유익한 정보만을 찾아내도록 하자. 이것이 정보 검색의 '경제성'이다.

검색 엔진의 작동 방식에 대해 알게 된다면, 검색되는 자료의 '순위'에 대한 의문을 가져 볼 수 있다. 세상에는 왜곡된 정보가 너무 많다. 그에 따라 의문을 가지고 정보를 검토하면서, 신뢰성을 평가하는 자세가 필요하다. '의문'은 편향된 관점으로부터 거리를 두게 한다. 다양한 관점을 탐색하고 사건을 검토하다 보면 보다 풍부한 지식과 균형 잡힌 시각을 기를 수 있을 것이다.

궁금증을 해결하기 위해서는 다양한 정보를 찾아보고, 꼬리에 꼬리를 무는 질문을 던져야 한다. 그 질문에 대한 답을 찾아가는 과정에서 스스로 공부하는 자기주도적 학습력을 기를 수 있다. 정보를 분석하고 관계와 맥락을 이어나가다 보면 논리적 사고력이 확장될 수밖에 없다. 특히 중요한 결정을 내릴 때, 이런 사고의 과정이 의사결정에 큰 도움이 된다.

검색 엔진의 순서 나열 과정에 대해 알게 된다면 일반에게 공개되지 않은 '알고리즘'에 대해 생각해 볼 수 있다. 알고리즘을 만든 검색 엔진 회사와 특정 웹 사이트가 어떤 방식으로 알고리즘을 구성하는지, 그리고 그것이 자칫 콘텐츠의 편향성을 키우는 것은 아닌지 생각해 보는 것이다. (실제로 광고 수익이나 비즈니스 관계 등의 이유로 더 상위에 노출되도록 알고리즘을 고정하는 경우도 있다) 이는 정보를 무턱대고 받아들이지 않고 선별하여 인식하고자 하는 일정한 '기준'을 마련해 주기도 한다.

검색 엔진을 통해 품질과 신뢰성을 판단할 때는 그 기준이 지나치게 주관적이거나 불명확할 수도 있음을 알아야 한다. 품질 기준이 명확하지 않으면 정확한 정보를 얻을 수 없으며, 사용자의 경험을 판단하고 반영하는 기준에 따라서도 검색 순위가 달라질 수 있다. 로딩 속도나 모바일 호환

 ## 비판적 사고력 UP!

1. 입력한 검색어에 대한 정보를 중요도 순으로 판단한 후
다시 순서를 정해보자.

2. 순서를 재배치하게 된 합당한 근거를 찾아보자.

3. 나의 주요 검색어와 영상에 어떤 알고리즘 기준이 적용될지 생각해보자.

2023년 7월 모의고사

대기나 지표에 대한 기상 조건을 측정하고 기록하는 것을 '기상관측'이라고 한다. 이 과정에서 지표의 온도와 수분함량, 기압, 바람의 방향과 속도도 함께 측정한다. 지상 관측소와 위성, 해양 등에서 다양한 장비를 사용해 강수량과 구름의 형태를 측정하는데 우리는 이러한 정보를 토대로 태풍, 홍수, 폭풍, 지진 등의 자연재해를 사전에 예측하고 대비할 수 있다.

항공 및 해상 안전의 유지를 위해 전문가들이 기상 조건을 항상 모니터하고 있으며, 항공기와 선박 운행에 영향을 줄 수 있는 기상 조건을 예측한다. 더불어 이 예측값을 도로 관리 및 교통 흐름 최적화, 기상학과 환경과학 연구에 반영한다.

최근에는 이중 편파 레이더 관측을 통해 10분마다 강수 정보를 갱신하는 등 보다 신속하고 정확한 기상관측이 이루어지고 있다. 이중 편파 레이더는 구름이나 비, 바람, 태풍의 눈 등 기상 현상을 세밀하게 관측하는 장비이다. 전자파를 발사해 구름과 강수의 위치, 양, 강도 등을 측정한다. 발사한 전자파가 구름이나 강수에 부딪혀 다시 레이더로 반사되는 원리이다. 그 후 레이더는 반사된 전자파를 분석하고 구름과 강수의 위치, 양, 강도 등을 계산한다. 이 신호를 분석하여 기상예보에 활용하는 것이다.

그뿐만 아니라 이중 편파 레이더는 대기 중으로 송신된 전자파가 강수 입자에 부딪혀 돌아오는 강수 입자를 분석한다. 송수신된 전파의 강도를 비교한 값인 '반사도'를 통해 강수 입자의 대략적인 크기와 개수를 파악한다. 지면과 수평인 방향으로 진동하는 수평 반사도는 단위 부피당 존재하는 강수 입자의 크기와 개수에 비례하여 커진다. 그러나 우박의 경우 집중호우와 반사도가 비슷하게 나타날 수 있어 구별이 어렵다.

그 보완책으로 차등 반사도를 활용한다. 차등 반사도란 수평 반사도에서 수직 반사도를 뺀 값이다. 강수 입자가 수평으로 더 길면 양의 값을, 수직으로 더 길면 음의 값을 가진다. 집중호우의 경우 가수 입자가 커 차등 반사도가 2dB 이상이다. 우박이나 눈은 수평으로 퍼지지 않은 채 낙하하기 때문에 거의 구형으로 인식되어 차등 반사도가 0dB에 가깝다. 차등 반사도까지 비교해야 집중호우와 우박, 입자가 작은 이슬비를 구별할 수 있다.

특정 구간의 입자 개수를 정확하게 추정할 때는 비차등위상차(KDP)를 활용한다. 이는 특정 관측 범위에서 차등위상차(DR)의 변화를 나타낸 값이다. 강수 입자가 존재하는 곳에서만 0이 아닌 값으로 산출되기 때문에 특정 구간의 강수 입자를 더 정확히 알 수 있다. 비나 우박이 섞여 오는 날씨의 경우, 강수 입자의 종류와 크기를 아는 것만으로는 정확한 추정에 어려움이 있다. 이때는 수평편파와 수직편파의 신호 유사도를 산출하면 된다. 여러 종류의 강수 입자가 혼재된 경우 신호 유사도가 낮아지기 때문이다.

기상예보의 정확도를 높이기 위해 더 강력한 슈퍼컴퓨터를 활용하기도 한다. 슈퍼컴퓨터는 빠르고 정확하게 기상모델을 시뮬레이션할 수 있으며, 국제적인 기상 협력과 정보 공유를 통해 포괄적인 정보를 제공하기도 한다.

현재 많은 전문가들이 인공지능과 머신러닝 기술을 활용해 정밀한 기상 데이터 분석과 예측 모델 개선을 위해 노력하고 있다. 더불어 기상 예보관 교육과 전문적인 훈련을 통해 전문성을 강화하고 예측의 정확성을 향상시키려 한다. 이러한 노력들이 정확한 기상예보로 이어져 우리의 생활에 많은 도움이 되길 기대하고 있다.

기상관측은 매일 우리에게 많은 영향을 미친다. 자연재해와 인명피해에 대한 대비, 재산 손실의 최소화, 항공기와 선박, 자동차를 안전하게 운용할 수 있게 해주며 특히 작물관리를 돕는다. 우리는 기상 정보를 통해 냉난방 등 에너지 사용 효율을 높이고, 장기적인 기상 데이터를 바탕으로 여러 문제에 대한 대책을 마련할 수 있다. 이렇게 기상관측은 우리 생활에 깊이 관여하며 많은 영향을 준다.

정확도를 높이기 위해 첨단 장비를 사용하긴 하지만 오류도 빈번하게 발생한다. 정확한 관측을 위해 노력하고 있음에도 불구하고 오류가 일어나는 이유는 무엇일까? 먼저, 데이터를 분석하는 과정에서 어떠한 문제점이 발생하는지 생각해 봐야 한다. 가령 관측소가 충분한지, 극단적인 기상 조건에서 오류가 생기지는 않는지 살펴보는 것이 바람직하다. 강한 바람과 폭설, 극한의 온도는 장비를 제대로 작동하지 못하게 하는 가장 근본적인 문제일 수 있다.

기상예측은 복잡한 수학적 모델을 통해 이뤄지기에 실제 대기 상태를 완벽하게 반영하는 데 어려움을 겪기도 한다. 해석하는 과정에서 사람이나 소프트웨어가 실수할 수도 있고, 주관적인 판단이 개입되면 정확성이 떨어지기도 한다. 기상 관측소의 위치와 수에 따라 관측 데이터의 '부족'이 발생할 수도 있다. 기상예보에 사용되는 슈퍼컴퓨터는 매우 강력하지만, 정확한 예측을 위해 필요한 자원과 시간 등의 한계를 피해갈 수는 없다. 기상예측 모델은 현실의 복잡한 과정을 단순화하여 표현하기 때문에 100% 정확한 예측을 하기란 사실상 어렵다. 관측 데이터가 중앙 시스템으로 전송되는 과정에서 오류가 발생할 수 있으며, 기상 현상이라는 것은 매우 빠르게 변하기 때문에 관측 시점과 예측 시점의 변화에 따라 예측이 부정확해지기도 한다.

기상관측의 원리를 먼저 알고, 오류가 날 수 있는 다양한 이유를 생각해 보면 이해가 빠를 것이다. 데이터를 분석하면서 오류의 원인을 알게 되면, 부정확에 대한 이유 없는 비난을 멈추게 된다.

정확한 관측을 위해 전문가들이 노력하고 있지만 다양한 이유로 오류가 발생할 수 있다는 것을 알았다. 기상관측의 여러 한계와 어려움을 이해하면 예보의 불확실성을 이해하는 데 도움이 될 것이다. 무엇이든, 아는 만큼 보인다.

비판적 사고력 UP!

1. 기상관측의 한계와 어려움의 극복을 위해 어떠한 노력이 이루어지고 있는지 알아보자.
2. 기상관측의 오류를 줄일 수 있는 가장 현실적인 방법은 무엇일까?
3. 기상관측 오류에 대해 이해하기 전과 이해한 후의 생각이 어떻게 달라졌는지 살펴보자.

CCTV

Chapter 2

정치

01 선거와 투표: 유권자와 정당의 활동

흔히 '선거'를 '민주주의의 꽃'이라 부른다. 선거가 민주주의 체제에서 핵심적인 역할을 하기 때문이다. 선거는 국민이 자신의 의견을 정당하게 표현할 수 있는 권리이자 기회다. 국민은 투표를 통해 자신을 대변할 대표자를 뽑고, 대표자를 통해 국민의 목소리가 정책에 반영된다. 시장, 국회의원, 대통령 등 다양한 대표자들은 국민의 뜻을 반영해 정책을 결정하고 집행한다. 그들은 국민의 지지를 얻기 위해 투명하게 행동하며, 국민의 요구를 반영하기 위해 노력한다. 선거를 통해 사회 구성원들은 공동의 목표와 가치를 공유한다. 갈등을 해결해 나갈 통로를 협력하여 찾을 수 있는 것이다.

그렇다면 '선거'와 '투표'는 무엇이 어떻게 다를까? 후보나 안건을 선택하여 표를 행사하는 것을 '투표'라 하고, 이 투표를 통해 당선자나 안건을 정하는 절차를 '선거'라고 한다. 투표가 다수결로 의사결정을 하는 것이라면, 선거는 대표자를 뽑는 행위 자체를 뜻한다. 다시 말해 선거가 투표보다 그 범주가 크다고 볼 수 있다. 성인이라면 나이와 성별에 상관없이 누구든 자유롭게 출마할 자격이 주어진다. 선거 다음 날을 기준으로 만 18세 이상의 대한민국 국민은 남녀노소 누구나 선거에 참여할 권리도 있다.

우리나라에는 3대 선거가 있다. 대통령 선거(대선)와 국회의원 선거(총선), 전국동시지방선거가 바로 그것이다. 투표율이 가장 높은 선거는 대선이고, 가장 많은 선출직을 뽑는 선거는 지방선거일 것이다.

우리나라의 선거에는 보통선거, 평등선거, 직접선거, 비밀선거 등의 4대 원칙이 있다. 일정 연령 이상의 대한민국 국민이라면 누구나 투표에 참여할 수 있는 것이 바로 '보통선거의 원칙'이다. 또한 '평등선거의 원칙'에 따라 투표에 참여하는 사람은 누구나 한 건의 투표를 행사한다. 선거권자가 피선거권자를 직접 선출하며, 누구를 선택했는지 발설하지 않는다.

유권자는 투표에 참여해야 한다. 투표는 민주주의에서 주권을 실현하는 가장 기본적인 방법이며, 투표에 참여하기 전에는 그들의 정책을 충분히 이해해야 한다. 잘못된 정보를 바탕으로 투표하면 사회에 부정적인 영향을 미칠 수 있기 때문이다.

선거 과정에서의 법률 준수는 기본이다. 투표의 비밀을 지키고 불법 선거 운동을 하지 않아야 하며 공정하고 투명한 선거를 위해 노력해야 한다. 무엇보다 선거의 결과를 받아들이고, 설령 자신이 지지한 후보가 뽑히지 않더라도 다수의 결정을 존중해야 한다. 선거가 끝난 후에도 정치에 지속적인 관심을 가지며 모니터하는 자세가 필요하다. 정부나 정치인들은 국민의 뜻에 따르는 노력을 멈추지 않아야 하며, 시민들은 시민교육을 통해 더 나은 사회 건설과 공익 추구를 끊임없이 고민해야 한다. 그랬을 때, 더 공정하고 더 정의로운 사회를 위해 정치가 제 역할을 잘 감당할 수 있을 것이다.

선거를 통해 당선된 사람들은 정당을 이루어 정치 활동을 한다. 정당은 정치적 이념이나 목표, 뜻을 공유하는 사람들이 모여 만든 것이다. 정당은 일정한 수의 당원이 있어야 하는데 우리나라는 전국적으로 5개 이상의 시·도에 각 1,000명 이상의 당원을 필요로 한다. 정당의 기본 이념과 목표, 정책 방향을 명시한 정강과 정책도 갖춰야 한다. 정당의 의사결정 과정과 조직운영을 위한 구조 역시 필요하다. 당대표가 선출되면 중앙선거관리위원회에 등록한 후 당비나 당원의 권리, 의무, 의사결정, 재정 운영 방법 등을 전하고 재원을 모집한다. 선거에 후보자를 출마시키고 정책을 홍보하며, 당원과 국민의 소통을 통해 정치적 영향력을 행사한다. 이러한 집단이 바로 '정당'이다.

정당은 당내 경선을 통해 선거에 출마할 후보자를 선출하고 사회 문제 해결을 위해 전문가와 당원들의 의견을 모아 다양한 정책을 제안한다. 후보자와 당의 정책을 알리기 위해 캠페인, 유세, 광고 등을 진행하며 다양한 방식으로 유권자와 소통한다. 국회에서는 정부의 정책과 행정 활동을 비판하고 대안정책을 제시하기도 하며, 법안을 발의하고 입법 활동을 수행한다.

학생 여러분들이 유권자가 되어 직접 투표에 참여할 날도 머지않았다.

어떻게 생각할 것인가

선거에 대한 기본적인 것들을 살펴보았다. 여기서 우리는 '선거'를 아는 데서 그치는 게 아니라 선거 이후 정당을 이루고 정치 활동이 일어나는 과정에서 가장 중요한 것이 무엇인지 생각해야 한다. 그에 앞서 유권자 중 한 명인 자신이 정치에 대해 얼마나 알고 있는지 확인할 필요가 있다. 투표는 '나 하나쯤이야'라는 생각보다는 '나 하나로부터'라는 마음가짐으로 참여하는 것이 중요하다. 개개인의 생각과 견해, 정치적 식견이 표출될 때 그것이 모여 정치에 영향을 준다. 그러므로 내가 가진 선거권의 중요성을 알고, 어떻게 그 권리를 바르게 행사할 것인지를 고려해야 한다.

선거권을 바르게 행사하는 것은 민주주의 사회에서 국민의 의무이자 권리이다. 그 의무를 올바르게 감당하기 위해서는 기본적으로 '정책'을 이해해야 한다. 다양한 소스를 활용, 후보자의 정책을 비교하고 내용을 면밀하게 파악해야 한다는 것이다. 본격적인 선거가 시작되면 주소지로 공약집이 전달된다. 미리 후보자의 정책을 비교하지 않았다면 이 정보를 이용해서라도 확인하는 것이 좋다. 각 후보의 정책 특이점은 무엇이고, 어떤 공약을 앞세웠는지 확인한 후 투표에 참여한다. 물론 당선이 되면 당선자가 자신의 공약을 잘 지키는지도 주시해야 한다. 유권자가 정책에 대해 모니터하고 쓴소리를 할 때 바른 정치를 위해 정치인들도 그 뜻에 부응하려 노력할 것이다.

후보자의 정책을 살폈으면 그 내용이 사생활이나 사회에 미칠 영향을 고려한다. 어느 한쪽으로도 치우치지 않은 객관적인 시선으로 후보자의 공약을 살펴보고 투표에 임하는 것이 바람직하다. 토론이나 토의를 주의 깊게 관찰하여 견해와 논리를 비교하는 것도 하나의 방법이다. 정책이 구체적이고 실현 가능한 것인지 살피는 것이다.

나 하나의 선택이 모여 국민의 의견이 된다. 우리는 그것이 정책과 나라를 운영하는 방향성에 영향을 미친다는 사명감을 가져야 한다. 국민 한 사람 한 사람의 생각이 모일 때, 정치인이 아닌 국민이 원하는 정치가 비로소 시작될 것이다.

 ## 비판적 사고력 UP!

1. 선거의 전 과정을 정리해서 하나씩 살펴보자.
2. 내가 지지하는 정당은 무엇이며, 그 이유는 무엇인가?
3. 내가 선거권을 가진다면 어떤 방식으로 후보자를 검증할지 생각해보자.

 내 이웃이 난민이라면?

‘국적’이란 개인이 어떤 나라에 속해 있는지를 나타내는 법적 개념이다. 한 나라의 시민으로서 그 나라에 대한 정치적 소속 관계를 나타낸다. 국적을 가진 사람은 해당 국가에서 시민의 권리와 의무를 갖는다. 시민권은 해당 국가의 법률에 의해 규정되며, 이는 국가의 주권을 공유한다는 의미이기도 하다. 국적은 보통 출생지나 부모의 국적에 의해 결정되며, 해당 국가의 법과 제도 안에서 규제와 의무의 대상이 될 수 있다.

그러나 때로는 자신의 국적을 포기하는 일도 있다. 이중국적 문제나 국방 의무와 같은 법적 의무 사항을 원하지 않을 경우가 그렇다. 세금이나 재산 문제로 국적을 취득하거나 포기하기도 하고, 가족이나 배우자의 국적에 따라 국적을 변경하기도 한다. 가장 흔한 사유로는 ‘이민’이 있다. 다른 나라로 이민하여 새로운 국적을 취득하거나 영주권 또는 시민권을 획득하기 위해 국적을 포기하기도 한다는 것이다.

자신의 나라를 떠나 다른 나라로 이동하는 것으로는 ‘난민’도 있다. 이민과 난민은 국적을 포기한다는 의미에서는 일견 비슷해 보이지만 이 둘은 사실 전혀 다른 개념이다. 이민은 경제적 이유나 학업, 가족 이동, 새로운 경험을 위해 결정된다. 또한 이민을 원하는 사람은 해당 국가의 이민 관련 기관에 서류를 넣고, 절차에 따라 비자를 받아 진행한다. 그러나 난민은 그 성격이 조금 다르다. 전쟁이나 인종, 종교, 정치적 이유 등으로 자신의 국가를 떠나 다른 나라로 피난하는 것이 바로 이 난민이다. 자신이나 가족의 생명과 안전이 위험에 처했거나 박해를 받는 경우 망명하기도 한다. 난민은 보통 유엔난민기구(UNHCR)나 해당 국가의 난민 관련 기관에 신청한 후 난민 심사 및 인정 절차를 거친다. 쉽게 말해, 난민은 박해나 전쟁, 테러, 극도의 빈곤이나 기근, 자연재해를 피해 다른 나라로 떠나는 것이다.

난민이 대규모로 이동하거나 국경을 넘을 때, 수용국과 이주국은 주거와 교육, 의료 등의 시스템을 마련해야 하는 경제적 부담이 생긴다. 안전한 환경을 보장하기 위한 제반 시설을 마련하기란 쉽지 않다. 또 난민들이 몰리는 지역에서는 다양한 문화와 언어, 종교적 배경을 가진 사람들이 함께 생활하기에 간혹 충돌이 생기기도 한다. 그만큼 사회적인 통합이 어려우며, 난민 중에서 범죄조직이나 테러리스트가 숨어 있는 경우도 종종 있다. 그렇기에 국가안보를 신경 쓰지 않을 수 없다.

난민들도 나름의 어려움이 있다. 이주하면서 안전하지 않은 경로를 통하는 일이 많은데 이 과정에서 인신매매나 폭력, 착취 등을 경험하기도 한다. 그뿐만 아니라 많은 국가에서 난민 수용에 대해 부정적인 여론을 갖고 있기에 타국에 도착했을 때 적절한 법적 보호를 받지 못할 수 있다. 이로 인해 교육, 의료, 주거 등의 기본적인 권리를 보장받지 못하는 경우도 있다.

우리나라는 1951년 〈난민지위에 관한 협약〉에 가입했다. 인종, 종교, 국적, 특정 사회 집단, 정치적 의견 등이 다르다는 이유로 박해의 우려가 있는 외국인을 난민으로 인정해 수용하고 있다. 2013년에는 난민법을 시행하여 난민지위 인정 절차를 정비했다. 난민에 대한 처우와 권리를 법률로 구체화하는 등 난민 문제를 해결하기 위한 체계도 마련했다. 그러나 우리나라가 난민지위를 인정한 사례를 살펴보면 난민 인정률이 여전히 낮은 편에 속한다. 난민 주요 발생지역과 거리가 멀다는 것도 그 이유 중 하나이다.

2023년 우크라이나-러시아 분쟁으로 800만 명의 난민이 인접 국가로 피난했다. 전쟁이 아니더라도 전 세계 난민의 수는 우리나라 인구의 2배에 해당하는 1억 800만 명에 육박한다. 유엔난민기구는 난민의 권리를 보호하고 재정착을 돕기 위한 다양한 노력을 기울이고 있다. 그 어떤 것보다 국제적

협력이 요구되는 난민 문제는 전 세계적으로 매우 중요한 인권과제로 부각
되고 있다.

 ## 어떻게 생각할 것인가

난민 문제를 '외국에서 벌어지는 일'이 아닌 '우리의 문제'로 생각해 볼 필
요가 있다. 우리나라, 내 주변에서도 언제든 일어날 수 있는 일이기 때문
이다. 난민이 우리 삶에 어떤 영향을 미칠 것인지, 내 생활과 연계해 생각
해 볼 때 이 문제를 조금 더 깊이 있게 들여다볼 수 있을 것이다.

시리아 내전과 아프가니스탄 난민, 우크라이나-러시아 전쟁으로 난민이
크게 늘고 있다. 기상이변이나 자연재해로 난민이 생길 가능성도 예전에
비해 높아졌다. 우리나라는 난민과 그 성격이 유사한 탈북민이 있다. 이
렇듯 난민이 수시로 발생하는 상황에서 우리나라 국민들은 난민에 대해
어떤 생각을 할 수 있을까?

2022년 6월, 한 조사기관에 따르면 61%의 우리나라 국민들이 전쟁 또는
탄압으로 인한 난민 수용에 동의했다. 세계 평균인 78%보다는 낮지만 과
반을 넘어서는 수치. 난민에 대한 인식이 나쁘지 않은 것으로 추정할
수 있다. 난민 수용 규모에 대해서는 그중 45%가 현재의 수용 규모가 적
절하다고 응답했고, 49%는 난민 지원 정책 수준을 지금처럼 유지하는 것
에 동의했다. 최근 우크라이나 난민들에 대한 국제적 지원이 쏟아지면서
난민 지원에 대한 관심이 크게 늘고 있다. 난민에 대한 적절한 정책과 지
원을 논의할 시점이라는 것이다. 난민에 대한 자신의 생각이 어떤지, 난민
이 내 이웃으로 살아간다면 나에게 어떤 영향을 미칠지 생각한다면 난민
들의 삶을 보호하고 문화적 다양성을 수용하는 데 긍정적인 영향을 줄 수

있을 것이다.

난민 문제에는 단점만 있는 것은 아니다. 노동력이 공급되어 경제적 이익도 얻을 수 있고, 글로벌 비즈니스 정신으로 인해 더욱 다양한 사업모델을 만들 수도 있다. 함께 발전하면서 서로에게 좋은 영향력을 행사할 수 있다는 것이다. 물론, 그렇게 되기까지 초기 정착 비용, 주거, 교육, 의료 지원 등으로 많은 예산이 사용되겠지만 말이다.

난민으로 인해 저숙련 노동시장의 일자리 경쟁이 심해지는 것은 오늘내일의 문제가 아니다. 문화적 배경이 다른 사람들 간의 충돌과 이로 인한 사회적 분열이나 갈등을 해결하기 어려운 것도 사실이다. 난민으로 인한 치안 문제나 테러의 위협도 미비하지만 완전히 배제할 수는 없다. 난민 수용에 적극적으로 목소리를 내게 되면, 극단적인 정치세력과 부딪힐 염려도 생긴다.

이처럼 난민 문제는 법률적으로도, 윤리적으로도 판단이 어려운 문제이다.

 **비판적 사고력 UP!**

1. 난민 수용에 대한 국민들의 생각과 나의 생각을 비교해보자.
2. 난민 수용을 위한 우리나라의 정책 방향을 어떻게 설정해야 바람직할까?
3. 내 이웃이 난민이라면 내게는 어떤 장단점이 생길까?

03 민주주의 시민의 역할

우리나라 사람들은 민주주의에 대해 어떻게 생각할까? 2022년, 민주화 운동 기념사업회에서 민주주의의 질을 높이기 위해 시민 인식 조사를 했다. 이는 결과를 기반으로 미래 과제를 도출하기 위한 일종의 '움직임'이기도 했다. 사람들은 자유롭고 공정한 선거에 대해 58.6%가 긍정적인 반응을 보였으며, 정권비판 정보에 대한 접근이나 반대 의견을 표명할 기회 보장에도 44.8%가 긍정적으로 답했다. 정치참여 기회나 개인에 대한 기본권 존중 및 보장에 관해서도 40% 이상이 긍정적인 평가를 했다. 정당 간의 자유경쟁에 대해서는 긍정적인 의견이 많았으며 삼권 분립 및 상호견제, 국가 권력 남용에 대해서는 부정적인 의견이 많았다.

비공직자나 개인, 집단의 정책 참여, 사법부, 헌법재판소의 정치적 중립, 검찰, 경찰군사기관 등의 정치적 중립은 뒤로 갈수록 부정적인 반응이 압도적으로 많았다. 민주주의의 현주소에 대해서는 전반적으로 만족하는 분위기였으나 개인의 기본권이나 정치적 자유, 참여 보장에는 불만족스러운 듯 보였다. 그중에서도 권력 남용 금지와 권력분립, 정치적 중립의 요건이 가장 결여된 사항이라고 인식하고 있었다. 사회갈등 해소와 공정성 제고를 민주주의의 역할 중 하나로 인식하는 것은 대부분 비슷했다.

민주주의 체제에 대해서는 시민들의 견고한 지지가 있었지만, 정치 효율성에 대한 신뢰도는 미미했다. 헌법 민주주의를 중시하는 더 높은 수준의 정치가 필요하다고 판단한 것이다. 더불어 양극화나 당파적 편향성을 극복하기 위한 시민들의 노력이 필요하다고 '자체 평가'하기도 했다.

민주주의에서 '시민의 역할'은 민주주의의 '핵심 구성 요소'다. 결국 정치적 과정에 참여하고 정부의 결정에 직간접적으로 영향을 미치는 것은 시민이기 때문이다. 동시에 시민들은 민주적 가치를 만들어가는 데 앞장서야 한다.

시민이 수행할 주요 역할은 다음과 같다. 시민은 투표를 통해 자신의 의사를 표하고 정부의 정책 방향을 결정해야 한다. 후보자들의 정책과 공약을 검토하여 사회에 공헌할 수 있는 후보를 선택하는 것 또한 시민의 역할이다. 신뢰할 수 있는 출처를 통해 정보를 얻고 정치적, 사회적 문제를 직시할 수 있어야 한다. 다양한 관점에서 편향된 정보를 걸러내는 것도 중요하다.

민주주의 시민이라면 토론회나 공청회, 온라인 포럼 등의 공론장에서 의견을 나누고 다양한 의견을 수렴할 줄 알아야 한다. 단체나 조직에 참여하여 사회 문제에 대한 목소리를 내는 것도 시민의 몫이다. 평화시위나 서명운동을 통해 정치적 의견을 표하고, 정부의 활동을 감시할 수도 있다. 부패나 비리를 발견했을 때는 즉시 고발하고 시정을 요구해야 하며, 민주적 절차와 법을 준수하여 사회질서 유지에 앞장서야 한다. 법치주의를 지지하고, 세금 납부나 군 복무 등 국가가 요구하는 의무를 성실히 수행하는 것도 시민의 역할이다.

우리는 스스로 정치를 공부하고 정치참여의 필요성에 대해 타인과 공유해야 한다. 민주적 가치를 사회 전반에 확산시키는 역할도 사실 그리 어려운 것이 아니다. 사회적 약자나 소외된 계층과 연계하여 권리와 이익을 보장받고, 다른 시민들과 협력하여 공동의 문제를 해결해 나가야 한다. 이러한 시민의 활동은 실제로도 사회발전에 지대한 영향을 미친다.

민주주의는 시민이 얼마나 적극적으로 참여하는지에 따라 그 분위기가 달라진다. 시민 개개인이 자신의 역할을 찾아 정치에 참여하고 공동의 의견을 만들어나갈 때 비로소 발전할 수 있는 것이다. 이것이 정치적 쟁점 해결을 위해 노력하는 성숙한 민주주의 시민의 모습이다. 그런 민주주의는 각 개인에게 다시 좋은 영향력을 미치며 '상생'할 수 있음을 잊지 말아야겠다.

시민들이 각자의 위치에서 제 역할을 하고 있는지 확인하는 방법은 없을까? 민주주의는 시민이 시민으로서의 역할을 잘 감당해나갈 때 비로소 발전한다. 물론, 청소년들이 민주주의 시민의 역할을 하기란 쉽지 않다. 이럴 때는 가족과의 대화가 필요하다. 가족 구성원들이 시민으로서 어떤 역할을 어떻게 수행하고 있는지 살펴보면 어느 정도 답이 나온다. 이 과정에서 특히 기성세대의 역할을 눈여겨본다면 자신의 미래를 설정해 나갈 수 있을 것이다. 아직 어려서 어떤 역할도 할 수 없다는 생각을 버리고, 가족의 역할에 대해 의견을 제시하는 적극적인 태도를 갖자. 이러한 적극성과 긍정적인 마인드는 미래의 시민인 우리에게 좋은 기틀이 되어 줄 것이다.

먼저, 가족 구성원이 정기적으로 투표에 참여하고 있는지 살펴보자. 투표에 참여할 때 후보자와 공약을 충분히 조사하는지, 맹목적으로 지지하는 정당이나 인기 있는 후보자를 선택하고 있지는 않은지, 편향된 사고의 부분은 없는지 등을 체크하는 것이다. 특히 정보를 취하는 매체가 신뢰할 만한 곳인지, 편향된 기사나 가짜 뉴스에 현혹되지는 않았는지 살펴보아야 한다. 정치적, 사회적 이슈를 곧이곧대로 수용하는 것이 아니라, 비판적 사고와 더불어 수용하고 있다면 건강한 시민의식을 지녔다고 봐도 될 것이다.

지역사회의 공청회, 토론회에 참여하거나 온·오프라인 플랫폼을 통해 정보를 나누는 것도 좋은 방법이 될 수 있다. 토론할 수 있는 창구를 찾으면 평화적 시위나 정치적 활동에 참여한 경험을 공유하며 그것들의 장단점에 대해 자유롭게 얘기할 수 있다.

부정부패를 발견했을 때의 대처법에 대해서도 토론해보자. 납세 의무 등 사회적 규범을 잘 따르고 있는지, 정치적 결정에 필요한 교육을 잘 받고 있는지 살펴봄으로써 더 나은 민주 시민이 되기 위한 과정을 이해할 수 있다. 사회적 약자, 소외된 계층을 위한 일이나 공동의 문제 해결을 위해 협력했던 사례도 나눠보면 좋다.

가족, 혹은 타인과의 이러한 대화는 건강하고 발전적인 시민을 만들어가는 데 가장 중요한 역할을 한다. 건전한 토론을 통해 올바른 민주 시민의 역할을 해낼 수 있는 바람직한 구성원으로 성장할 수 있다.

 ## 비판적 사고력 UP!

1. 가족 토론을 통해 민주 시민으로서의 역할에 대해 알아보자.
2. 우리 가족이 개선해야 할 민주 시민의 자세는 무엇일까?
3. 내가 성인이 된다면 어떤 활동으로 시민의 역할을 해낼지
   그 포부를 밝혀보자.

04 공정한 재판의 조건

2024년, 의대 증원에 관한 이슈로 법정이 뜨겁다. 정부가 법원에 제출한 의대 증원 자료를 의료계 측에서 공개하며 파문이 일었다. 정부는 의료계가 여론전을 통해 공정한 재판을 방해하려는 의도가 다분하다며 비난했다. 아울러 재판부가 최대한 공정한 판단을 내릴 수 있도록 무분별한 자료 공개를 삼가라고 경고했다. 의료계와 정부의 뜨거운 설전이 오가는 가운데 법원이 어떤 판단을 내릴지 관심이 집중되고 있다.

과연 법원은 공정한 재판을 할 수 있을까? 이를 알아보기 위해 재판의 종류와 의미, 법원의 역할을 정리해보자. 재판은 법적 분쟁을 해결하고 정의를 실현하기 위해 법원이 주관하는 절차이다. 관련 용어를 먼저 살펴보면 소송을 제기하는 사람은 '원고', 소송을 당한 사람은 '피고'라고 부른다. 법원에 소송을 제기할 때 소장을 접수하면, 검사는 특정 범죄와 관련된 피고인을 법정에 세우기 위해 소송을 제기한다. 기소를 통해 재판이 이루어지는데, 1심 판결에 불복하여 상급 법원에 다시 재판을 요청하는 절차를 '항소'라고 한다. '상고'는 항소심에 불복하여 대법원에 재판을 요청하는 것이며, '가처분'은 판결이 확정되기 전 급박한 상황에서 임시로 특정 행위를 금지하거나 권리를 보호하기 위해 법원이 내리는 명령을 뜻한다.

우리나라는 기능과 역할에 따라 법원을 구분한다. 최종심 재판을 담당하는 대법원에서는 하급심에서의 판결에 대해 법리적 판단을 확정한다. 대법원장은 대통령이 임명하며, 대법관은 대법원장의 재청으로 대통령이 임명한다. 고등법원은 이심 법원으로 지방법원과 가정법원, 행정법원의 판결에 대해 항소된 사건을 심의한다.

지방법원은 1심 법원으로 민사, 형사, 행정 사건을 처리한다. 가정법원은 이혼, 양육권, 상속 분쟁 등의 가사사건과 미성년자 비행에 대한 소년사건을 처리한다. 행정기관의 처분에 대한 취소 소송이나 부작위 위법 확인을 하는 곳은 행정법원이다. 특허, 실용신안, 디자인, 상표 등 지식재산권을 다루는 특허법원은 대전에 있으며 이심 법원으로 분류된다. 군 관련 사건을 다루는 군사법원과 헌법 관련 사건을 전담하는 헌법재판소도 있다. 헌법재판소에서는 위헌법률심판이나 헌법소원, 탄핵심판, 정당해산심판 등을 진행한다.

재판은 여러 종류로 나뉜다. 민사재판은 개인 간의 분쟁을 해결하는 재판이고, 형사재판은 범죄를 저지른 피고인에 대한 처벌을 결정하는 재판이다. 행정재판은 행정기관의 처분이나 행정청의 결정에 불복할 때 제기하는 재판이다. 가사재판은 가족관계와 관련된 분쟁을 재판하고, 소년재판은 미성년자의 범죄 및 비행에 대한 재판으로 처벌보다는 교화와 보호에 중점을 둔다. 헌법재판은 헌법과 관련된 분쟁을 해결하며 헌법재판소법에 따라 진행된다.

법원은 법적 분쟁을 해결해 사회질서를 유지하고 개인의 권리를 보호한다. 법을 해석하고 구체적인 사건에 적용하여 판결을 내리는 것이다. 범법자를 처벌하고 법질서를 유지하며, 사회적 안정을 추구한다. 이는 범죄예방과 억제의 기능을 하며, 개인이나 단체의 침해된 권리를 구제하기도 한다.

어떻게 생각할 것인가

법원과 재판에 대한 기본 개념을 살펴보았다. 그렇다면 이 지식을 어떻게 생각으로 발전시킬 수 있을까? 먼저, 어떻게 하면 공정한 재판을 진행할 수 있을지 생각해보자. 지식을 머릿속에 넣었다면, 그것의 활용 방법을 생각하는 것이 순리일 것이다. 법원에 대한 기초 지식이 '이론 공부'로만 작용해서는 결코 안 된다. 지식을 확장해 현실적으로 적용 가능한 방법을 생각할 때, 비로소 지식을 배운 가치가 발생하기 때문이다.

개인의 권리를 보호하고 사회의 정의를 실현하기 위해서는 무엇보다 공정한 재판이 이루어져야 한다. 이는 법적 분쟁의 해결과 법의 권위가 실추되는 것을 막고, 더불어 사회적 불신이 생기는 것을 막기 위함이다. 법원과 사법부는 공정한 재판을 만들기 위해 끊임없이 노력해야 하며 자신들의 역할을 정의롭게 수행할 의무가 있다. 의대 정원 문제처럼 사회적으로 중요한 이슈를 다룰 때는 정부와 의료계 간의 갈등이 해결되는 중립적인 판결이 필요하다. 사회에 미치는 영향력이 그만큼 크기 때문이다. 그렇다면, 공정한 재판을 하기 위해서는 어떤 것들이 필요할까?

가장 먼저, 사법부의 독립성이 보장되어야 한다. 외부의 어떤 간섭이나 압박 없이 독립적으로 판단하고 결정할 수 있어야 한다. 그래야만 판사가 공정하게 재판을 진행하고 동시에 사건을 객관적으로 바라볼 수 있다. 또한 모든 재판 과정은 법이 정한 절차에 따라 진행되어야 한다.

모든 판결은 사실과 법률에 근거하여 내려져야 한다. 판결문에는 판결의 이유가 분명히 기록되어야 하며, 왜 그런 결론에 이르렀는지를 밝혀 공정한 법 문화를 이어나가야 한다.

🏢 비판적 사고력 UP!

1. 재판의 과정에서 '불공정성'이 드러날 수 있는 부분은 무엇인가?

2. 공정한 재판을 위해 보완해야 할 점은 무엇인가?

3. 재판이 공정하게 이루어지지 않았을 때의 문제점에 대해 정리해보자.

정치주체마다
입장이 달라.
민주적인
절차에 따라
맞춰 나가야지.

정치를 하는 과정에서 영향력을 행사하는 개인이나 집단을 '정치 주체'라 한다. 정치 주체는 공식적 주체와 비공식적 주체로 나뉜다. 공식적 정치 주체에는 국회, 정부, 법원이 있고 비공식적 정치 주체에는 시민, 언론, 정당, 이익집단 등이 있다. 정치의 과정에서 공식적으로 힘을 발휘할 수 있는 정치 주체는 '국회'로, 국민의 다양한 의사를 반영해 모든 국가 활동의 기준이 되는 법을 만들고 개정하며 정책 집행의 근거도 마련한다. '정부'는 법률을 기반으로 구체적인 정책을 결정하고, 현실 적용 가능 여부를 살피는 등 다양한 방법과 대책을 찾아 정책을 집행한다. '법원'은 재판을 통해 법률을 해석하고 적용하는 기능을 한다. 정책 집행 과정에서 국민의 권리와 이익을 보호하고, 국민의 권리가 침해되는 것을 막는다.

비공식적 정치 주체는 공식적인 권한은 없지만 정치 과정에서 영향력을 펼칠 수 있는 존재다. 시민은 국가와 같은 공동체에서 정치적 권리를 가진다. 정치 과정에 참여하는 데 있어 가장 중요한 존재라고 볼 수 있다. 선거, 단체 가입, 정당 활동 등을 통해 적극적으로 정치에 참여한다. 언론은 시민의 의견을 전달하고 정보를 알려주는 역할을 한다. 여론을 형성하는 데 큰 역할을 하며 국민의 의사를 정책 결정자에게 알려준다. 정부 정책에 대한 정보를 정확하고 신속하게 전달하는 역할을 한다. 정당은 정치적인 의견을 같이하는 사람들이 모여 만든 집단이다. 사회 전체의 이익을 추구하고, 자신의 행동에 책임을 지는 것을 원칙으로 한다. 또한 국민의 대표자를 배출하고 정책 대안을 제시하며, 정부와 의회 사이의 매개체 역할을 수행한다. 여당은 선거에서 승리한 당으로 제시한 정책을 수행하는 일을 하고, 야당은 정책 대안을 만들고 정부를 감시한다.

이익집단은 현대사회에서 생긴 정치 주체이다. 점점 다원화되고 세분화되는 사회에서 직업이나 계층에 따라 추구하는 이익이 달라지면서 생겨났다. 이해관계를 같이하는 사람들이 이익을 추구하고 실현하고자 만든 집단이며 노동조합, 변호사협회 등이 있다. 이들은 자신이 가진 전문지식을 활용해 사회 문제를 해결하고, 정부의 정책을 보다 객관적으로 판단한다.

시민단체는 사회 문제를 해결하고 공동체의 가치를 지키고자 시민이 자발적으로 만든 단체다. 사회 전체의 이익을 추구한다는 점에서 이익단체와는 그 성격이 조금 다르다. 비영리적 활동을 하며 정책을 감시, 비판하며 정책의 대안을 제시한다. 더불어 시민들이 정치에 적극적으로 참여할 수 있게 돕는다.

각 정치 주체는 사회 문제에 대한 서로 다른 입장을 가지고 갈등을 겪는다. 가령 정부가 대규모 발전소 건설을 추진하려 할 때, 정치 주체들이 환경 보호에 관한 서로 다른 관점 때문에 부딪힐 수 있다는 것이다. 정부는 에너지 수급 안정과 경제적 이익 창출을 발전소 건설의 우선 과제로 삼고, 기술 발전과 현대화를 통한 국가 경쟁력 상승을 염두에 둘 것이다. 그러나 환경 단체는 발전소 건설이 환경 파괴와 생태계 위협의 주요 원인이 될 수 있다고 주장할 수도 있다. 더불어 재생 가능한 에너지 대안을 개발하고 확대하는 것이 장기적으로는 더 유리하다고 목소리를 높일 수도 있다.

실제로 지역 주민의 건강을 위해 이와 같은 건설의 추진을 막은 경우도 많았다. 정치 주체 간의 갈등은 서로의 입장 차이를 좁히지 않는 이상 계속될 것이다.

다양한 정치 주체는 어떤 식으로든 자신들의 입장을 내세울 수밖에 없다. 뜻을 이룰 때까지 자신들의 입장과 의사를 피력하고 관철하려 할 것이다. 이때 발생하는 갈등은 피할 수 없다. 그러므로 갈등이 생기지 않게 하는 것보다는 갈등이 생겼을 때 이를 어떻게 해결해 나갈 것인가에 대한 고민이 더욱 중요하다.

다양한 이익과 가치를 지닌 정치 주체들의 의견을 민주적인 절차를 통해 해결하면서 우리 사회는 발전해 나간다. 공정하고 정의로운 의사결정을 통해 사회의 안정과 평화를 이뤄나갈 수 있으며, 이러한 갈등 해결 과정에서 사회적 합의와 지속 가능한 대책을 만들어 나가는 것이 민주주의 사회의 핵심가치이기도 하다.

갈등을 해결하는 민주적 절차는 다음과 같다. ① 갈등의 주체들로부터 의견을 수렴한다. ② 대화와 토론을 통해 서로의 입장과 요구사항을 이해하고 공감하며 소통한다. ③ 경우에 따라 공정한 중재가가 나서 갈등을 조정한다. ④ 양측의 입장을 조화시키고 합의점을 도출하도록 한다. ⑤ 합의 및 협상을 통해 상호 간의 합의점을 찾고 이를 공유한다. ⑥ 합의된 결과를 실행하고 그 결과를 모니터한다. ⑦ 다시는 갈등이 촉발되지 않도록 노력한다.

논쟁을 해결하기 위한 방법으로는 공론화와 토론이 있다. 서로의 입장을 비교하고 공론화하여, 문제를 조금 더 객관적으로 바라볼 수 있도록 정리하는 것이다. 필요한 경우에는 중재자를 통해 양측이 합의점을 찾을 수도 있으며, 서로 협력하여 해결책을 모색하기도 한다. 공론화와 토론은 양측 모두 만족할 수 있는 해결책을 찾는 데 중점을 둔다.

법적 절차를 통해 논쟁을 해결할 수도 있다. 법원을 통해 소송이나 법률에 따른 판단으로 논쟁을 해결할 수 있으며, 정치적 의사결정이 필요한 경우 투표와 다수결을 통해 논쟁을 해결하기도 한다.

여러 방법을 통해 각 정치 주체들의 의견이 모인다면, 한쪽으로 치우치지 않는 판단을 할 수 있고 불필요한 갈등을 막을 수 있다. 더 나은 민주주의로 나아갈 수 있는 핵심이 여기에 있다.

 비판적 사고력 UP!

1. 정치적 주체별로 입장이 다를 때 합의점을 찾는 방법은 무엇일까?

2. 사회 문제 하나를 골라 정치 주체별 입장을 정리해보자.

3. 자신이 생각하는 합의점을 찾는 가장 민주적인 방법과
   그 이유를 설명해보자.

법의 해석과 흠결

법은 사회의 질서와 규범을 유지하기 위해 국가나 권한 있는 기관이 제정한 규칙이다. 사회 구성원들이 따라야 할 원칙이 구체적인 법조문 형태로 제정되어 있다. 법은 사회 질서를 유지하고 개인과 집단 간의 갈등을 해결한다. 나가아 정의를 실현하고, 불평등한 많은 부분을 바로잡으며 공정하고 공평한 대우를 보장한다. 결국, 우리 개인과 집단은 법을 통해 권리를 보호받고 권리의 침해 행위를 막을 수 있다. 법은 공공의 복지 증진과 사회의 전반적 이익을 도모하는 성격을 띤다.

이러한 '법'은 올바른 해석이 필요하다. 법조문 자체가 어렵고 모호해 상황에 따라 다르게 해석될 수 있기 때문이다. 법을 올바르게 해석하기 위해서는 그 법이 제정될 당시의 사회적 상황이나 분위기를 살펴볼 필요가 있다. 시간이 지남에 따라 상황이 달라질 수 있고, 그럴 경우에는 그에 맞는 해석이 요구되기 때문이다.

법체계 내에서 다른 법률 간의 충돌을 방지하고 구체적인 사건에 적용하기 위한 해석도 중요하다. 입법부, 사법부, 행정부 등의 국가 유관기관과 학자들의 학문 해석을 통해 법을 해석할 수 있다. 학리해석은 학리적 사고에 의해 법의 의미내용을 확정하는 것으로서 문리해석과 논리해석으로 나뉜다.

법문에 사용된 문자의 의미와 문장 구조에 대한 문법적 이해를 바탕으로 해석하는 것을 문리적 해석이라 한다. 어떠한 법조문이든 1차적으로 이 방법으로 해석되어야 하는데, 법문에 사용된 문자나 법률용어의 의미가 '일반적'으로 사용되는 의미와 다른 경우도 많으므로 해석 시 주의가 필요하다. 법의 의미는 그 법이 적용되는 구체적인 현실과 관련지어 확정되어야 한다. 법이 적용되는 시점과 법문의 의미가 서로 어긋나서는 안 되기 때문이다.

역사적 해석방법은 입법자가 입법 당시에 가지고 있었던 입법 의사를 확인하여 해석하는 방법이다. 입법 의사는 법제도의 연혁. 법률안 발의 취지를 밝힌 법안이유서, 관련 기관의 입법의견서, 회의록 등으로 알 수 있다. 법은 해석하는 상황과 적용 시점에 따라 다르게 해석되어야 하며, 입법 의사 또한 결정적인 해석수단으로 보기는 어렵다.

목적론적 해석방법은 현행 법질서 안에서 이성적 논의를 바탕으로 법문의 의미와 입법의 목적, 입법을 통해 추구하려는 이면과 가치, 현재 상황에 대한 인식과 분석을 모두 고려한다. 법의 참된 의미는 현상황에 맞게 입법 정신을 계승하는 것이다. 결국 단순한 해석을 넘어 탄력적으로 해석할 수 있어야 법의 진정한 가치를 덧입을 수 있다.

다양한 방법을 활용해 법을 해석해도 법의 적용 과정에서 문제점이 발생할 수 있다. 이를 법의 '흠결'이라 한다. 해당 사안을 규율할 법 규정이 명백히 존재하지 않는 경우를 '명시적 흠결', 법률은 있지만 그대로 적용할 경우 매우 불합리한 결과를 낳을 때 이를 '은폐적 흠결'이라 부른다.

법의 흠결 보충 방법으로 '유추'가 쓰인다. 유추는 직접 적용 가능한 규칙이 아닌, 개별적인 규칙을 적용하여 판단을 내리는 것이다. 거의 모든 법의 흠결은 은폐된 형태로 존재한다. 따라서 법관이 정의, 이성, 형평 등 법원리적 규범을 법적 판단의 근거로 활용할 필요가 있다. 법관의 자의적, 감정적 해석도 배제할 수 없다. 입법 정책 차원에서 법의 흠결을 최소화하기 위한 노력이 여전히 절실하다.

어떻게 생각할 것인가

법의 해석 방법과 법의 흠결을 줄이기 위한 해석 방법을 알아보았다. 이제 유추와 법관의 법원리적 규범에 따른 해석 이외에 적용할 수 있는 대안을 고민하며 생각의 역량을 키워 보도록 하자. 먼저, 대안을 고려할 때는 그에 따른 '해결책'을 비교하고 평가할 수 있어야 한다. 보다 효과적이고 창의적인 문제 해결 방안을 찾을 수 있을 것이다.

한 가지 해결책은 편향된 사고를 일으킬 수 있다. 다양한 대안을 생각하다 보면 문제의 갈래를 내다볼 수 있게 되고, 사고 또한 확장할 수 있다. 더불어 대안을 비교하고 평가하는 과정에서 올바른 결정을 내릴 수도 있다. 대안이 가져올 결과를 예측하면 의사 결정 과정에서 발생할 수 있는 위험을 줄일 수 있다. 대안을 찾는 연습은 변화하는 상황에 유연하게 대처할 수 있는 능력을 길러주고 불확실한 상황을 변화시킬 수 있다.

법리적 해석에서 흠결을 줄일 다른 대안에는 어떤 것이 있을까? 먼저, 법조문을 해석할 때는 법조문의 문구와 일반적인 의미에 충실하게 해석한다. 그다음 법이 제정된 목적과 취지를 고려하고, 법체계 내에서 논리적 일관성을 유지하도록 해석한다. 기존 판례를 참고하여 법적 안전성과 예측 가능성을 높여도 좋다. 상급법원과 하급법원은 서로의 판결을 존중해야 하며, 이 둘은 법 해석에 통일성을 유지하도록 노력해야 한다. 법 해석의 지침이나 법률 해석 원칙을 체계적으로 정립하는 것도 필요하다.

법학자와 교육기관은 법 해석의 원칙과 사례를 연구하고 다른 나라의 법제나 편제를 참고한다. 법 적용 과정에서 나타난 흠결이나 문제점을 반영하면, 새로운 상황이나 문제에 대응하는 추가적 법률을 제정할 수 있어 흠결이 보완된다. 이러한 노력을 통해 법의 흠결을 최소화하고 법의 적용이 공정하게 이뤄지도록 할 수 있다. 우리가 다양한 대안을 찾아보고 검토, 적용한다면 흠결 없이 법을 해석하는 데 큰 도움이 될 것이다.

이처럼 주어진 방법에 안주하지 않고, 새로운 대안과 해결책을 찾는 노력은 개개인의 사고력을 키우는 데 많은 영향을 줄 것이다.

 비판적 사고력 UP!

1. 법의 해석 방법 중 가장 합리적이라고 생각되는 방법과 그 이유는 무엇인가?

2. 법의 흠결을 줄이기 위한 추가적인 대안에는 어떤 것들이 있을까?

3. 그 대안이 자신의 생각을 어떻게 확장시켜 나가는지 정리해보자.

07 세금은 어떻게 쓰일까?

한 나라를 유지하기 위해서는 막대한 비용이 필요하다. 정부는 다양한 방법으로 재정을 유지해 국가를 운영한다. 국가의 재정을 유지하는 방법으로는 '세금 수입'이 있다. 정부는 국민과 기업으로부터 소득세, 부가세, 법인세 등 다양한 형태의 세금을 징수한다. 세금은 국가의 수입원 중 가장 큰 부분을 차지하며, 정부의 예산을 유지하고 공공 서비스를 제공하는 데 사용된다.

정부는 국내외 금융기관이나 시장에서 채무를 발행하여 재정을 지원한다. 국채, 정부 채권 등의 형태로 발행하는데 국영기업의 이익이나 공공 서비스 수익을 통해 재정을 확보한다. 자연자원이나 기타 자산을 개발하여 수익을 창출하기도 한다. 더불어 예산편성이나 세제개혁, 경제 정책 등을 통해 재정을 유지하고 조정하며, 이는 정부의 지출과 수입을 조절하고 재정 상황을 관리해 균형을 유지하게 해준다.

세금은 국가나 지역에 따르며 그 종류도 다양하다. 먼저, 개인이나 법인의 소득에 대한 세금인 소득세가 있다. 근로소득이나 사업소득, 자산 이익 등 다양한 소득에 부과되는 세금이다. 상품이나 서비스의 가치에 대한 부가가치세도 있다. 소비자가 상품이나 서비스를 구매할 때 추가로 부과되는 세금이다. 법인세는 기업이 법인으로 벌어들인 이익에 대한 세금이다. 회사의 이익에 대해 과세된다. 재산세는 부동산이나 차량 등 재산에 대한 세금이며, 이 역시 재산의 가치에 따라 다르게 부과된다.

종합소득세는 소득세와 부가가치세를 통합하여 부과하는 세금이며, 상속세 및 증여세도 주요 세금 중 하나이다. 부동산이나 금융자산 및 기타 재산의 상속 또는 증여에 대한 세금이다. 자동차 등록과 관련된 자동차세와 토지 및 건물세도 있다. 특별세에는 환경세나 도로세 등이 포함된다.

그렇다면 세금은 어디에, 어떻게 쓰일까? 세금을 통해 정부는 국민의 복지와 안전을 위한 다양한 공공 서비스를 제공한다. 경찰, 소방, 교육, 의료, 도로, 인프라 등 다양한 서비스를 운영하는 자금으로 활용된다. 공정성을 유지하고 경제적 불평등을 완화하는 데도 세금이 사용된다. 법과 질서를 유지하기 위한 세금이라고 볼 수 있다.

군대, 법원, 감옥 등도 모두 세금으로 운영된다. 그뿐만 아니라 세금은 공공부채를 갚고 이자를 지불하는 데도 사용된다. 정부가 과거에 발행한 국채나 채무를 상환하는 데 쓰이는 것이다. 세금으로 국민연금이나 기초연금 등 노후 생활에 필요한 연금을 지급하며, 국민건강보험과 의료급여 등을 지원한다. 저소득층이나 장애인, 아동과 노인을 위한 다양한 복지 프로그램 운영에도 세금이 활용된다. 공립학교 운영, 교과서 지원, 무상 급식, 국공립대학교 운영과 장학금 지급에도 세금이 활용되며 성인교육이나 직업교육 프로그램 같은 평생교육 비용으로도 충당된다.

세금을 통해 국가는 재정을 확보하고, 재분배를 통해 경제적 불평등을 완화한다. 소비나 저축, 투자 등 경제활동을 조절하는 도구가 되며 국민의 복지를 증진하는 데도 큰 역할을 한다. 다시 말해, 세금은 국민이 공동체의 일원으로서 책임을 다하는 중요한 방법이라고 볼 수 있다.

 **어떻게 생각할 것인가**

우리는 한 나라의 국민으로서 세금을 낸다. 각자 부여되는 세금을 성실하게 납부할 의무 또한 가졌다. 하지만 아무 생각 없이 주어진 세금을 내서는 안 된다. 우리가 납부하고 있는 세금이 정당한지 분별할 수 있어야 한

다는 것이다. 문제가 있다면 세금에 관한 문제를 바로잡고, 더 나은 방향으로 정책을 제안하며 변화를 추구할 수 있는 용기가 필요하다. 세금의 정당성에 대해 생각해보는 자세는 미리 갖춰둘수록 좋다.

얼마 전 정부의 세금 수입 재원 중 '상속세에 대한 국민들의 인식 조사'가 있었다. 대한상공회의소에 따르면 상속세 부담을 완화할 필요가 있다는 응답이 71.8%에 달했으며, 개선이 불필요하다는 응답은 20.8%에 그쳤다. 그렇다면 국민들의 바람대로 상속세 부담을 낮추는 게 옳을까?

상속세는 '유산'을 상속인의 불로소득으로 간주한다. 이 돈에 세금을 부과해 부의 격차를 최소화하겠다는 취지다. 하지만 상속세에 대한 이중과세 논란을 제기하는 사람도 적지 않다. 생전에 돈을 벌 때 최고세율 45%에 해당하는 소득세와 법인세를 냈는데, 사망 후 상속 시 또다시 세금을 매기는 것은 부당하다는 것이다. 이는 상속세의 1차 목적인 '부의 대물림을 억제해 부와 권력이 한쪽으로 몰리는 것을 막는다'는 의견과 대립한다.

상속세를 냈다가 경영권을 잃은 경우도 있다. 국내 종자산업 1위 기업인 '농우바이오' 또한 1,000억 원에 달하는 상속세 부담으로 주인이 바뀌었다. 과도한 상속세로 인해 '일감 몰아주기' 같은 편법을 쓰기도 한다. '오뚜기라면'은 '오뚜기'와의 내부 거래를 통해 매출의 99%를 올렸다. 내부 회사를 밀어준 가장 큰 이유를 거액의 상속세로 보고 있다.

2022년 한국경제학회 설문 조사에 따르면 경제학자 절반가량이 상속세 폐지에 찬성하는 입장이다. 그만큼 과도하고 비합리적인 징벌적 과세로 여겨지고 있다는 것이다. '최대 50%의 상속세가 과연 필요한가?'라는 질문에 대답하듯 상속세 완화는 세계적 추세로 이어지고 있다. 그러나 상속세에 아무리 많은 문제가 있다고 해도, 그 근본 취지에는 변함이 없다. 의미 없이 거둬들이는 세금이 결코 아니기 때문이다.

 ## 비판적 사고력 UP!

1. 세금을 제외하고, 정부의 재정을 책임질 다른 방법은 없을까?
2. 상속세 관련 토론을 찾아보고 찬반에 대한 나의 입장과
   근거를 제시해보자.
3. 상속세 조정 및 폐지 후 뒤따르게 될 문제와 대안을 생각해보자.

언론개혁 합시다

2021년 〈국경 없는 기자회〉 평가에 따르면 우리나라의 언론자유지수는 3년 연속 아시아 1위였다. 반면 〈로이터 저널리즘 연구소〉가 평가한 언론 신뢰도는 주요 국가 중 5년째 세계 최하위를 기록했으며, 이와 관련해서 신뢰도 제고를 위한 언론개혁 필요성에 대해 공감이 67%, 비공감이 22%로 나타났다. 이는 언론이 제 역할을 하고 있느냐에 대한 의문과 언론의 변화에 대한 요구가 생겨나고 있음을 시사한다.

언론이란 정보를 수집, 분석, 편집하여 대중에게 전달하는 활동 및 그러한 활동을 수행하는 기관이나 매체를 의미한다. 언론은 의견, 해설, 분석 등을 통해 대중에게 중요한 정보를 제공하며 신문, 잡지, 뉴스레터 등의 인쇄 매체와 텔레비전, 라디오 등의 방송 매체가 있다. 인터넷 뉴스 사이트, 블로그, 소셜미디어의 디지털 매체와 뉴스 통신사, 전문 신문 및 잡지와 학습지 전문 매체도 있다. 지역신문, 지역방송국, 독립언론과 비영리 언론의 대안매체도 언론의 한 갈래이다.

언론은 '정보 제공'의 기능을 한다. 최신 뉴스와 정보를 수집해 대중에게 전달하며, 이는 사람들이 현재의 사건과 이슈에 대해 잘 알도록 도와준다. 언론은 정부, 기업, 기타 권력 기관의 행동을 감시하고 부정이나 부패를 폭로해 공공의 이익을 보호한다. 더불어 권력 남용을 방지하고 투명성과 책임성을 높이며, 사회 이슈에 대한 다양한 의견과 시각을 제시한다. 이렇게 공론이 형성되면 사회적으로 논의되어야 할 부분들이 수면 위로 떠오르게 된다.

그뿐만 아니라 언론은 민주적 의사결정 과정에 따라 생각을 집결하는 데 기여하며, 교육적 콘텐츠와 해설을 통해 대중을 교육하고 비판적 사고를 촉진한다. 이로써 시민들은 올바른 판단을 내릴 수 있게 되고, 사회적 참여를 통해 다양한 사회적 이슈와 문화 속에서 소통과 이해를 도모할 수 있게 된다. 이는 사회적 갈등을 완화하고 통합하는 데 큰 역할을 한다.

언론은 사실에 기반한 정확한 정보를 제공할 책임을 지닌다. 잘못된 정보나 허위의 보도는 사회적 혼란을 초래할 수 있기 때문이다. 보도하기 전, 신뢰할 수 있는 출처를 통해 철저한 검증이 이루어져야 하며, 다양한 관점과 의견을 공정하게 다뤄 균형 잡힌 보도를 하고자 노력해야 한다. 또한 개인적, 정치적, 경제적 이익과 상관없이 객관적으로 사실을 전달해야 한다. 오보 등 보도가 잘못된 경우에는 신속하게 이를 정정하고 사과해야 하며, 사생활을 보호하고 인권을 존중하는 취재의 '원칙'을 지켜야 한다.

보도 내용은 공공의 이익을 위한 것이어야 하며, 사회적 갈등을 조장하거나 불필요한 공포를 조성하는 보도는 피하는 것이 좋다. 언론의 가장 큰 역할은 다양한 의견을 자유롭게 표현할 수 있는 공론의 장을 제공하는 것인데, 이를테면 시민들의 의견과 의식이 드나들 수 있는 통로를 마련해 주는 셈이다.

미디어를 비판적으로 이해하고 활용하는 미디어 리터러시 교육도 언론이 진행한다. 이때 허위 광고나 소비자에게 해를 끼치는 광고를 게재하지 말아야 하며, 저질 콘텐츠나 선정적인 내용을 지양하고 질 높은 콘텐츠를 제공해야 한다. 이러한 책임들은 언론이 사회적 신뢰를 유지하고 민주사회의 중요한 기둥으로 기능하는 데 필수적이다. 언론이 책임을 충실히 따를 때 시민들은 비로소 신뢰를 갖고 다양한 사회 문제에 참여할 수 있을 것이다.

위에서 언급한 것처럼 언론은 막중한 책임과 역할을 지니고 있다. 그러나 국민들이 언론개혁에 대해 67%나 공감한다는 것은 무엇을 의미하는가? 우리나라 언론이 제 역할을 다하지 못하고 있는 것으로 사료된다. 이에 우리나라 언론이 지닌 문제점을 생각해 볼 필요가 있다. 문제점을 파악해야 언론의 바른 역할을 요구할 수 있기 때문이다. 매일 만나는 미디어의 수많은 뉴스들이 조금 더 공정해지고, 어느 한쪽으로 편향되지 않게 하기 위해서는 먼저 우리가 언론의 역할에 대해 제대로 알아야 한다.

우리나라 언론의 문제점이라면 특정한 가치관이나 정치적 성향을 띠는 편향적 보도를 우선으로 꼽을 수 있다. 변화하는 언론 환경의 패러다임과 디지털 매체가 주를 이루는 시대에 발맞춰 변화하지 못하는 것도 문제인데, 낡은 관행에 따라 기사를 반복적으로 생산하는 등 언론의 다양한 역할을 해내지 못하는 것도 큰 문제이다. 어떤 사안에 대해 언론이 보도를 거부하고 은폐하는, 이른바 '게이트키핑' 또한 어제오늘의 일이 아니다. 다시 말해, 조직 내의 결정권자가 뉴스를 취사선택하는 것이다.

뉴스는 대중의 관심, 정책, 철학, 자원, 시간, 법, 윤리적 고려사항에 따라 달라져야 한다. 그러나 우리나라는 지정학적 특성과 선진국 편향, 국가주의적 특성에 따라 치우친 보도를 상당히 많이 양산해 낸다. 이는 국경을 넘어 고민할 문제나 그에 따른 대응에 객관적 자세를 갖지 못하는 주요 원인이 된다. 일부 언론인들의 부적절한 행동으로 언론에 대한 부정적 인식이 퍼져 '기자'와 '쓰레기'를 합성한 신조어인 '기레기'마저 등장했다. 언론개혁을 통해 언론의 독립성과 공정성을 높이고, 언론인의 윤리의식을 강화해야 할 때이다.

미디어 환경의 변화에 맞춰 경영혁신과 새로운 비즈니스 모델을 개발할 필요성도 있다. 언론을 이용하고 활용하는 국민의 자세도 바뀌어야 한다. 영상 플랫폼 속 뉴스를 많이 접하는 10대의 세계에서는 알고리즘 편향의 문제가 특히나 심각하다. 자신의 신념이나 취향과 일치하는 콘텐츠만 추천받으면 어느 쪽으로든 생각이 편향될 수밖에 없다. 이를 확증편향이라고 한다. 자신이 보고 싶은 언론의 정보만 골라 보면 자신과 비슷한 의견을 가진 사람들로 구성된 집단에서만 정보를 공유하게 되고, 나중에는 '에코 챔버' 현상으로까지 이어질 수 있다.

이에 알고리즘의 투명성을 강화하고 다양한 출처와 관점을 제공해야 하며, 공공의 서비스 미디어를 강화해야 할 것이다. 개인은 미디어 리터러시 교육을 통해 언론을 올바르게 소비할 수 있는 능력을 갖춰야 한다. 모두의 적극적인 참여가 언론개혁을 앞당길 것이다.

비판적 사고력 UP!

1. 우리나라의 언론개혁은 어떻게 이루어지는 것이 바람직할까?
2. 언론의 책임과 역할에서 강조해야 할 부분과 축소해야
   할 부분은 무엇인가?
3. 언론을 소비하는 나만의 방식을 점검해보고,
   편향성에 대해서도 고민해보자.

정치적 결정에
경제원리가
적용된다고?

공공선택론은 경제학과 정치학의 교차점에서 발전한 이론으로 정부와 정치 과정의 결정을 경제학적 방법론을 통해 분석하는 것이다. 정부의 역할이나 공공정책 결정, 정치인과 공무원의 행동을 이해할 때 사용되며 주요 개념으로는 '합리적 선택'이 있다. 정치인, 공무원, 유권자 등 모든 정치적 행위자들이 자신의 이익을 극대화하기 위해 합리적으로 행동한다고 가정한다. 경제학의 합리적 선택이론의 가정과 동일하다. 사회적 집단이 아닌 개별 행위자의 선택과 행동을 분석의 기본 단위로 삼으며, 이익집단과 로비가 공공정책 결정에 중요한 역할을 한다고 본다.

또 정치 과정을 시장 메커니즘으로 이해한다. 정치인들이 표를 얻기 위해 정책을 제안하고 유권자들은 자신에게 유리한 정책을 선택한다. 이 과정이 시장의 거래와 유사하다. 공공선택론은 시장 실패를 교정하려는 정부의 개입을 비효율적으로 여긴다.

공공선택론은 기존의 정치학과는 다른 세 가지 가정으로부터 시작되며, 모든 사회적 현상을 개별 행위자의 행동으로 가정한다. 정부나 단체를 이해하기 위해 그 구성원 개개인의 행동을 분석하는 것이다. 개인들의 의사결정의 집합적 결과로 나타나는 것을 정치 현상이라고 믿는다. 또한 인간을 '경제 인간'으로 보는 가정이 있다. 자기를 사랑하며 자신의 이익을 추구하는 합리적인 인간으로 판단하는 것이다. 자신에게 유리한 비용, 편익, 효용에 따라 '선택'하고 '결정'하며 그 기준은 사람마다 다르다. 유권자는 자신에게 가장 큰 이익을 주는 후보나 정책에 투표하고, 정치인들은 재선 가능성을 높이기 위해 최선을 다한다. 공무원은 자신의 권한과 예산을 확대하기 위해 행동한다고 본다.

정치적 활동을 '선택 활동'으로 보고 정치인은 재화와 용역의 공급자로,

유권자는 수요자로 해석한다. 공공선택론에서 발생하는 사회적 문제를 분석하는 데엔 중위투표자 정리 모형이 사용된다. 단일 사안에 대해 유권자의 정치적 선호가 하나일 경우, 두 정당의 공약은 중위투표자가 선호하는 정책에 접근한다는 이론이다. 중위투표자란 정치적 선호에 따른 유권자 전체 중 한가운데 위치한 유권자를 말한다. 유권자 분포는 종 모양의 정규분포이며 유권자는 자신의 선호에 가장 가까운 사람을 뽑는다고 가정한다. 이때 정치인의 정책은 중위투표자의 선호를 반영할 수밖에 없다. 민주주의의 의사결정이 다수가 아닌 소수 중위투표자에 의해 결정되는 반민주적인 결과를 만들 수 있다.

합리적 무지 모형도 있다. 일부 유권자는 정치에 관심 없이 무지를 유지한다는 모형이다. 효용 극대화를 추구하는 유권자가 정보 습득 비용이 편익보다 클 경우 정보를 얻으려 하지 않는다는 뜻이다. 합리적 무지가 생기면 공공재와 행정서비스가 정치인과 결탁한 이익집단에만 집중될 가능성이 있다.

이런 문제를 해결하기 위해 미국의 경제학자 제임스 M. 뷰캐넌은 '헌법정치경제학'을 제시했다. 일상적 정치는 헌법적 제도가 결정한 틀 안에서 정치적 의사결정이 이루어지는 것을 뜻하며, 일상적인 정책 문제와 이슈를 다루고 국가의 실질적인 운영에 집중한다. 국회의원이 법률을 제정하고 통과시키는 과정, 정부의 예산 편성 및 집행, 정부 부처가 정책을 집행하는 과정 등이 일상적 정치이다.

헌법적 정치는 국가의 기본 법률인 헌법을 제정하고 변경하는 과정이다. 헌법의 제정, 변경, 해석을 다루며 국가의 핵심가치와 이념, 정치적 권력 분배에 대한 논의를 포함한다. 헌법 개정 과정이나 헌법 재판소의 역할과 결정, 헌법에 따른 국가의 주요 정치적 제도가 포함된다.

공공선택론에 대해 살펴보면서 정치에서도 경제 개념이 적용된다는 것을 알 수 있었다. 그렇다면 우리는 정치적 결정을 내릴 때 경제 원칙을 따르고 있다고 생각하는가? 그럴 수도 있고 아닐 수도 있다.

우리는 공공선택론의 취지는 일부 받아들이되 반대의 입장에서 생각할 수 있어야 한다. 한쪽의 입장에만 서게 되면 사고가 편협해질 수밖에 없기에, 공공선택론이 분명한 한계를 지니고 있다면 그 대안으로 어떤 개념을 생각할 수 있을지 살펴봐야 한다. 이때 우리는 공공선택론의 문제를 면밀하게 파악하고, 정치적 결정을 내릴 때 필요한 것들이 무엇인지 확인하게 된다. 반대의 입장에서 생각하고, 다양한 관점에서 논의해보는 것은 우리의 생각을 깊이 있게 만드는 매우 중요한 과정이다.

공공선택론은 모든 행위자가 완벽한 정보를 가지고 있다고 가정한다. 하지만 현실에서는 정보의 불완전성과 불확실성이 어김없이 존재한다. 요즘처럼 목적을 가지고 가짜 뉴스를 만드는 경우에는 그럴 가능성이 더욱 커진다. 모든 행위자가 합리적 선택을 한다는 가정도 동의할 수 없다. 인간은 감정이나 제한된 정보, 심리적 요인 등에 따라 합리적 판단을 내리지 못할 수 있기 때문이다. 행위자가 비용을 무시하고 단기적 이익을 최대화한다는 가정은 어떠한가? 실제로 비용과 이익을 꼼꼼히 따진다는 면에서 문제가 있다.

공공선택론과 다른 입장을 가진 이론에는 정치학적 이론이 있다. 정치학적 이론은 정책 결정 과정에서 권력, 이해관계자와의 갈등, 정치적 환경 등을 강조한다. 더불어 정책 결정 과정이 정치적 협상과 갈등의 결과로 만들어진다고 주장한다. 제도주의 이론에서는 정책 결정 과정이 제도적 환경의 영향을 받는다고 주장한다. 제도적 구조와 규칙이 행동자들의 선택을 제약하고 조절한다는 것이다. 사회적인 집단의 가치와 문화, 사회적 구조 등이 정책 결정에 영향을 미친다는 관점도 있다. 개인의 행동이 사회적 환경에서 결정된다고 보는 것이다.

정책 결정 과정은 경험적 데이터와 분석에 기초하기도 하며, 통계적 분석이나 실험적 연구를 통하기도 한다. 다양한 관점의 주장을 살펴보면 공공선택론의 장단점이 분명하게 보인다. 이처럼 한 가지 정책을 다양한 시각으로 바라보는 것은 우리에게 새로운 시사점을 던져 줄 것이다.

 ## 비판적 사고력 UP!

1. 공공선택론의 가정 중 동의하지 않는 부분과 그 이유를 설명해보자.

2. 합리적 무지 모형에 해당하는 예시 몇 가지를 생각해보자.

3. 공공선택론의 반대 의견 중 동의하는 이론과 그 이유를 설명해보자.

2022년 3월 모의고사

공공재란 모든 사람이 공동으로 이용할 수 있는 재화나 서비스를 말한다. 사용의 대가를 지불하지 않으며, 한 사람이 사용한다고 해서 누군가 사용하지 못하는 것도 아니다. 사용에 있어 그 누구도 배제되지 않는다는 특성도 있다.

공공재는 치안 시스템과 환경 보호 활동, 과학적 발견이나 연구 결과를 포함하며 가로등이나 공원, 공공 도로나 군대 방위 시스템도 공공재에 해당한다. 공공재는 어떻게 이해하고 정의하느냐에 따라 '실체설'과 '과정설'로 나뉜다. 공공재를 특정 속성을 가진 재화로 보는 실체설은 한 사람이 공공재를 소비해도 다른 사람의 소비에 방해가 되지 않는 비경합성을 가지며, 누구도 배제하지 않고 사용 가능한 비배제성을 지닌다. 예컨대 국방이나 공공 도로, 공원 등이 이에 해당한다. 과정설은 공공기관이 선택하고 제공하는 '공공선택'과 다양한 이해관계자의 상호작용, 협상에 의한 결정을 중요시한다. 가령 의료서비스나 교육, 환경 보호 프로그램이 이 과정설에 따라 정의된다.

어떠한 공익이 다른 공익과 공존하기 어렵거나 적절한 절차를 거쳤음에도 의견이 서로 대립하는 경우 '정책 딜레마'에 빠지기 쉽다. 정책 딜레마란 비교 불가능한 가치나 대안에 대해 어느 하나의 대안을 선택하면, 선택하지 않은 대안이 주는 기회 손실이 너무 커 올바른 선택을 하지 못하는 경우를 말한다. 정책 딜레마는 두 개 이상의 목표가 충돌할 때 발생한다. 결과가 불확실할 때 어떤 선택을 해야 할지 몰라 어려움을 겪는 것이다.

개인의 자유를 보장하는 정책과 공공안전을 강화하는 정책 사이에서도 딜레마는 발생할 수 있으며, 이러한 정책 딜레마를 해결하는 방법으로 '합리 모형'과 '만족 모형'이 있다. 합리 모형은 문제 해결을 위해 논리적으로 차근차근 단계를 밟아 나가는 해결법이다. 정책목표와 수단 가운데 인과관계의 적절성을 잘 살펴보며, 딜레마 상황에서 최적의 대안을 선택할 수 있다고 믿는다. 충분한 시간과 예산, 정보가 주어지면 가능한 모든 대안을 검토하여 합리적으로 해결책을 찾을 수 있다는 주장이다.

이와 달리 만족 모형은 합리 모형이 전제하는 상황은 오지 않는다고 가정한다. 최적 수준의 결정보다는 만족할 만한 수준에서 결정하는 게 옳다고 말한다. 정책 결정자들의 결정은 빠르고 신속하며, 그 결정은 도덕성이나 논리와 무관하게 사회에 긍정적으로 작용한다는 주장이다. 어떤 결정이든 결국 능률적인 방향으로 자원을 배분한다는 시장의 역할을 신뢰하며, 정책 딜레마가 계속될 경우 사회는 이에 대한 비용을 지불해야 한다. 만족 모형은 딜레마 상황을 지속시키지 않으면서도 의사결정을 할 수 있는 최적의 방법으로 여겨지기도 한다.

 ## 어떻게 생각할 것인가

정책 딜레마의 해결 모형에 대해 배웠으면 이것이 실질적으로 어떻게 쓰이는지 알아보고 그때 발생하는 문제를 생각해 볼 수 있어야 한다. 실제 예시를 살펴보면서 이해의 폭을 넓혀 나가야 한다는 것이다. 우리 주변에서 일어날 수 있는 사안에 대해 사고를 확장시키면 판단력을 기르는 데도 많은 도움이 된다.

혼잡한 교통으로 인해 지역 주민의 불편과 도시 대기오염이 증가하고 있다고 가정해보자. 이때 도시의 경제활동을 위해 교통을 통제할 수 없는, 즉 정책 딜레마 상황에 빠졌다면 어떤 해결책을 제안할 수 있을까?

합리 모형으로 접근한다면 우선 문제 해결을 위한 교통 혼잡과 주민 불편 감소를 꾀하고, 환경오염을 줄이는 것을 목표로 삼을 것이다. 그 후 교통량 데이터와 대중교통 이용률, 주민 의견과 기존 교통 정책 분석 및 예산의 정보를 수집한다. 대안으로 지하철이나 버스 노선 확대, 도로 확장 공사, 차량 공유 서비스, 혼잡통행료 부과 등을 제시할 수 있다. 여러 대안에 대한 평가도 이어질 것이다. 대중교통 인프라 확충은 장기적 효과가 크지만 비용이 너무 많이 들고, 도로 확장 공사도 단기적 효과는 있으나 환경 파괴 같은 다른 문제가 발생한다는 식으로 말이다. 차량 공유 서비스도 효율적이긴 하지만 주민 참여도에 따라 그 성패가 갈릴 것이다. 혼잡통행료 부과는 무엇보다 주민들의 반발 가능성이 크다. 이 중에서 가장 합리적인 대안을 찾아 시행한 후 어느 정도의 해결책을 찾을 수 있을 것이다.

만족 모형으로 접근한다면 정해진 예산 내에서 단기적이지만 즉각적으로 혼잡을 줄일 방법을 모색할 것이다. 가령 차량 공유 서비스를 장려하거나, 교통이 혼잡한 시간대에 일부 도로를 제한할 수 있다. 자전거 이용 장려와 자전거 전용도로를 확충하는 방법도 있다. 이 중 차량 공유서비스를 장려하게 된다면 근본적인 문제가 해결되지는 않겠지만 단기적으로 교통량 변화에 도움을 줄 수 있다.

모든 정책 결정에는 반드시 딜레마가 따르고 고유의 복잡성 또한 존재한다. 상황에 따른 적절한 선택과 유용한 해결책이 요구되는 까닭이다.

비판적 사고력 UP!

1. 생활에서 만날 수 있는 정책 딜레마에는 어떤 것이 있을까?

2. 합리 모형과 만족 모형 중 자신이 지지하는 모형과 그 이유는 무엇인가?

3. 공공도서관 예산 부족 문제에 대한 합리 모형 및 만족 모형 대안을 각각 생각해보자.

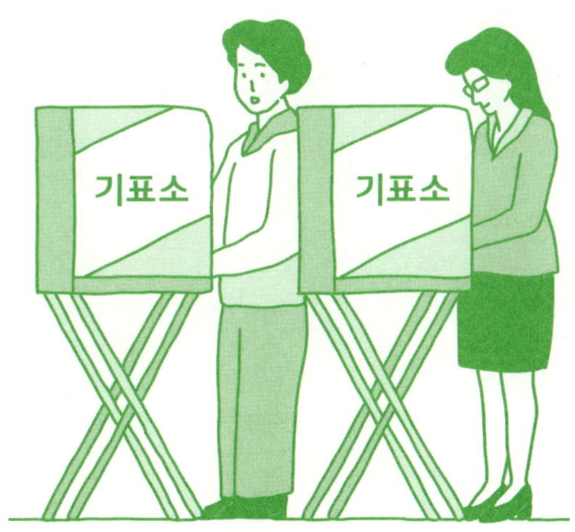
기표소
기표소

Chapter 3

생활

01 샤넬 대체 상품이 있어? 다이소의 진화

'대한민국 최고의 브랜드' 하면 '삼성'이 떠오른다. 현대자동차나 기아자동차, 네이버, LG전자 등도 베스트 코리아 브랜드에 이름을 올렸다. 이들은 누가 뭐래도 대한민국을 대표하는 굴지의 대기업이다. 그런데 2024년, 대한민국 최고 브랜드 'TOP 50'에 새롭게 등장한 기업이 있었으니, 다름 아닌 '아성다이소'(49위)다. 빠르게 변화하는 소비 트렌드를 반영, 소비자에게 새로운 경험을 제공하는 다이소의 진화가 놀라울 따름이다. 가성비와 필수재 중심의 수요를 반영해 국민 가게로 떠오른 다이소. 새로운 경험을 추구하는 2030뿐 아니라 초등학생에게도 큰 인기를 끈다. 이른바 K-뷰티 제품을 찾는 외국인 관광객들이 면세점 대신 다이소를 먼저 찾을 정도이다. 다이소는 의류 판매에도 손을 뻗으며 새로운 도전을 이어가고 있다. 다양한 품목에 품질까지 놓치지 않는 다이소의 돌풍이 기대된다.

다이소에 입점한 화장품들이 연이어 품절 대란을 기록하며 뷰티업계 트렌드를 선도하고 있다. 예컨대 '리들샷 페이셜 부스팅 퍼스트 앰플'은 다이소 균일가 정책에 따라 5,000원 이하의 가격으로 책정되어 있지만 품질은 상당히 우수하다. '토니모리'의 레티놀 라인은 고가의 원료인 레티놀이 함유되어 있음에도 1,000원~5,000원에 구입할 수 있다. '씨엠에스랩'의 썬크림이나 '고운세상코스메틱'의 스킨케어 브랜드 또한 인기가 상당하다.

특히 2024년 3월에 출시된 손앤박의 컬러밤 3종은 현재 온오프라인에서 전 물량 품귀현상을 보이고 있다. 63,000원에 판매 중인 샤넬의 '립 앤 치크밤'과 비슷한 발색을 보이는데 가격은 고작 3,000원이다. 리들샷과 함께 다이소의 '유니콘'이라 불릴 만하다. 이름은 들어 봤지만 실제 매장에서 만나기가 지극히 어렵다는 뜻이다. 2021년 화장품 제품이 네댓 개에 불과했던 다이소는 3년여 만에 제품 라인업을 확장하고 있다. 2024년 5월 다이소

입점 화장품은 34개, 제품은 310개에 달한다. 일명 '완판템'이 연달아 나오면서 다이소 뷰티 부문 매출도 빠르게 증가하고 있다. 현재 다이소는 전국 1,500여 개 점포를 보유 중이며, 하루 평균 100만 명의 고객이 방문한다. 성장세가 가히 폭발적이다. 경기가 부진할 때 불황형 소비와 관련 있는 기업이 성장세를 보이는 경우가 많다.

2030 사이에서는 다이소의 물품을 구매해 다른 용도로 활용하며 손재주를 뽐내기도 한다. 다이소 스테인리스 접시와 수저통으로 인테리어 소품을 만드는 것이 유행처럼 퍼지고 있으며, 금속 소재의 가구나 소품으로 공간을 꾸미는 '쇠테리어'가 이목을 끌고 있다. 다이소 제품으로 본래의 용도와는 전혀 다른 기상천외한 물건을 만들어 내는 것이다. 주방용 컵걸이를 노트북 거치대로 사용한다든가 철제 네트망을 연결해 이동식 선반으로 사용하는 식으로 말이다. 이는 완제품보다 훨씬 저렴하면서 동시에 쓰임새가 좋아 청년들 사이에서 각광받고 있다. 불경기에 새로운 인테리어 소품 구입이 부담스럽고, 저렴하게 간편하게 대체제를 찾을 수 있으니 누구나 한 번쯤 도전해 볼 만하다.

각종 소셜 네트워크에서는 다이소의 물품 리뷰가 쏟아진다. 신상품을 손쉽게 구하는 방법이나 익일 배송서비스 안내, 다양한 활용법 등을 공유하며 소비자가 스스로 마케터 역할을 하고 있다. 외국인 관광객이 늘어나면서 대량 구매자들도 덩달아 많아졌다. 실제로 외국인들이 주로 이용하는 커뮤니티에서는 한국 방문 시 필수 코스로 다이소를 추천할 정도라고 한다. 없는 걸 찾기가 어렵다는 다이소의 진화는 앞으로도 계속될 것으로 보인다.

다이소에 들러 계획에도 없던 물건을 한두 개 사서 나온 경험이 있는가? 딱히 살 것도 없이 다이소에 들러 잠재되어 있던 욕구를 채우는 '다이소 쇼핑족'들이 많다. 저렴한 가격의 다양한 물건들을 구경하다 보면 '여기가 천국이구나' 하는 말이 절로 나온다. 적은 돈으로 다양한 물건을 살 수 있는 다이소의 '진짜' 영업전략은 무엇일까?

다이소는 다양한 제품의 다양한 라인업을 제공한다. 생활용품, 주방용품, 문구, 화장품, 가정용품, 장난감 등 다양한 카테고리의 제품을 저렴한 가격에 제공하며 소비자들의 필요를 충족시킨다. 매장은 전체적으로 청결하고 잘 정돈되어 있으며, 직원들이 친절하게 응대해 주어 기분 좋게 쇼핑할 수 있다. 요즘은 셀프 계산대를 설치해 비대면 쇼핑에 익숙한 젊은 세대들도 손쉽게 접근할 수 있도록 했다. 주기적으로 새 제품을 출시하며 계절에 따라 특별한 상품을 제공하는 것도 다이소만의 강점이다. 대부분의 매장은 번화가나 쇼핑센터 등 교통이 편리한 곳에 입점해 있어 접근성도 뛰어나다.

쇼핑 욕구를 채워주고, 트랜드에 뒤처지지 않는다는 생각을 심어 주는 다이소. 그렇다면 다이소의 영업전략에 취해 계획 없이 소비하는 것에는 문제가 없을까? 쇼핑하면서 고려해봐야 할 첫 번째 포인트는 저렴한 가격에서 오는 '무분별한 소비'다. 먼저, 다이소에서 제공하는 제품의 가격과 품질을 다른 매장이나 온라인과 비교해 볼 수 있어야 한다. 저렴한 가격이라고 해서 구입했다가 제대로 쓰지도 못하고 버리는 경우가 많기 때문이다. 후기를 꼼꼼히 살펴보거나 비슷한 가격대의 다른 물건과 비교하여 구입하면 이런 실패를 줄일 수 있다. 불량품이거나 단순히 마음에 들지 않는다고 사용하지 않는 경우도 많다.

'경제관념'은 남녀노소 구분할 것 없이 누구에게나 중요하다. 다이소에서 물건을 구입하기 전 나에게 꼭 필요한 물건인지, 그만한 값어치를 할 수 있는지 먼저 생각해보자. 작은 물건을 구입할 때부터 이러한 습관을 들여야 바람직한 쇼핑 습관을 만들 수 있다. 품질을 신중하게 따진 후 구매하면 물건의 무분별한 방치를 줄일 수도 있다.

쇼핑하기 전 구매계획을 세우는 자세도 필요하다. 우선순위를 정하고, 필요한 항목을 사전에 계획하는 현명한 소비자가 되어야 한다. 특히 예산을 초과하지 않도록 주의하고 불필요한 물품이 포함되지 않았는지 체크하는 것이 좋다. 좋은 소비자가 결국 회사로 하여금 좋은 품질의 물건을 만들어 가게끔 한다.

 비판적 사고력 UP!

1. 다이소의 인기 비결과 자신이 다이소를 즐겨 찾는 이유가 일치하는지 확인해보자.

2. 다이소에서 주로 구입하는 물건과 그 물건의 활용도를 점검해보자.

3. 즉흥적으로 구입한 물건이 있는지 체크해보고 물건 구입 계획을 세워보자.

이 집 음식 뭐야.
광고에 속았어.
완전 엉터리잖아.

OTT 서비스의 구독료가 상승하면서 소비자들이 등을 돌리고 있다. 이에 업체에서는 콘텐츠와 서비스는 유지하되 광고를 시청하면 요금을 할인해주는 '광고요금제'를 고려하고 있다. 한국언론진흥재단에 따르면 광고형 요금제 이용 의향에 대한 설문 결과, 응답자의 72.2%가 긍정적으로 응답했다. 그러나 실제 광고요금제 전환율이 얼마나 되는지는 알 수 없다. 콘텐츠의 만족도와 상관없이, 사람들은 콘텐츠 사이에 광고가 끼어들면 스스로 통제권이 줄어든다고 생각해 반발 심리가 생긴다. 광고에 대한 개별적인 통제가 가능할 때 이에 대한 반발심을 줄일 수 있다. 여기에는 현상 유지 편향도 한몫한다. 광고가 나오지 않는 기존 요금제에 익숙해져 새로운 요금제로 바꾸길 원치 않는 심리가 작용하는 것이다. 장르별로 시청자의 몰입 수준을 파악하고, 이를 기준으로 광고를 넣는 방식과 타이밍을 세심하게 고려할 때 광고요금제는 성공할 수 있다.

광고란 제품이나 서비스, 아이디어를 대중에게 알리고 홍보하는 활동이다. 소비자의 주의를 끌어 구매 결정을 유도하고 브랜드의 인지도를 향상시키며, 이미지 등으로 정보를 제공하기도 한다. 허나 이러한 광고에 대한 반발심이 생기게 되면 오히려 악영향을 줄 수도 있다. 특히 요즘은 영상 시청을 주로 하는 분위기이기에, 광고가 어떻게 침투하느냐에 따라 브랜드 이미지가 달라진다. 광고의 조율을 잘해야 하는 까닭이다. 물론, 광고 노출이 반드시 좋은 효과를 가져오리라는 보장은 없다.

동영상 플랫폼 서비스뿐만 아니라 광고는 다방면으로 노출된다. 그렇다면, 이 광고라는 것이 우리에게는 어떤 영향을 미칠까? 소비자는 차단하기 위해, 광고주는 노출하기 위해 다양한 방법을 사용한다. 광고는 제품이나 브랜드의 인식을 개선하고, 소비자에게 제품의 정보를 제공한다. 소비자가 제품을 알아야 필요할 때 구매를 고려할 수 있기에, 광고주는 독특하고 매력적인 광고를 통해 제품에 대한 소비자의 호감도를 높이려 애쓴다. 그리고 이는 실구매로 이어진다.

새 상품을 구매하려는 소비자의 욕구는 소비를 증가시킨다. 구매는 경제에 선순환 효과를 가져오며, 생산활동이 늘면 고용이나 투자도 증가한다. 소득수준이 향상되어 다시 소비가 늘어나는 식이다. 광고가 긍정적으로 적용되면 브랜드의 가치와 이점이 부각되지만, 과대포장이나 허위 광고 등은 여전히 문제를 빚고 있다. 이러한 거짓 광고는 소비자들의 신뢰를 훼손하고 브랜드에 대한 부정적 인상을 남긴다. 일부 광고에서는 이걸 가져야만 특별한 가치가 생긴다고 포장하지만, 실상은 그렇지가 않으며 광고의 소비촉진 효과는 환경오염의 원인이 되기도 한다.

광고에는 부정적인 영향만 있는 것이 아닌데도 왜 사람들은 광고를 기피할까? OTT 광고는 대부분 영상을 시청 중이거나 무언가에 집중하고 있을 때 갑자기 튀어나온다. '방해'는 '반감'을 낳는다. 안 그래도 바쁜 일상인데 광고에 빼앗기는 시간이 너무 아깝다는 것이다. 특히 광고가 많은 웹 사이트의 경우 페이지 로딩 시간이 길어지고 화면을 가려 사용자에게 부정적인 경험을 제공한다. 광고 노출이 사용자의 피로를 증가시키는 것이다.

광고 효과는 일부 기업이 시장을 독점할 때 더욱 두드러진다. 예컨대 마이크로소프트의 윈도우 운영체계는 PC 시장에서 독점적 지위를 차지한다. 구글은 검색 시장에서, 디즈니는 엔터테인먼트 산업을 독점하고 있다. 맥도날드는 패스트푸드 시장에서 가장 큰 점유율을 차지한다. 독점 기업은 상품의 가격을 결정할 힘이 있는 기업이다. 가령 판매자가 공급량을 감소시켜 더 높은 가격을 책정할 수 있는데, 가격이 변화할 때 구매자의 상품 수요량이 변하는 정도를 수요의 '가격탄력성'이라 한다. 구매자가 자신이 선호하는 상품이 특별하다고 느낄수록 가격탄력성은 감소하며, 구매자가 특정 상품에 충성도가 높아지면 판매자의 독점적 지위는 강화할 수밖에 없다.

어떻게 생각할 것인가

광고를 피할 수 없는 세상이 되었다. 우리가 시청하는 영상 플랫폼뿐 아니라 거리와 일상에서 우리는 수많은 광고를 접하게 된다. 사람들의 욕구를 파악하고 눈길을 끄는 광고는 이 시대의 '필요악'이라고 볼 수 있다. 단순히 제품이나 서비스를 알리는 것을 넘어 과장이나 허위 광고의 내용을 담아 현혹하는 게 바로 '광고'다. 이 시점에서 우리는 광고의 책임성에 대해 생각해볼 필요가 있다. 광고가 어떤 방향으로 만들어져야 할지 생각해본다면 광고에 대한 분별력을 키울 수 있을 것이다. 그렇다면 광고는 소비자 기대와 기술 발전에 맞춰 어떻게 진화해야 할까?

먼저, 빅데이터와 인공지능의 시대를 적극 활용해 맞춤형 광고를 만들 수 있다. 소비자의 특성에 맞춘 정교한 타겟팅을 통해 광고의 효율성을 높이는 것이다. 이때는 개인정보를 보호하고, 데이터 수집의 투명성을 높여야 한다. 광고 내용의 정확성과 진실성을 확보해야 하며 환경보호나 사회공헌, 지속 가능한 경영 등을 통해 책임과 사회적 가치를 강조해야 한다.

정보 과잉시대에 소비자들은 광고를 올바르게 소비할 분별력을 갖춰야 한다. 광고의 기본 목적이 '판매'임을 잊지 말고, 어떤 메시지로 소비자를 유혹하는지 찾아낼 수 있어야 한다. 광고에서 주장하는 내용이 사실인지 확인하는 동시에 제품의 효능이나 특징이 과장되지 않았는지 따져보는 것도 좋다. 후기와 리뷰를 통해 광고에서 다루지 않은 장단점을 찾아보면

바른 소비에 도움이 된다.

같은 카테고리의 상품과 서비스를 비교하고 경쟁사의 광고를 살펴 객관적인 시각을 유지하는 것도 좋은 방법이다. 감정 호소나 권위를 활용한 광고를 비교하고 분별할 수 있어야 하며 광고에서 빠진 부분이나 부작용, 제한 사항 등을 고려해야 한다. 비판적 사고를 적용해 오류를 찾아낸다면 더 좋다. 데이터나 연구 결과의 출처를 찾아보고, 광고가 사회적 책임과 윤리적 측면을 고려하고 있는지도 생각해 볼 필요가 있다.

결국 소비자로서 광고를 피할 수 없다면 이러한 분별력을 활용해 합리적이고 신중한 구매를 하는 능력이 필요하다.

 ## 비판적 사고력 UP!

1. 자신이 생각하는 광고의 가장 중요한 가치와 그 이유는 무엇인가?
2. 광고에 대한 분별력을 스스로 체크한 후 부족한 점을 생각해보자.
3. 광고에 대한 분별력이 실제 구매에서 어떤 영향을 미치는지 점검해보자.

03 인생샷에 인생 걸다

베트남에서 등산객들이 맨손으로 수십 미터 높이의 절벽을 올라가는 모습이 인터넷상에 퍼졌다. 영상 속 등산객들은 전문 장비 없이 오직 밧줄에 몸을 의지한 채 가파른 절벽을 올랐으며 그 후 정상에서 국기를 들고 기념사진을 찍은 것으로 전해졌다. 이곳은 사람이 살지 않는 황폐한 곳으로 산 정상에 오르는 것이 허용되지 않는다. 누리꾼들은 이런 일을 그냥 방치해서는 안 된다고 입을 모으며 정부의 면밀한 조사를 촉구했다. 이른바 '인생샷'을 찍으려던 사람들이 도마 위에 오른 또 하나의 사건이다.

인생샷을 찍기 위한 무모한 도전은 이번이 처음이 아니다. 호주 뉴사우스웨일스대 연구팀에 따르면 2008년부터 2021년까지 인생샷을 찍다가 사망한 사람은 400여 명에 이르며, 셀카로 인한 부상·사망 사고는 날이 갈수록 증가했다. 사망자의 경우 2013년 3명에서 2019년 68명으로 급증했으며, 특히 20대 초반의 여성 관광객이 셀카 사고를 가장 많이 당하는 것으로 확인되었다. 익사가 사망 원인 중 가장 높은 비율을 차지했으며, 사망자의 80%는 관광객이었다. 연구팀은 보고서를 통해 셀카의 위험성에 대한 인식을 강조했으며, 사고의 위험성을 미리 경고해주는 알람 등의 안전장치 마련이 필요하다고 밝혔다.

그렇다면 사람들이 죽음을 부르는 위험한 인생샷을 찍는 이유는 무엇일까? 높은 건물의 난간이나 절벽, 기차선로 등에서 사진을 찍는 것을 마다하지 않는 사람들이 있다. 이들은 소셜 네트워크상에서 '좋아요'와 '유명세'를 얻기 위해 과도한 시도를 하는 경우가 대부분이다. 이러한 왜곡된 과시욕과 인정욕구는 무모한 행동을 부추긴다. 불필요한 사고가 발생하게 되면 구조작업과 의료비용을 발생시키는 것은 물론 이를 모방하려는 이들의 심리까지 자극하게 된다.

특별한 순간을 기억하기 위해 사진을 찍는 것은 의미 있는 행동이다. 그 사진을 SNS에 공유하고 소통하며 유대감을 높이기도 한다. 자신의 성취감과 행복감을 높이기 위해 찍는 셀카를 말릴 이유는 없다. 그러나 과도한 '보여주기'가 위험천만한 행동으로 변모하는 경우, 예상치도 못한 큰 문제들을 낳는다. 소셜 네트워크는 사용자들이 온라인에서 소통하고 정보를 공유하는 플랫폼이다. 자신의 이름이나 사진, 관심사, 경력 등을 기반으로 프로필을 만들고 친구추가나 팔로우, 그룹 가입을 통해 다른 사용자들과 연결된다. 텍스트나 사진, 동영상, 링크 등 다양한 콘텐츠를 게시하고 공유한다. 그리하여 자신의 생각이나 일상생활, 관심사를 나누고 사용자들끼리 공유함으로써 생활 반경을 넓혀 나갈 수도 있다. 특정 주제나 활동에 대해 논의할 수 있으며 뉴스나 이벤트, 광고 등 정보를 확산하는 도구가 되기도 한다. 이것이 소셜 네트워크의 순기능이다.

전 세계적으로 가장 많이 사용되는 유튜브나 페이스북, 트위터, 인스타그램, 틱톡 등이 대표적인 플랫폼이라 할 수 있다. 특히 유튜브는 동영상 공유를 통해 모든 연령대의 호응을 얻고 있으며 현존하는 가장 거대한 플랫폼이라고도 볼 수 있다. 현대 사회에서는 보통 한 사람이 많게는 5개 이상의 SNS 계정을 만들어 사용한다. 각 플랫폼의 특성과 목적에 맞게 다중 플랫폼을 활용하고 있는 것이다.

건강한 소셜 네트워크 활동을 통해 소속감과 행복감을 키우는 것은 권장할 만한 일이다. 그러나 과도한 자기과시를 위해 위험천만한 인생샷 등을 찍는 행동은 스스로 자제하는 것이 바람직하다. 더불어 이에 대한 사회적 안전망 또한 필요할 것이다.

소셜 네트워크 서비스는 10대의 일상생활에 특히 밀접하게 활용되고 있다. 친구들과 소통하고 각종 사진과 영상을 공유하며 관계를 형성하고 유지한다. 이 시점에 우리 삶에 깊이 침투한 SNS에 특별한 문제가 없는지 생각해보는 것은 매우 바람직하다. SNS가 반드시 유익하기만 한 것은 아니기에 더욱 그렇다. 우리는 먼저 SNS를 사용하는 동안 마주하게 될 문제점들을 파악해야 한다.

SNS 사용에 대한 문제는 사실 어제오늘의 일이 아니다. 정확한 시점을 파악하기는 어렵지만, 스마트폰이 본격적으로 모두의 손에 쥐어진 때부터라고 추측할 수 있다. SNS는 불안이나 우울증, 자존감 저하와 직결될 만큼 타인의 삶을 자유롭게 넘나들 수 있다. 다른 사람들의 완벽한 삶을 보며 자신의 처지를 부정적으로 평가하고 좌절할 수도 있다는 것이다. 그들의 삶이 진짜든 아니든 말이다.

허위 정보나 가짜뉴스가 SNS를 통해 빠르게 확산되기도 한다. 신뢰할 수 있는 정보와 그렇지 않은 정보의 구분이 점점 더 어려워지는 까닭이다. SNS에서는 '괴롭힘'이 현실 세계에서보다 더 빈번히 발생한다. 직접 만나지 않아도 익명성을 이용해 무차별적인 공격을 퍼부을 수 있다는 것이다. 공격을 받은 피해자는 심각한 정신적, 정서적 피해를 입을 수 있으며 실제로도 그러한 사례가 많다.

SNS의 과도한 사용도 일상생활에 큰 지장을 주는 요소다. 생산성 저하와 함께 개인의 실질적인 인간관계를 해칠 우려가 다분하기 때문이다. '좋아요'와 '팔로워 수'에 대한 집착은 사회적 압박을 가중시키며, 개인의 자존감을 낮추기도 한다. 특히 청소년들에게 이런 압박은 더욱 큰 부담으로 다가온다. 소셜 네트워크상의 관계는 지극히 피상적이며, 깊이 있는 인간 관계 형성을 방해한다. 알고리즘의 편향은 이들의 관점과 사고가 편향되게 만들고 이러한 필터버블 현상은 사회적 분열을 조장하기도 한다.

이처럼 다양한 문제의 해결을 위해서는 SNS 사용에 대한 올바른 교육 방침이 필요하다. 가령 건강한 사용법과 시간 관리법을 알려준다든가 시간 제한이나 휴식 알림 등의 도구를 활용해 과도한 사용을 막을 수 있다. 특히 허위 정보를 차단하는 알고리즘을 만들고 사실 여부를 따져보는 습관이 필요하다. 사이버 괴롭힘에 대한 엄격한 정책을 세우고 피해자를 지원하며, 스스로를 보호할 수 있는 도구 사용을 안내한다면 문제점들이 많이 개선될 것이다.

문제가 많다고 해서 아예 없애 버리는 것은 불가능하다. 사용자가 긍정적이고 생산적인 콘텐츠를 만들 수 있도록 장려하는 것이 최선일 것이다. 다양한 모습과 생활을 존중하고 수용하는 문화를 만들어나가는 것도 좋다. SNS가 비교와 경쟁보다는 지지와 응원의 장이 되게끔 다 함께 노력한다면 인생샷을 건지려다 황망한 죽음에 이르는 사람이 완전히 사라질지도 모를 일이다.

 ## 비판적 사고력 UP!

1. 자신이 생각하는, 혹은 직접 겪은 SNS 사용의 장단점은 무엇인가?
2. SNS 사용과 더불어 개선되어야 할 점은 무엇인가?
3. 자신만의 SNS '사용 지침'을 만들어 실천해보자.

배고픈데
라면 먹을까.
영양을 생각해야지.
비타민 들어 있는거
뭐 없나.
火라면
김라면
개장
참치라면
니구리
火라면
치라면
니구리
火라면
김
참치라면
니구리

영국 옥스퍼드대 연구진이 혈액 분석으로 암 징후를 발견할 수 있는 단백질 지표를 발견했다. 암을 조기 진단하는 기존의 방식은 혈액 내 종양 DNA에만 의존했기에 진단 정확도가 50% 수준이었으나, 발병 초기 단계에 대한 연구를 거치며 혈액 내 단백질 지표를 이용해 암을 조기에 발견하고 그에 따른 새로운 치료법을 시도할 수 있게 되었다. 혈액은 이렇게 우리 몸의 모든 부분을 총괄하는 아주 중요한 요소이다. 그렇다면 혈액은 우리 몸을 어떻게 보호하고 유지할까?

혈액은 세포에 필요한 물질을 제공하고 노폐물을 걸러내며 혈관 벽에 출혈이 생기면 손상 부위의 혈액이 응고되어 혈액 손실을 막는다. 혈액 응고는 상처가 난 출혈 부위의 혈액이 빠르게 응고되어 출혈을 멈추는 과정이며 혈관수축, 혈소판 플러그 형성, 응고인자에 의한 피브린 그물망 형성을 통해 이뤄진다. 응고가 비정상적으로 진행될 경우 혈병의 혈전이 일어나기도 하는데, 이는 정상적인 출혈의 응고과정과 차이를 보이며 혈관 내에서 형성된 혈액 응고 덩어리는 여러 건강문제를 초래할 수 있다.

이물질이 쌓여 동맥 내벽이 두꺼워지는 것을 동맥경화라 부른다. 동맥벽에 지방이나 콜레스테롤, 칼륨 등이 축적되어 동맥이 두꺼워지고 탄력이 줄어드는 것이다. 혈류가 막히면 심장마비나 뇌졸중, 말초 동맥질환을 일으킬 수 있다. 이러한 혈액의 응고와 순환에 결정적인 역할을 하는 것이 바로 비타민 K다.

비타민 K는 혈액의 응고를 돕는다. 비타민 K의 'K'가 독일어 "Koagulation"(응고)에서 유래되었다면 비타민 K의 역할을 짐작할 수 있을 것이다. 독일의 한 생화학자가 닭의 식이요법 연구 중 비타민 K 결핍에 의한 빈혈 증상을 발견해 명명했다. 혈액 응고의 과정은 다음과 같다. 먼저 혈관이 손상되면 혈관 벽이 수축하여 혈액의 손실을 최소화한다. 혈소판이 상처 부위로 이동하고, 상처 부위에서 활성화된 혈소판들이 충돌하여 혈소판 플러그를 형성한다. 이 플러그는 상처 부위를 막아 혈액이 계속하여 흐르는 것을 막는다. 상처 부위에서 혈소판이 활성화되면 응고인자도 움직인다. 응고인자는 혈액 응고 과정의 중요 단계인 피브린 생성을 위해 복잡한 화학반응을 일으킨다.

이때 생성된 피브린원은 피브린으로 변환되어 혈소판 플러그를 강화하고 상처 부위에 견고한 혈액 응고체를 형성한다. 혈소판이 응고된 혈액 응고체와 수축하여 상처 부위를 압축하며, 이는 혈액 응고체를 더욱 견고하게 만든다. 그런 다음 상처 부위를 밀봉하여 출혈을 멈추게 한다. 이러한 과정은 신속하게 진행되는데 너무 빨리, 혹은 너무 느리게 진행될 경우 혈전 형성이나 혈전성 질환 등의 심각한 문제를 일으킬 수도 있다.

활성화는 칼륨 이온과의 결합을 통해 이루어진다. 이들 혈액 단백질이 칼슘 이온과 결합하려면 '카르복실화'되어야 한다. 카르복실화는 단백질을 구성하는 아미노산 중 '글루카산'이 '감마 카르복시글루탐산'으로 전환되는 것을 의미한다. 비타민 K는 뼈를 형성하고 유지하는 데도 도움을 준다. 비타민 K에 의해 카르복실화되어야 활성화가 가능한 표적 단백질을 '비타민 K 의존성 단백질'이라 한다.

비타민 K가 혈액 응고와 뼈 건강에 미치는 영향을 살펴보았다. 우리에게 필요한 영양소 중 생명 유지와 관련된 중요 영양소를 알아보자. 어떤 영양소를 섭취해야 도움이 되는지 알 수 있을 것이다. 이는 좋아하는 식품 위주로만 먹어서는 안 되는 이유이며, 식품이 건강과 얼마나, 어떻게 직결되어 있는지 알려준다. 식품과 건강의 연관성을 파악하면 식품 하나를 섭취하더라도 정확한 정보를 알고 먹을 수 있게 된다. 지식을 실생활에 활용하는 좋은 예라고 볼 수 있다.

단백질은 우리의 생명을 유지해주는 필수 영양소이며 세포, 조직, 기관, 근육 등을 구성하는 주요 요소이다. 신체기능을 유지하고 발전시키는 것이 바로 이 단백질이라면, 탄수화물은 주요 에너지원이다. 몸이 활동하고 기능하는 데 중요한 에너지를 공급한다. 지방은 에너지의 중요한 원천이다. 소화흡수를 통해 우리 몸의 에너지를 유지하는 필수 요소다. 지방은 비타민의 흡수에도 중요한 역할을 하는데 우리 몸의 다양한 기능을 조절하고 지원하는 데 필요한 것이 바로 이 비타민이다. 칼슘, 인, 마그네슘, 철, 아연 등의 미네랄은 뼈 건강 ,혈액 생성, 신경 기능, 면역체계 등에 필수적이다.

이 중에서도 특히 소홀히 여기기 쉬운 것이 비타민이다. 비타민 A는 시력을 유지하고 피부와 점막의 건강을 지원한다. 면역체계 강화에도 도움이 되며 당근, 시금치, 호박, 우유, 양파 등에 많다. 비타민 B는 탄수화물 대사나 빈혈 예방에 도움이 된다. 곡물, 고기, 생선, 계란, 견과류에 포함되어 있다. 비타민 C는 항산화 성분으로 세포를 보호한다. 철 흡수를 촉진하며 결핍 시 체내의 콜라겐 생성에 영향을 준다. 비타민 C는 오렌지, 레

몬, 자몽, 파인애플, 딸기, 고추 등 신선한 채소와 과일에 많다. 비타민 D
는 칼슘과 인의 흡수를 촉진하여 뼈 건강을 지원한다. 면역체계를 강화하
며 일조량이 부족한 경우 식품으로 섭취할 수 있다. 우유나 주스, 시리얼,
연어, 참치, 계란, 버섯에 포함되어 있다. 비타민 E는 항산화 성분으로 세
포를 보호하고 세포막의 건강을 유지하는 데 도움이 된다. 씨앗, 견과류,
채소 기름, 아보카도에 들어있다. 비타민 K는 녹색 잎채소와 브로콜리, 양
배추를 섭취하여 얻을 수 있다.

각종 영양소, 특히 비타민의 역할과 함유 식품을 살펴보니 어떤 생각이
드는가? 우리 몸에 필요한 필수 영양소들은 음식을 골고루 섭취할 때 우
리의 몸에 가장 이롭게 기능한다. 우리의 식생활 방식과 그에 따른 문제
점에 대해 고려해 본다면 삶의 질 또한 많이 향상될 것이다.

 ## 비판적 사고력 UP!

1. 자신의 식생활을 체크하고 어떤 영양소가 결핍 혹은 과잉되었는지
   생각해보자.
2. 자신의 식생활이 삶의 여러 부분에서 어떻게 작용하고 있는지 살펴보자.
3. 자신만의 식생활 계획표를 만들어 장기적으로 실천해보자.

05 돈이 많으면 행복할까? 부자들의 심리를 파헤치다

부자들은 어떻게 시간을 보낼까? 2024 대한민국 웰스 리포트에 따르면 부자들의 평균 수면시간은 약 7시간이다. 평균 대비 30분을 덜 잔다. 이들은 보통 11시 30분에 잠자리에 들며 일찍 일어나 아침 시간을 유용하게 활용한다. 착즙 주스나 그릭 요거트 등으로 가벼운 식사를 하고 운동과 산책, 일정 점검 등으로 아침 시간을 보낸다. 아침을 먹으며 신문이나 뉴스를 보기도 한다. 자산 규모가 클수록 신문과 뉴스를 챙겨보는 비율도 증가하는 것으로 나타났다. 이들은 특히 경제 섹션을 열독하며 연예나 스포츠, 사회면은 비교적 관심이 낮았다. 독서량에서도 차이를 보였다. 일반 사람들이 일 년에 약 6권의 책을 읽는 데 반해 부자들은 10권 이상을 읽는다. 금융자산 100억 원 이상의 부자는 20여 권을 읽는 것으로 나타났다. 부자들에게 독서는 일상이자 휴식인 것이다.

또 부자들은 가족관계 만족도가 매우 높았는데, 10명 중 7명이 가족관계에 만족한다고 응답했다. 일주일 동안 가족과 함께 식사한 횟수도 많았으며, 10명 중 7명이 주 3회 이상 가족과 식사를 하는 것으로 나타났다. 부자들은 자신의 외모에 절반 이상(50.6%)이 만족하고 있었으며, 이는 평균보다 1.7배 높은 수치였다. 성격에서도 차이를 보였다. 자신에게 붙일 형용사를 묻는 질문에 부자들은 '이상적인', '관대한', '여유 있는'을 많이 택했고, '착한'이나 '감성적인'의 형용사를 택한 일반 사람들과는 확연한 차이를 보였다. 100억 원 이상의 부자의 경우 55.6%가 스스로를 목표 지향적으로 평가했으며 이는 일반 사람들(21.4%)보다 월등히 높은 수치였다.

추가 투자 의향이 높은 부자들의 자산 1순위는 부동산으로 나타났다. 다만 관련 응답률이 지난해에 비해 8% 낮아졌으며, 다음 순위를 차지한 예금과의 격차는 줄어들었다. 매입 의향이 있는 부동산은 지난해와 동일하게 중

소형 아파트, 토지, 꼬마 빌딩 순이었다. 금융자산 중에서는 예금에 대한 선호도가 가장 높았고, 주식과 채권이 뒤를 이었다. 금에 투자하는 부자 중 절반 이상이 추가 거래 의향을 보이기도 했다.

돈이 많을수록 삶의 만족도도 상승했다. 실제 금융자산이 10억 원을 넘어서는 부자 가운데 삶에 만족하는 비율이 일반 사람들에 비해 두 배가량 높았다. 총자산의 규모가 클수록 삶의 만족도도 올라갔다. 금융자산 10억 원 이상을 보유한 부자 중 69.8%가 본인의 삶에 만족한다고 응답했으며, 금융자산 1억원 이상 10억 원 미만의 경우 54.8%의 만족도를 보였다. 반면 금융자산 1억 원 미만의 사람들은 34.9% 정도만 자신의 삶에 만족감을 드러냈다.

삶의 만족도가 정체되는 구간도 있었다. 총자산이 50억 이상인 경우가 이에 해당됐다. 총 자산이 10억 원 미만이 42.4%, 30억 원 미만이 65.8%로 가파른 상승세를 보였고, 50억 원 미만까지도 70.7%로 상승폭을 유지했으나 이후의 만족률은 오히려 감소한 것이다. 이는 소득이나 소비 수준에 따른 행복도에 한계점이 존재한다는 의미로도 해석할 수 있다.

2020년 이후 세계 5대 부자의 자산은 무려 두 배나 증가했다. 세계인구의 21%에 불과한 북반구의 부유한 국가에서 세계 부의 69%를 소유하고 있다. 전 세계의 억만장자가 그 부의 74%를 소유하고 있으며 주식 소유권은 최상위 부유층에 압도적인 혜택을 주어 상위 1%가 전 세계 금융자산의 43%를 차지하고 있다. 한편 세계 최초의 '조만장자'가 10년 안에 탄생할 거라는 분석도 있다. 지구의 빈곤 종식에 230년이 걸린다고 하는데, 두 양상에 대해 깊은 고찰이 필요한 시점이다.

부자들은 일반인들보다 삶의 만족도가 두 배 정도 높다는데, 정말 그럴까? 우리는 돈이 많으면 무조건 행복할 거라고 생각한다. 부자가 되기 위한 방법을 찾기 위해 노력하고 공부하는 까닭이다. 결국 행복하기 위해 부자가 되려는 것인데, 부자가 되면 정말로 행복할까?

미국의 경제 방송 〈CNBC〉는 의외로 부자들이 정신적인 문제를 겪는다고 보도한 바 있다. 슈퍼 리치들이 겪는 정신적 어려움에는 '고립감'이 큰 비중을 차지한다는 것이다. 상위 1%의 부자들은 대부분 외딴곳에 살고 있다. 삶과 생활을 공유하는 사람은 거의 없으며, 사람들은 그들을 그저 '운이 좋거나 행복한 사람'으로 보는 경향이 있다. 그러나 이는 우리의 생각과 전혀 다를 수 있다고 부자전문 심리치료사 '아만다 포크슨'은 말한다. 슈퍼 리치들은 종종 사람들이 자신을 좋아하는 건지, 자신의 재산을 좋아하는 건지 판단하기 어렵다고 말한다. 부자라고 해서 슬픔, 트라우마, 상실 같은 감정이 없는 게 아니며 자신의 돈이 어디에 어떻게 쓰이는지, 누구를 믿어야 할지 몰라 어려움을 겪는다고 토로했다.

부자들이 겪는 두 번째 문제는 '편집증'과 '불신'이다. 부자들은 높은 사회적 지위를 바탕으로 그를 동경하는 많은 사람들을 끌어당긴다. 사람들은 부자들을 '강력한 지위로 올라가기 위한 사다리'로 이용하기도 하며, 그래서인지 종종 부자들은 그들 자신보다 타인에게 무엇을 제공할 수 있는지에 의해 정의된다. 인간관계를 형성할 때 먼저 의심할 수밖에 없는 까닭이기도 하다. 배우자가 동등한 부나 수입이 없는 경우, 자신이 그저 '돈'을 위해 이용당하고 있다고 느낄 수도 있다. 반대로 생각해보면 때로 더 적은 경제력을 가진 배우자는 '꽃뱀'이라는 부정적 프레임에 갇히게 될 수도 있다는 것이다.

부자들의 세 번째 문제는 '왜곡된 목적의식'이다. 호케마이어 대표는 자수성가한 사람들이 더 강력한 내부 통제 능력을 갖고 있다고 밝혔다. 그들에게는 삶에 대한 강한 책임감과 돈을 얼마든 더 벌 수 있다는 자신감이 있다. 그러나 상속이나 사업의 매각으로 갑자기 부를 얻은 경우 소비력과 지위, 상황에 적응하는 것이 어려울 수 있다고 말한다. 그들은 자신의 재산을 관리하는 데 더 어려움을 겪으며, 부와 자신의 실존적 존재감 사이에서 혼란을 겪을 수도 있다.

흔히 부자는 행복할 것이라고 생각한다. 그러나 부자라고 해서 반드시 행복한 것은 아니다. 그들은 많은 돈보다 가족과 주변 사람들과의 따뜻한 관계에 더 큰 가치를 두며 이러한 것들에 늘 목말라한다. 의미 있는 관계 속에서 안정감을 누리는 것의 진정한 가치를 이해한다면 부자를 다른 시선에서 바라볼 수 있다. 더불어 부와 성공을 이루고 싶은 자신만의 이유에 대해서도 다시금 생각할 수 있을 것이다.

 ## 비판적 사고력 UP!

1. 내가 부자라면 행복과 불행 중 어떤 감정을 더 많이 느끼게 될까?
2. 부자가 겪는 어려움을 통해 부자를 보는 관점이
   어떻게 변했는지 살펴보자.
3. 부자가 된다면 멘탈 관리를 위해 스스로 어떤 노력을 해야 할까?

06 독서를 통한 소통의 즐거움과 추론적 읽기

2022년 수능, 2023년 7월 모의고사

우리나라 사람들을 책을 얼마나 읽을까? 2023년 국민 독서실태 조사 결과를 살펴보자. 학생들은 독서의 가장 중요한 목적을 '학업'에 두고 있었으며, 성인들은 '마음의 성장과 위로'에 두고 있었다. 매체 환경의 변화로 독서에 대한 인식 변화도 나타났다. 종이책이나 전자책, 오디오북, 웹 소설을 제외하면 성인의 경우 종이신문 읽기나 만화책 읽기가 주요한 독서였다. 성인은 독서하기 어려운 가장 큰 이유로 '일'을 꼽았다. 일 때문에 독서할 시간이 없다는 것이다. 책 이외의 매체를 이용한다는 답변이 뒤를 이었다. 결국 성인은 일, 학생들은 공부 때문에 독서할 시간을 빼앗기고 있었다. 그 때문인지 책보다 더 간편하게 읽을 수 있는 또 다른 매체를 찾는 경향이 나타났다.

독서량이 많지 않은데도 사람들이 책을 읽는 이유는 무엇일까? 독서는 새로운 정보를 얻고 지식을 확장하는 데 도움이 된다. 학생들이 학업에 필요해서 책을 읽는다는 이유와도 일맥상통한다. 책은 다양한 주제에 대한 깊이 있는 지식을 심어주고, 개개인의 지적 역량을 키우는 데도 많은 도움이 된다. 소설이나 판타지는 창의력을 자극하고 상상력을 풍부하게 만든다. 일상생활에서 벗어나 잠시 다른 세계에 몰입하는 즐거움을 만끽할 수 있는 것이다. 사람에 따라 독서를 통해 정신적인 휴식을 취하기도 하며 스트레스를 해소하기도 한다.

독서는 명상과 비슷한 효과를 지닌다. 어휘력을 늘리고 문장구조를 쉽게 이해하게 해준다. 꾸준한 독서는 언어를 풍부하게 다룰 수 있게 해주며, 자기계발서나 철학서 등은 자신을 돌아보고 성장하는 계기를 마련한다. 이렇듯 독서는 개인의 목표설정과 자기 발전을 위한 중요한 도구이다. 문학 작품의 경우 타인의 삶과 감정을 간접적으로 체험하면서 공감 능력을 최대치로 끌어올릴 수도 있다.

독서가 주는 이로움의 중심에는 '소통'이 있다. 독자는 독서를 통해 필자와 대화하며 끊임없이 소통한다. 독자는 필자가 속해 있거나 드러내고자 하는 사회나 시대의 풍조를 경험한다. 직접 경험하지 못한 다양한 삶을 눈으로 이해하면서 더 넓은 시야로 세계를 바라볼 수 있다. 독자의 배경 지식이나 관점, 읽기 환경이나 과제 등 상황적인 요소에 따라 저마다의 의미를 부여할 수도 있을 것이다. 이런 독서 과정은 독자가 책을 읽고 질문하고 답을 하는 중에 일어나며, 자신의 경험과 책의 내용을 관계지으며 그 안에서 또 다른 형태의 답을 찾기도 한다. 답을 찾는 주체적인 과정에서 소통의 즐거움은 배가된다. 독서 모임이나 동아리를 통해 자신의 인식을 심화, 확장 시키며 다른 독자들과 소통하는 즐거움도 색다른 재미일 것이다. 자신의 독서 경험을 담은 글과 영상을 공유하는 것도 좋다.

그렇다면, 어떻게 해야 더 즐거운 독서가 가능할까? 독해 과정에서 생략된 내용이나 주제, 필자의 의도를 추론하며 읽으면 색다른 독서 경험을 할 수 있다. 추론은 글에 제시된 정보를 통해 얼마든 가능하며 사용된 단어나 문장, 담화표지 등에서 단서를 찾고 글의 전체적인 맥락을 통해 생략된 부분을 추론할 수도 있다.

글에 명시적으로 제시된 정보를 사용하려면 꼼꼼하게 읽어야 한다. 제시된 정보와 자신의 배경 지식을 비교할 수 있어야 추론을 가능해지기 때문이다. 추론적 읽기에는 글의 '응집성', 글에 제시된 '정보의 양'과 같은 요소도 영향을 끼칠 수 있다. 문장의 연결이 자연스럽지 않을 때는 문장 간의 관계를 재구성하며 읽는다. 글에 제시된 정보의 양이 너무 많은 경우 정확한 추론을 하기가 어려워진다. 이때는 필요한 정보만을 선별하고, 선별된 정보의 중요성을 감안해 추론하는 것이 바람직하다.

'재미있어서' 책을 읽는다는 학생들의 답변이 생각보다 많았다. 그렇다면 나는 어떤 경우에 독서에 재미를 느끼는지 생각해보도록 하자. 먼저, 독서의 어떤 면이 매력적인지, 또 독서의 어떤 면이 흥미를 유발하는지 알아야 한다. 2023년 6월, 수능 모의고사에 출제된 '독서 동기의 두 유형'을 통해 독서에 대한 동기가 어떻게 생기는지 살펴보자. 자신이 독서를 기피하는 쪽에 속한다면, 이는 큰 도움이 될 것이다.

독서 동기는 '때문에'와 '위하여', 이 두 가지로 설명할 수 있다. '때문에 동기'는 독서를 '왜' 하는가와 연결된다. 독서 이전의 사건이나 특정 경험과 독서를 연결하는 방법이다. 가령 친구에게 책 선물을 받았다면 '때문에 동기'라고 볼 수 있다. '위하여 동기'는 독서를 통해 얻고자 하는 목적과 연결된다. 책을 읽고 친구와 대화를 나누기 위함이라거나 독서로 성취감이나 감동을 받는 것, 선물 받은 책을 읽어 친구를 실망시키지 않는 것 등이 '위하여 동기'에 가깝다.

성공적인 독서 경험이란 독서를 통해 즐거움과 유익함을 동시에 경험하는 것이다. 이러한 경험은 '다른 책을 더 읽고 싶다'라는 동기를 부여하며 새로운 독서 행위를 만든다. 이때, 새로운 독서 행위를 다시 경험하고 싶어지는 '위하여 동기'도 자연스레 생긴다. 이처럼 선순환을 통해 독서 경험이 반복되면서 독서 습관이 자연스럽게 몸에 밴다. '때문에 동기'든 '위하여 동기'든 아무래도 상관이 없다. 독서를 시작하고 성공적인 독서 경험을 쌓아가다 보면 독서의 참맛 느끼게 될 것이다.

독서 동기가 생겨 책을 읽는다고 해도 제대로 읽지 않으면 큰 의미가 없다. 조선시대 대표 유학자 '율곡 이이'는 책 속에 담긴 이치를 밝히고 실천하는 독서를 강조했으며, 이를 벗어난 잘못된 독서를 '독서병통'이라 했다. 글자와 글귀 자체의 표면적인 뜻만 밝히면 글에 숨겨진 이치를 파악하지 못한다는 것이다. 글귀의 옳고 그름을 깊이 따져보거나 자신의 일상이 책의 내용과 일치하는지 고려하며 읽어야 한다. 많은 책을 읽는 병통도 있다. 다독하려다 마음만 앞서 책을 음미할 여유를 갖지 못하는 것이다. 책 한 권을 깊이 있게 읽고 그 의미를 새긴 후 다음 책을 읽는 것이 독서의 건강한 묘미라 할 수 있겠다. 무차별적인 다독이 능사는 아니다. 독서를 했지만 실천에 이르지 못하는 경우도 있다. 이것은 책 속의 가르침과 자신의 삶이 일치할 수 있도록 다양한 노력을 하며 극복할 수 있다. 책이 너무 어려우면 독서를 포기해도 좋다. 책의 초월적 지식만 탐하다가 자칫 지식을 놓치게 될 수도 있기 때문이다. 한 단락씩 세심하게 짚어 내려가야 하는 이유다.

율곡은 독서 전 몸가짐을 단정히 하고 마음을 고요히 하며, 경건하고 공경하는 마음으로 책을 대해야 한다고 말했다. 몸과 마음이 준비되었을 때 비로소 책이 말하고자 하는 이치에 다다를 수 있을 것이다.

 ## 비판적 사고력 UP!

1. 나의 독서 경향을 분석해보고, 책을 읽지 않는 이유에 대해 생각해보자.

2. 내가 추구하는 독서의 즐거움은 무엇이며,
   그 즐거움은 어떻게 키울 수 있을까?

3. 독서의 중요한 동기와 나의 독서가 지닌 병통에 대해 생각해보자.

사교육보다 자기주도학습이 효과가 더 높다?

인구 감소가 본격화되면서 교육계도 학령인구 감소 시대를 맞았다. 수험생 수는 절반으로 줄었지만, 지난해 사교육비는 역대 최대치였다. 초중고 학생들이 정규 교육과정 이외에 사적인 필요에 의해 학교 밖에서 받는 보충 교육이 크게 늘었다는 것이다. 학원, 개인과외, 그룹과외, 방문학습지, 인터넷 및 통신강좌 등의 수강료 지출은 매년 큰 폭으로 상승 중이다. 이는 '방과 후 학교'나 'EBS 교육비', '어학연수비' 등을 제외한 수치다.

학생들의 사교육 참여율은 78.3%, 학생 1인당 사교육비는 평균 524,000이다. 초등학생 때는 평균 437,000원을 사교육비로 쓰며, 중학생은 575,000원, 고등학생이 되면 697,000원으로 늘어난다. 고등학생 가운데서도 1학년의 월평균 사교육비가 가장 많은 것으로 나타났다(706,000원). 특히 서울의 평균 사교육비는 983,000원으로 다른 광역시에 비해 30만 원가량 높았다.

3인 기준 중위소득(4,194,000원)에 고등학생 자녀가 1명 있다 하더라도 가구 소득의 17.3%가 사교육비로 지출되었고, 서울은 이 비중보다 더 높은 23.4%까지 치솟았다. 고등학생 2명이 있다면 매월 가구 소득의 28.3%, 서울은 38.4%까지 상승한다. 소득이 높고 성적이 좋을수록 사교육비 지출도 올라가는 것이다. 월평균 소득 800만 원 이상인 가구의 사교육은 참여율은 88.1%, 300만 원 미만인 가구는 57.2%로 소득에 따른 편차 역시 크다. 이쯤 되면 직장, 집값, 사교육비 부담이 저출산 시대의 포문을 열었다는 말이 전혀 엉뚱한 소리가 아님을 알 수 있다. 통계청에 따르면 2023년 4분기 우리나라 출산율은 0.66명까지 떨어졌으며, 이대로 가다가는 2750년에는 대한민국이라는 나라가 없어질지도 모른다는 전망도 있다.

아이에게는 과중한 입시의 부담이, 부모에게는 사교육비의 부담이 우리나라를 점점 더 '아이 낳기 어려운 국가'로 만들고 있다. 영어공부나 입시공부를 안 시키면 되는 게 아니냐고 물을 수도 있지만, '나만 안 할 수도 없는 것'이 현실이기도 하다.

사교육이 늘어난 만큼 학생들의 학력도 높아졌을까? 2021년 국가수준 학업성취도 평가에 따르면 그렇지만도 않다. 고2 수학 과목에서 기초학력 미달자 비율은 14.2%, 중3 기초학력 미달자는 11.6%로 나타났다. 고등학교 2학년 7명 중 1명은 이른바 '수포자(수학을 포기한 자)'다. 사교육은 증가했지만, 기초학력을 갖추지 못한 학생이 느는 것에 대해 공교육이 제 역할을 못 하기 때문이라는 지적도 있다. 중고등학교의 공교육이 내실화되지 못한 상황에서 저소득층 자녀들이 사교육을 제대로 받지 못한다면 기초학력자는 늘어날 수밖에 없다.

2023년의 통계에 따르면 2022년 중고등학생 10명 중 4명이 교육에 대한 스트레스를 느낀다고 답했다. 전년 대비 2.5% 증가한 수치다. 여학생이 남학생보다 높게 나타났고, 중학생보다 고등학생의 스트레스 비중이 더 높았다. 또한 10명 중 3명이 최근 1년 내 우울감을 경험한 것으로 나타났다. 교육전문가들은 '학교 내신 성적과 수능 준비를 위한 사교육' 문화와 그에 따른 문제점들을 해결하기 위해 머리를 맞대기에 이른다.

사교육의 심각성을 인식한 교육부는 2024년 6월 '사교육 경감대책'을 발표했다. 교육부의 사교육비 종합대책 발표는 9년 만이다. 이 대책의 골자는 사교육 담합(카르텔) 집중 대응과 '킬러 문항'의 배제다. 사교육비가 늘어 가계에 부담이 되지만 학력은 그에 맞춰 성장하지 못하는 현상황에서 특단의 대책이 필요할 것으로 보인다.

사교육비의 부담이 갈수록 커지는 상황에서 생각해 볼 문제는 '사교육이 정말 교육에 효과적인가?' 하는 것이다. 공교육을 불신하고 사교육으로 몰리는 현상 앞에서 우리는 사고의 틀을 확장하지 않을 수 없다. 남들이 다 시키니 할 수밖에 없다는 사교육. 그 효과를 올바르게 검증해야만 각자가 사교육의 존폐 여부를 결정할 수 있다.

사교육의 선택에 앞서 사교육의 가치와 효과에 대해 생각해보는 것은 무척 중요하다. 검증된 방법을 통해야만 그만큼의 효과를 볼 수 있기 때문이다. 그렇지 않으면 별다른 성과도 없이 공교육의 몰락만 두 눈 뜨고 지켜봐야 할지도 모른다.

2024년 제1회 사교육 정책 토론회가 열렸다. 숙명여대 교수진은 자기주도학습이 학생의 인지적·비인지적 역량 발달에 미치는 효과를 분석해 발표했다. 이 연구에서는 100만 원짜리 사교육보다 하루 1시간의 자기주도학습이 학업 성취도에 더 효과적인 것으로 나타났다. 초등학생은 사교육과 자기주도학습이 학업성취도에 미치는 효과가 미미했으며, 중학생부터 자기주도학습의 효과가 사교육의 효과를 넘어섰다. 사교육비 증가가 고등학생의 국영수 학업성취도에 미치는 영향은 지극히 적었으며, 이는 고등학생의 사교육비가 가장 많은 것과는 대비되는 결과였다.

건국대 연구팀에서는 방과 후 학교와 사교육이 학생 성적에 미치는 영향을 분석, 방과 후 학교가 사교육보다 비용대비 더 우월하다는 분석 결과를 제시했다. 방과 후 학교 참여 증가는 중학교 성적 중위권(상위 31~60%), 고등학교 상위 30%와 하위 20%의 성적 상승에 유의미하게 작용했다. 반면 사교육은 초등학교 중하위권(31~80%), 중학교 하위 20%,

고등학교 중하위권(31~100%)에서 성적을 끌어올리는 효과가 있는 것으로 드러났다.

'스터디홀릭' 대표는 포럼을 통해 학원에서는 가능하고 학교에선 불가능한 '선행학습'에 대한 현행법을 완화해야 한다고 주장했다. 교육제도나 입시제도 개선으로는 사교육비 경감의 효과가 없기에, 공교육에서 사교육 수요를 일정 부분 흡수해야 한다는 주장이다. 그런 학교에서 학원식 방과 후 수업을 하는 것도 우려된다는 반대 의견도 있었다. 과거 EBS 강화 등의 정책을 통해 사교육 수요 흡수를 위해 노력했지만 실패한 바 있다. 방과 후 학교를 기반으로 또 다른 사교육 시장이 출현할 수 있다는 우려도 생긴다. 사교육이 효과가 높지 않다 하더라도 상위권 대학의 프리미엄이나 노동시장 문제와 맞물려 다른 여러 문제들을 낳을 수 있다는 것이다.

 ## 비판적 사고력 UP!

1. 나의 사교육비 지출 규모를 평균과 비교해보고 차이가 있다면 그 이유를 알아보자.
2. 사교육과 자기주도학습 중 나에게 더 효과적인 것은 무엇이며 그 근거는 무엇인가?
3. 사교육을 줄이고 자기주도학습을 늘릴 수 있는 나만의 공부법을 찾아 정리해보자.

연봉이 높고
안정적이라서
모든 의사가 행복할
거라 생각하나 봐.
휴~

2024년 최고의 핫이슈라 하면 의대 정원에 대한 갑론을박을 꼽을 수 있겠다. 정부가 필수의료 분야에서 의사 수 부족 문제를 해결하기 위해 의과대학 정원 확대를 발표해 의료계와 큰 갈등을 빚었다. 이에 의대 정원 확대에 대한 찬반 의견 또한 난무했다.

현재 한국의 의료인력은 '특정 지역' '특정 과'에 집중되어 있다. 지방 및 농어촌 지역의 의료서비스는 접근성이 매우 낮은 편인데, 의대 정원을 확대하면 더 나은 서비스를 지역까지 분산하여 배치할 수 있다. 의사의 수가 늘어나면 의료서비스 질이 더 향상될 것이며, 의사들은 보다 나은 의료 서비스 제공을 위해 노력할 것이다. 새로운 치료법과 의료기술 개발을 할 의사가 확보되면서 의료계의 발전이 촉진된다는 점도 유익하다고 볼 수 있다.

의사 수가 갑자기 늘어나면 오히려 의료의 질이 낮아질 거라는 반대 의견도 있다. 충분한 교육 시설과 지도교수가 확보되지 않으면 전문성은 떨어질 수밖에 없다. 더 많은 의사들이 더 많은 검사를 요청하거나 불필요한 치료를 권유할 가능성도 있다. 새로 배출되는 의사들이 필수의료 분야를 담당할 거라는 보장도 없다. 의대 정원이 확대되면 의대 '쏠림 현상'이 더욱 심화될 것이며, 이공계 학과의 인재들이 새어 나가는 부분도 무시할 수 없다.

모든 이들이 의사가 적성에 맞는다고는 볼 수는 없다. 의사는 방대한 양의 공부와 지속적인 학습을 해야 하며, 문제를 논리적으로 생각하고 과학적 방법으로 접근하는 능력도 겸비해야 한다. 환자의 고통에 대한 공감을 비롯해 동료 의료진들과도 명확하고 효과적인 소통을 해야 한다. 복잡한 의료정보를 쉽게 설명하는 능력과 높은 윤리의식, 최선의 치료를 제공하는 책임감과 높은 수준의 성실성도 요구된다. 긴 근무시간과 육체적으로 힘든 상황을 견뎌 내야 하기 때문이다. 고도의 스트레스와 압박을 이겨낼 수 없다면 의사가 되기는 어렵고 설령 된다고 하더라도 금방 포기하게 될 것이다.

그럼에도 의대 정원 확대에 온 나라의 관심이 쏠리는 이유는 무엇일까? 의사가 가장 선호하는 직업이 된 이유는 사회적 지위와 안정성 때문이다. 대부분의 의사는 경제적으로 안정적인 편이며, 높은 소득과 흡족할 만한 고용조건을 제공받는다. 오랜 교육과 훈련으로 전문적 지식을 습득하는데 이는 직업적 자부심과 성취감으로도 이어진다. 진료 외에도 연구, 교육, 공공 보건 등 다양한 경로를 통해 커리어를 확장할 수 있는 점도 충분히 매력적이다. 건강 불평등 해소와 예방의학, 공공 보건 개선 등으로 사회에 기여하며 환자의 회복과정을 통해 큰 보람을 느끼기도 한다. '의대 쏠림' 현상은 어찌 보면 당연한 것일 수도 있겠다.

2024학년도 수시 모집에서 전국 주요 대학의 의대 경쟁률이 평균 46대 1로 나타났다. 지난해 더 높아진 수치이며, 최상위권 대학을 가려면 상위 0.3% 안에 들어야 한다. 지방 의대 같은 경우도 상위 1%만이 의대에 갈 수 있다. 재수생의 의대 쏠림 현상도 가속화되었다. 의대를 가장 많이 보내는 학교가 서울대라는 말이 나올 정도다. 이에 질세라 자퇴하고 다시 의대를 준비하는 학생마저 늘었다. 강남 8학군에서는 초등 의대반도 등장했다. 의대만 가면 장래가 보장된다는 우리나라의 인식도 여기에 한몫한다. 사회가 양극화되고 경제적 불평등이 심해지는 상황에서 경제적으로 안정된 직업군이 점점 사라져 가는 탓이기도 하다. 여기에 정원 확대 이슈까지 겹치니 조기 의대 준비 열풍에 불이 붙지 않을 수가 없다.

초등학생을 대상으로 한 의대 입시반이 구설수에 오르고 있다. 학생들은 어린 나이부터 의대에 관한 정보를 입수해 입시 준비에 한창이다. 모든 아이가 의사가 되기를 원하는 것도, 적성이 맞는 것도 아닌데 왜 의사가 되기 위해 안간힘을 쓰는 걸까? 사회현상을 바라볼 때 그 이면에 작용하고 있는 사람들의 심리를 살펴볼 필요가 있다. 의대 열풍의 '진짜 이유'에 대해서 말이다.

우리나라 의사 연봉이 OECD 국가 중 최고라는 보도자료가 나왔다. 평균 연봉은 2억 4천만 원이며, 개원 의사의 평균 연봉은 3억 원을 훌쩍 넘는다. 우리나라 의사 연봉이 높은 이유는 적은 의사 수에 있다. OECD 평균으로 봤을 때 의사가 1000명당 3.7명꼴인데 비해 우리나라는 2.5명이다. 우리나라 국민 1인당 외래진료 횟수는 연간 15.7회이며 이는 OECD 국가 중 가장 높은 수준이다.

의사 수급 부족으로 의사들의 임금은 상승하지만, 지방의료원은 구인난에 시달리고 있다. 지방과 수도권의 의사 수급 현황이 천차만별이듯 과별 인기순위도 차이가 있다. 아무리 의사가 대한민국을 흔들고 있다고 해도 모든 진료과의 의사가 환영받는 것은 아니다. 의대생들이 가장 희망하는 과는 내과, 정형외과, 마취통증의학과 등이었으며 외과, 산부인과, 소아과 등은 비인기 과로 분류된다. 의대생 전체 응답자의 87%가 전문의 자격을 취득할 계획이라고 밝혔으며, 해당 전공을 선택한 이유로 '적성과 흥미', '소득', '비전' 등을 꼽았다.

전문의 자격증을 원하지 않는 의대생들은 전문의가 되기 위해 들이는 수고와 시간을 아까워했다. 소득도 많지 않은 데다가 너무 힘들다는 것이 그 이유였다. 공중보건의나 군의관으로 복무하겠다는 의대생도 큰 폭으로 줄었다. 복무기간이 일반 사병에 비해 두 배 정도 길기도 하고, 사병의 급여가 크게 올라 같은 기간 기대소득에 대한 불만족도 큰 이유 중 하나였다.

필수 과이면서도 대표적인 기피 과인 외과와 흉부외과, 산부인과, 비뇨의학과, 소아과 등의 전문의 평균연령은 50대다. 그중에서도 외과와 산부인과 전문의의 평균연령이 가장 높은 것으로 나타났다. 인기 있는 과의 경우 성형외과만 평균연령이 50대였고, 나머지는 모두 40대였다.

국민의 생명과 직결된 특정과의 기피 현상으로 인해 해당 전문의들의 고령화를 겪고 있다. 피부과, 안과, 성형외과, 정신과, 재활의학과, 영상의학과 등의 인기 과로 젊은 의료 인력이 지속적으로 몰리게 되면, 20년~30년 후쯤 되면 필수의료 붕괴가 필연적으로 발생하리라는 전망까지 나오고 있다.

 비판적 사고력 UP!

1. 초등 의대 열풍과 의료계의 인기, 비인기과 분석 내용을 토대로 우리나라 직업 선택의 경향성을 파악해보자.

2. 자신의 의지와 상관없이 어려서부터 의대 입시나 기타 인기 직업을 준비한다면 어떤 문제들이 발생할까?

3. 의대 쏠림 현상, 인기 있는 과로 의대생들이 몰리는 문제를 어떻게 해결할 수 있을까?

 09 스토킹 막는 위치 추적 장치 감지 기능

경남 거제에서 전 여자친구를 폭행해 숨지게 한 사건과 서울 강남에서 벌어진 명문대 의대생 살인 사건 등 전국에서 연일 스토킹 범죄가 발생하고 있다. 경찰청에 따르면 스토킹 관련 신고는 2021년 14,509건에서 2023년 31,842건으로 두 배 이상 늘었다. 신고 건수만 이렇지, 실제 스토킹 피해의 규모는 훨씬 클 것이라는 예상이다.

스토킹이란 상대방의 의도와는 상관없이 고의적으로 쫓아다니면서 집요하게 정신적·신체적으로 괴롭히는 행위를 뜻한다. 상대방에게 우편, 전화, 팩스 또는 여러 정보통신망을 이용하여 물건, 글, 말, 부호, 그림, 영상, 화상을 상대방에게 전송하는 행위도 스토킹에 포함된다. 직접 또는 제3자를 통해 물건을 전달하거나 그 부근에 물건을 두는 행위도 마찬가지다. 개인정보나 위치 정보 등을 제3자에게 제공, 배포, 게시하는 행위와 상대방의 이름, 명칭, 사진, 영상 또는 신상 정보를 이용하여 마치 자신이 상대방인 것처럼 가장하는 행위도 스토킹의 일종이다.

이러한 스토킹은 피해자의 생활을 지속적으로 망가뜨리며 심할 경우 돌이킬 수 없는 상황을 연출하기도 한다. 특히 문제가 심각한 것은 '온라인 스토킹'이다. 이 범죄는 인터넷과 디지털 기술에 기반하여 이루어지며 그 형태와 방법 역시 다양하다. 이메일이나 소셜 미디어, 메시지 앱을 통해 지속적으로 피해자를 괴롭히는 것이다. 여러 개의 가짜 계정을 만들어 피해자를 감시하거나 피해자의 개인정보를 불법적으로 수집한 후 유포하고 악용한다. 소셜 미디어나 포럼 등에 피해자의 명예를 훼손하는 글이나 이미지를 게시하는 경우도 허다하다. 이들은 디지털 기술을 활용해 피해자의 위치를 추적하거나 손쉽게 이동 경로를 파악한다.

스토킹은 피해자에게 극심한 스트레스를 주며 불안과 공포, 우울증과 외상 후 스트레스 장애에 빠지는 피해자도 많다. 신체적 폭력이나 지속적인 스트레스와 불안으로 건강에 악영향을 줄 수 있으며 직장에서는 집중력 저하, 결근, 성과 저하로 이어지기도 한다. 전반적으로 생활의 질이 현저히 낮아지며 심할 경우 극단적인 선택까지 야기할 수 있다.

이러한 스토킹은 다양한 첨단기술까지 활용하며 나날이 늘어나고 있다. 특히 위치추적 기능을 활용한 스토킹이 늘고 있는데 차량이나 소지품에 GPS 추적기를 몰래 부착해 피해자의 이동 경로를 실시간으로 추적한다. 피해자의 스마트폰에 위치추적 기능이 있는 앱을 몰래 설치해 위치 정보를 수집하기도 한다. 소셜 미디어에 올라온 피해자의 위치 정보로 이동 경로를 파악하기도 한다. 프로그램 사용에 능한 범죄자는 간혹 피해자의 IP를 추적하여 대략적인 위치를 파악한 후 스토킹 범죄를 저지르기도 한다.

특히 위치 추적 장치가 스토킹 수단으로 악용되고 있는 것과 관련해 아이폰 제조업체 애플은 구글과 함께 분실물 추적장치의 무분별한 위치추적 차단에 나섰다. 애플과 구글은 에어태그(동전 모양의 블루투스 기기로 분실 시 위치를 알려주는 추적 장치)와 같은 위치 추적 장치가 사용자 허락 없이 사용되는 것을 막기 위해 업계 표준을 만들기로 했다. 기술 악용에 따른 대응책이라고 볼 수 있겠다. 애플과 구글의 이러한 협업은 소프트웨어 플랫폼의 중요한 전환점이 될 거라고 업계는 기대하고 있다.

스토킹은 한 사람의 인생 전체를 무너뜨리는 무서운 범죄행위다. 온라인과 오프라인을 통해 점점 늘어나고 있는 스토킹 범죄에 대한 인식과 방지책이 그 어느 때보다 필요한 시점이다.

스토킹의 피해자는 주로 여성들이며, 때로는 가정 폭력의 연장선으로 일어나기도 한다. 피해자 연령대는 18세에서 24세가 가장 많은데, 대인관계가 활발하고 소셜 미디어 사용이 빈번하며 독립적인 생활이 시작되는 때가 바로 이 시기이기 때문이다. 배우나 가수, 정치인 등의 유명인은 그들의 팬이나 추종자에 의해 스토킹을 당할 가능성이 높다. 물론 헤어진 연인이나 직장 동료 등 주변 사람으로부터 발생하는 스토킹도 적지 않다.

이러한 스토킹을 자신과 동떨어진 일이라고 생각하면 큰 오산이다. 인터넷의 발달이 최고 수준에 이른 현재이기에 더욱 그러하다. 소셜 미디어 사용 빈도가 비교적 높은 10대가 사이버 괴롭힘의 형태로 스토킹을 많이 당하는 이유도 그 때문이다. 우리는 스토킹에 대한 인식 변화를 꾀할 필요가 있으며 스토킹에 대한 올바른 대처법 또한 알고 있어야 한다.

스토킹은 어떤 상황에서 일어나며, 스토커의 심리와 동기는 무엇일까? 스토커는 기본적으로 피해자를 통제하고 지배하려는 욕구를 지녔다. 좋았던 관계가 틀어진 경우, 스토킹을 해서라도 그 관계를 회복하려 들 수 있다는 것이다. 스토커는 피해자에게 병적으로 집착하며, 제 뜻대로 되지 않는 일을 무력과 범죄로 해결하려 한다. 자신이 피해자에게 손해나 상처를 입었다고 생각하거나 거절에 대한 보복심으로 스토킹을 하기도 한다. 일부 스토커는 정신적으로 문제가 있거나 인격 장애를 앓고 있을 수 있으며, 이것이 집착 행동으로 이어질 수 있다.

그렇다면 스토킹은 어떻게 피하고 예방할 수 있을까? 먼저 일상생활에서 스토킹이 의심되는 상황이 생기면 일정한 패턴을 버리고 새로운 패턴을 만든다. 가령, 무리하지 않는 선에서 출퇴근 경로를 변경한다든가 정기적으로 가는 장소를 바꿔볼 수 있을 것이다. 외출 시 가능하면 혼자 다니지 말고 사람들이 많은 공개된 장소를 이용한다. 가족이나 친구, 동료에게 자신이 스토킹을 당하고 있다는 사실을 알리면 언제, 어느 순간에 닥칠지 모를 사고의 확률을 줄일 수 있다. 더불어 신뢰할 수 있는 사람들과 연락을 자주 취하고, 비상시에 도움을 요청할 수 있는 자신만의 네트워크를 만드는 것도 하나의 방법이다.

집, 온라인 계정 등의 비밀번호를 정기적으로 변경하는 것도 하나의 방법일 수 있다. 안티바이러스 프로그램과 방화벽을 사용해 기기를 보호해도 좋다. 스마트폰의 위치 서비스 기능은 필요할 때만 켜고, 앱별로 위치접근 권한을 강화한다. 차량이나 소지품에 GPS 추적 장치가 부착되어 있는지 살펴볼 필요도 있다.

스토킹 범죄는 단순히 누군가를 몰래 쫓아다니는 차원의 범죄가 아니다. 특히 요즘같이 세상이 흉흉할 때일수록 스토킹에 대한 인식 변화는 반드시 이루어져야 한다.

비판적 사고력 UP!

1. 스토킹 사고에 대한 뉴스를 찾아보고 사례의 다양성을 살펴보자.
2. 스토킹 피해를 예방하기 위해 내가 할 수 있는 일은 무엇일까?
3. 온라인상에서의 스토킹 범죄를 막기 위해 기업들이 할 수 있는 일은 무엇일까?

10 웨딩드레스, 블랙에 바지 입으면 안 돼?

Chapter 3. 생활

‘순백의 신부’라는 말이 있을 정도로 하얀 웨딩드레스는 신부의 상징이다. 흰색 옷을 입고 결혼식에 참석하면 민폐 하객으로 취급받을 만큼 흰색은 신부가 독점하는 색상으로 통용된다. 그렇다면 웨딩드레스의 유래는 무엇일까?

고대 로마의 신부들은 하얀 튜닉을 입고 꽃으로 만든 면사포를 썼다. ‘하얀색’은 그 느낌 그대로 ‘순수’와 ‘새로운 시작’을 상징했다. 고대 그리스 신부들은 주로 자주색이나 빨간색 옷을 입고 황금장식으로 꾸몄는데, 이는 부유와 번영을 나타내는 것이었다. 중세 유럽에서의 결혼은 정치적, 경제적 연합의 의미가 강했다. 신부의 드레스는 가문의 부와 사회적 지위를 드러내기 위해 화려한 색상과 비싼 천, 복잡한 자수로 장식했다. 귀족 신부들은 보통 금색, 은색, 붉은 계열로 색상을 선택했으며 견직물, 벨벳, 모피 등을 사용해 옷을 만들었다.

지역에 따라 웨딩드레스도 달랐다. 중국에서는 전통적으로 붉은색이 행운과 기쁨을 상징한다고 해서 신부들에게 붉은 웨딩드레스를 입혔다. 인도에서는 화려한 색상의 사리를 입고 금장식과 보석으로 꾸몄으며, 아프리카의 결혼식 의상은 밝고 화려한 색상과 패턴으로 장식했다. 중동은 금색, 은색, 녹색 등 다양한 색상의 전통 의상을 입었으며 화려한 자수와 보석으로 장식했다. 우리나라도 다채로운 색상의 한복을 입고 결혼을 했다.

다양한 색과 옷감을 쓰던 웨딩드레스가 흰색으로 자리 잡은 것은 빅토리아 시대에 들어서다. 1840년 영국 빅토리아 여왕이 앨버트 공과 결혼할 때 하얀 실크 새틴 드레스를 입었다. 이는 당시 매우 독특한 선택이었으며 그 화제성 때문에 이후 많은 신부들이 하얀색 드레스를 즐겨 입게 되었다. 흰색은 오랫동안 순수와 결백을 상징해왔고, 웨딩드레스에서의 하얀색은 신부의 순결과 순수한 사랑을 나타낸다. 결혼은 새로운 시작이며, 흰색은 그 출발과 가장 잘 어울린다고 여긴 것이다. 사실 빅토리아 시대에는 하얀색 옷을 유지하는 것이 어려웠다. 하얀 웨딩드레스는 신부의 가족이 경제적으로 여유가 있음을 보여주는 일종의 상징이었다. 이런 관습이 지금까지 이어져 하얀 드레스의 전통을 만들었다.

하지만 현대에 와서 이 전통은 흔들리기 시작한다. 1920년대에는 웨딩스레스의 디자인이 단순해지고 길이도 짧아졌다. 무릎까지 오는 심플한 디자인이 인기를 끈 것이다. 1930년~40년대에는 대공황과 제2차 세계대전의 영향으로 결혼식이 간소화되었고 드레스도 더 심플해졌다. 1950년대 할리우드의 영향으로 화려하고 여성스러운 디자인이 다시 인기를 끌었으며, 1960년~1970년대는 히피 운동과 자유로운 정신의 영향을 받아 보다 자연스러운 보헤미안 스타일로 변했다. 1980년대는 다이애나 왕세자비의 드레스 때문에 풍성한 소매와 웅장한 스타일이 각광을 받았고, 2000년대 이후부터는 신부의 개성과 취향을 반영해 각양각색의 웨딩드레스가 성행하기 시작했다.

특히 요즘은 오프숄더에 혼자는 추스르지도 못하는 풍성한 웨딩드레스를 버리고 블랙이나 유색 드레스를 입기도 한다. 치렁치렁 불편한 웨딩드레스를 벗고 익숙함과 편안함을 추구하려는 것이다. 검정 드레스는 미국에서는 이미 보편화되었다. 2024년 뉴욕 브라이덜 패션 위크의 모든 웨딩 컬렉션에 검은색 드레스가 등장했으니 그 변화를 체감할 수 있을 것이다. 미국 현지에서는 공주풍 웨딩드레스에서 벗어나 여성용 턱시도나 상하의 일체형의 점프슈트, 드레스와 슈트 디자인을 합친 하이브리드 버전까지 등장했다.

자신의 개성과 정체성을 다양하게 표현하면서 달라지는 웨딩드레스에는 현대인의 욕구가 포함되어 있다. 이제, 하얀 웨딩드레스의 시대가 저물고 있다. 개성 있는 웨딩드레스의 신부를 만날 날이 가까워지고 있는 것이다.

 ## 어떻게 생각할 것인가

결혼식에서는 왜 꼭 하얀 드레스를 입어야 할까? 드레스의 역사를 통해 반드시 그래야만 하는 것도 아님을 알 수 있었다. 그저 유행처럼 흘러온 것이 관행으로 굳어진 경우라고도 볼 수 있다.

유행이나 관행을 아무 분별력 없이 받아들이면 자신만의 개성이나 멋을 표현하기 어렵다. 특히 문화적인 다양성이 무시되고 아무런 변화가 찾아오지도 않으며, 창의적인 생각으로 사고의 폭을 확장해 나갈 수 없다. 이는 고정관념이 고착화되는 현상과도 같은 이치다. 무분별한 관행의 강요와 강조는 개인의 성장과 발전에 큰 방해가 되기도 한다. 과거의 관행이 현대에 모두 들어맞는 것은 아니기 때문이다. 왜 그래야 하는지 한 번쯤 생각해볼 필요가 있다는 것이다. 그렇다면, 우리가 별생각 없이 따르는 관행에는 어떤 것들이 있을까?

결혼식에서는 흰색 드레스뿐 아니라 화장과 헤어스타일, 화려한 엑세서리도 일부 관행처럼 전해 내려온다. 특별한 날을 더욱 특별하게 만들기 위한 '꾸밈'이긴 하지만 간소하게 치른다고 해서 결혼의 의미가 퇴색되는 것은 결코 아니다. 굳이 화려한 옷을 입고 화려한 겉치장을 통해 그날의 분위기를 채우지 않아도 된다는 얘기다.

반드시 검은색 옷을 입어야 하는 장례식장도 빼놓을 수 없다. 검은색은 애도와 경의를 표하는 방식인데 이 또한 고정관념일 수 있다. 어두운 계열의 옷, 다시 말해 색깔 구분 없이 차분한 복장으로 애도를 표현해도 큰 문제가 없다는 것이다. 장례식이라고 해서 검은색 옷만을 강요한다면 자칫 애도의 본질이 흐려질 우려가 있다.

이와 같은 관행은 생각의 전환에 따라 얼마든 깨지고 달라질 수 있다. 예식 같은 경우 요즘은 특히 스몰 웨딩이 대세다. 비싼 예물을 주고받는 형식을 없애고, 특별한 이유가 없다면 고리타분한 주례사도 생략한다. 그 대신 부모님이 써주는 편지를 읽고, 축가도 신랑이나 신부가 직접 준비해 결혼식의 분위기를 자연스럽게 바꿔놓는다.

장례식도 마찬가지다. 가족장을 치르거나 허례허식을 줄이는 변화가 일어나고 있다. 불치병에 걸렸거나 시한부 판정을 받은 환자의 경우 미리 가까운 사람들을 불러 마지막 파티를 한다. 장례식과는 다른 '이별 의식'은 떠나는 사람과 남게 될 사람 모두에게 삶과 죽음의 공평하고 숭고한 진리를 깨닫게 할지도 모른다.

이처럼 생각의 전환은 새로운 변화를 만든다. 다양한 방법을 시도하게 하고, 경험과 성장의 기회를 제공한다. 무턱대고 관행에 따를 것이 아니라, 실리적이고 의미 있는 문화가 형성될 수 있도록 각자의 고민과 노력이 필요하다.

 ## 비판적 사고력 UP!

1. 내가 무의식중에 행하고 있는 관행에는 어떤 것이 있을까?
2. 바꾸고 싶은 기존의 관행과 그 이유에 대해 설명해보자.
3. 관행을 바꾸기 위해서는 어떠한 노력이 있어야 할까?

Chapter 4

역사

 **01 노자의 도와 한비자의 사상**

한비자는 중국 전국 시대의 사상가로 법가 사상에 중요한 업적을 남겼다. 한비자는 법이 사회를 다스리는 데 가장 중요한 도구로 공정하게 적용되어야 한다고 주장했다. 군주는 권력을 유지하기 위해 다양한 전략을 사용해야 한다. 권력의 균형을 잘 조절해야 통치의 효과를 높일 수 있기 때문이다. 한비자는 정치와 법의 중요성을 강조했으며, 그의 사상은 진나라 시황제에게 큰 영향을 주었고 진나라가 전국을 통일하는 데 중요한 이론적 배경이 되었다. 한비자는 노자의 도를 자신의 법치 사상의 기반으로 삼았으나 실제 주장하는 바는 조금 달랐다.

노자의 도는 만물 생성의 근원이며, 자연과 우주의 근본원리다. 존재와 현상에 따른 자연스러운 질서를 의미하는 것이다. 노자는 인위적인 행동을 피하고 자연스럽게 살아가는 것을 강조한다. 무위란 아무것도 하지 않는 것이 아니라 자연의 흐름에 따라 행동하는 것을 의미한다. 그렇게 노자는 개인의 내면적인 수양과 성찰을 통해 자연과 조화를 이루는 삶을 추구했다.

한비자의 도는 주로 정치와 통치의 원리로 사용되었다. 도가 법과 권력으로 국가를 효과적으로 다스리는 방법이라 여겼다. 한비자는 이기심을 인간의 본성으로 여기고, 이를 통제하기 위한 강력한 법과 제도가 필요하다고 주장했다. 천지만물의 존재와 본질의 근거를 '도'로 여겼으며, 특히 인간의 성패는 '도에 따른 올바른 행함'으로 갈린다고 했다. 도란 천지와 더불어 영원히 존재하지만, 모습과 이치는 때와 상황에 따라 유연하게 변화한다고도 생각했다. 도가 일정하게 머물러 있지 않을 때, 모든 사물의 존재와 본질의 근거가 될 수 있다고 파악한 것이다. 도가 변하기에 통치술도 고정되어서는 안 된다는 주장이었다.

도가 개별법칙의 통합이기에 노자의 도를 시비 판단의 근거로 보았다. 도에 근거해서 입법해야 다양한 사건을 판단할 수 있다는 것이다. 만족을 모르는 인간의 욕망이 사회 혼란의 원인이며, 욕망을 제어하기 위해 법이 필요함을 강조했다. 한비자의 도는 보다 구체적이고 체계적인 정치 철학으로써 현실적이고 실용적인 통치 원리를 주장했다.

유학자들은 도를 '인간 삶의 올바른 길을 의미하는 것'으로 보았다. 유학자이자 개혁 사상가인 왕안석은 그가 저술한 《노자주》를 통해 도를 만물의 물질적 근원인 기(氣)로 보고 현상세계에 앞서 기의 작용에 의해 사물이 형성된다고 말했다. 기가 변화하듯 현상세계도 바뀐다는 것이다. 더불어 제도와 규범, 제정 같은 인간의 적극적인 개입이 사회 안정에 필요하다고 했다. 사회제도와 규범도 현실 사회의 변화에 따라 새롭게 변해야 한다는 것이다. 왕안석의 노자 해석은 도를 현실정치와 행정개혁에 적용하려는 특징이 있다. 노자의 사상을 실질적인 통치 원리로 발전시켜 자신의 개혁 정신을 정당화했다.

원나라의 오징은 도교를 종교로 받아들였다. 잘못된 가르침을 펴는 도교를 경계했으며, 노자의 가르침과 공자의 학문이 크게 다르지 않음을 《도덕진경주》에 써 내려갔다. 그는 노자의 기존 구성 체제를 재편하고 도를 불변하는 근원으로 보았다. 인간이 따라야 할 사회 규범과 사회 질서체계를 도의 현실화로 받아들인 것이다. 오징은 노자의 도를 유교적 가치와 결합해 실용적인 통치 원리로 이해하려고 노력했다. 도를 자연과 도덕적 원리로 해석했으며, 과도한 정치적 간섭을 피하고 자연스러운 통치를 실현해야 한다고 주장했다.

명나라의 설혜는 《노자집해》를 통해 노자 사상을 해석했다. 노자를 도덕

본성과 그것에 근거한 천명으로 이해했으며, 본성과 천명의 이치를 탐구하는 노자와 유학이 다르지 않다고 주장했다. 더불어 그는 도와 덕의 관계를 강조하고 유교적 통치와 교육의 중요성을 강조했다. 노자의 도를 실용적이고 현실적인 철학으로 해석하여 적용하고자 한 것이다.

 **어떻게 생각할 것인가**

노자의 '도'에 대한 다양한 해석을 살펴보았다. 한 가지 사상이지만 자신이 속해 있는 사회의 모습과 사상에 따라 다르게 해석되었음을 알 수 있었다. 우리 또한 역사적 지혜와 사상을 현대의 문제에 빗대어 생각해 볼 수 있다. 과거의 사상에는 수 세기에 걸쳐 축적된 지식과 경험이 담겨 있다. 인간 사회의 문제는 반복적으로 일어나며, 인간 본성에 대한 깊은 통찰을 제공하는 옛 사상은 현시대에도 유효한 보편적 진리와 가치를 담고 있다. 다양한 고전 사상을 이해하고 현대에 적용하다 보면 현대의 문제를 새로운 시각으로 이해할 수 있다. 이는 우리가 역사를 배우는 까닭이기도 하다.

노자의 도는 어떻게 해석되었고 현대 사회에 어떻게 적용할 수 있을까? 한비자는 노자의 도를 법과 제도를 통한 강력한 통치 원리로 이해했다. 인간의 본성은 이기적이며 이를 통제하기 위한 법과 제도가 필요하다고 주장한 것이다. 이는 정책 설계와 실행에 활용할 수 있다.

공정한 법 집행과 투명한 제도를 만들어 사회를 통치할 때 비로소 사회 질서는 유지된다. 왕안석은 노자의 도를 현실 사회와 사회 개혁에 적용하려 했다. 무위자연을 과도한 간섭을 피하는 통치 원리로 봤다. 이는 정부 조직의 과도한 간섭을 줄이고, 자율성을 보장하는 것을 의미한다. 이를테면 현대 사회에서 창의성과 자율적 발전을 만드는 방법이다.

중국 원나라의 유학자 오징은 노자의 도를 유교적 덕목과 결합해 해석했다. 도덕적 리더십과 교육의 중요성을 강조한 그는 덕을 통해 이를 적용할 수 있다고 주장했다. 설혜는 도를 도덕적이고 실용적인 통치 원리로 봤다. 민본주의와 도덕적 책임을 다하는 지도자가 실용적으로 정책을 실행해야 한다는 것이다. 사회의 복지와 안정을 추구하는 그는 법치와 공정한 제도, 자율성 존중, 혁신, 도덕적 리더십과 윤리교육을 강조했다.

이렇게 한가지 사상을 다르게 해석하여 자신의 시대에 맞게 적용한 사상가들이 있었다. 그들이 말하는 노자의 도는 시대에 따라 또한 다른 힘을 발휘했다. 어떤 사상을 자신의 시대에 맞게 해석하고 활용하던 성현들의 지혜를 배운다면 보다 나은 사회의 실현을 도모할 수 있을 것이다.

비판적 사고력 UP!

1. 노자의 도를 해석한 관점 중 가장 동의하는 주장과 그 이유는 무엇인가?
2. 노자가 진짜 주장하고 싶었던 도와 새롭게 해석된 도의 가치는 어떻게 다를까?
3. 하나의 사상을 해석하고 그 시대에 적용할 때 어떠한 자세를 갖춰야 할까?

유서는 일종의
백과사전으로
그 시대의 지식수준과
사회적 분위기를
보여주는 중요한
참고자료야.

유서란 중국에서 기원한 동양 고유의 서적 편찬형식이다. 일종의 백과사전이라고도 볼 수 있다. 서적에서 자료를 수집하고 항목별로 분류, 정리하여 이용에 편리하도록 펴낸 책이다. 일반적으로 유서는 필요한 부분을 뽑아 배열했다. 비교나 편찬자의 해석을 넣지 않았다. 유서는 모든 주제를 다루는 일반 유서와 특정 주제를 다루는 전문유서로 나뉜다. 중국 왕조에서는 국가 주도로 편찬했는데, 이전까지의 지식을 집대성해 왕조의 위엄성을 강조하기 위함이었다.

조선에서는 소규모로 전문유서를 주로 펴냈다. 기존 서적에서 필요한 부분만 기록하여 시문 창작이나 과거 시험에 활용했다. 17세기, 실학이 주도하자 현실개혁의 뜻을 담아 지식제공과 확산을 위해 유서를 펴냈다. 지식을 정리하는 것을 넘어 재분류하고 범주화했으며, 평가를 더해 저술의 성격을 띠게 했다. 모은 지식으로 증거를 세워 이론적으로 고증했으며, 이에 대한 의견도 덧붙였다. 주자학이 아닌 새로운 학문도 받아들여 광범위하게 정리했다. 즉, 새로운 지식의 축적과 확산에 유서를 활용한 것이다.

그중 서학은 조선 후기 유서의 지적 자원 중 하나였다. 이수광, 이익, 이규경의 백과사전식 유서에서 서학을 어떻게 수용했는지 확인할 수 있다. 이수광은 다른 학문에 열린 태도를 가진 학자였다. 주자학에 기초하여 도덕과 경전에 관한 학문이 주류를 이루던 당시《지봉유설》을 통해 조선의 지식을 항목화하고 자신의 견해를 덧붙였다. 사신으로서 서양 관련 지식까지 객관적으로 소개했다.《지봉유설》은 우리나라 최초로 천주교에 대한 내용을 담은 책이다.

이익은《성호사설》에서 서학을 기존의 학설을 정당화하거나 배제하는 근거로 사용했다. 이 책은 성호가 평소 제자들과 문답을 나누었던 천문·지리·역사·제도·군사·풍속·문학 등의 분야에 걸친 넓고 깊은 학식이 집대성된 실학의 대 저술이다. 그는 서학의 세부 내용을 다른 분야로 확대, 참조하여 지식을 심화하고 확장하였으며, 서학의 수학을 주자학의 지식 영역 안에서 재구성하기도 했다.

이규경도 《오주연문장전산고》에서 서학을 적극적으로 활용했다. 책의 제목은 5대양 6대주의 줄임말이자 저자의 호인 '오주', 저자 자신의 겸손함이 담긴 '거친 문장'이라는 뜻의 '연문(衍文)', 문장 형태의 하나인 '장전', '흩어진 원고'라는 뜻의 '산고(散稿)'가 합쳐진 말이다. 60권 60책에 달하는 분량 속에 천문, 의학, 역사, 지리, 농업, 서학, 병법, 광물, 초목, 어충, 음악 같은 방대한 항목에 관한 설명을 1,417개 항목의 '변증설'(저자의 주관적인 견해가 피력된)로 처리하여 세밀한 문제까지도 고증학적 태도로 다루었다. 서문에서 저자는 "명물도수(名物度數)의 학문이 성리학에는 미치지 못하지만, 가히 폐할 수는 없는 일이다."라며 다양한 학문의 중요성을 강조하였다.

유서는 다양한 주제와 분야에 관한 정보를 수록과 분류를 통해 제공하며, 지식의 전달과 확산에 큰 역할을 한다. 독자들이 필요한 정보를 쉽게 찾을 수 있도록 도와주며 지식을 보다 넓은 범위에서 이해하게 만든다. 특정 시대의 지식수준과 사회적 분위기를 보여주는 중요한 참고자료로서도 그 가치를 인정받는다. 특히 해당 시대의 주요 이슈나 관심사를 파악하는 데 매우 유용하며 문화적, 사회적 변화의 흐름을 이해할 수 있게 도와준다.

유서는 옛날 중국에서 경사자집의 여러 책들을 내용이나 항목별로 분류해 편찬한 것을 이른다. 기존의 지식을 훼손하지 않고 정리만 했던 중국의 유서는 조선으로 넘어오면서 다르게 활용된다. 서양의 지식과 접목하고 현실에서 활용할 수 있도록 해석을 덧붙인 것이다. 이는 서양의 지식과 기존의 지식을 접목하고 통합하면서 다른 지식체계를 상호 보완하고 확장하는 계기를 만들었다.

보다 포괄적이고 다양한 지식체계가 만들어지면 다양한 분야로의 응용이 가능해진다. 이론적 내용에 중점을 둔 중국의 유서와 달리 조선의 유서는 현실에 지식을 적용할 방법을 궁리한다는 점에서 더욱 실용적이다. 이처럼 지식을 새롭게 확장하고 자기만의 방법으로 해석한다는 것은 놀라운 일이다. 새로운 관점과 해석은 새로운 발견을 만들며, 아이디어를 생산하게 하고 새로운 기술과 제품, 서비스를 만들 수 있는 토대가 되기 때문이다. 우리도 이러한 유서처럼 의미 있는 변화를 만들어 갈 수 있다.

현대에도 지식의 발전과 사회적 변화에 대응하는 것은 무척이나 중요하다. 기술과 경제는 나날이 발전하고, 그에 따라 지구 환경의 문제와 지속가능한 발전에 대한 걱정도 커지고 있다. 빈부격차와 인권문제, 정치적 갈등은 심화하고, 국제적 상호의존도 높아지면서 세계가 하나의 체계로 나아가고 있다. 이럴 때일수록 지식의 융합과 조화가 중요하다. 그런즉 우리 또한 조선의 실학자들처럼 새로운 방법을 모색할 수 있어야 한다.

그러기 위해서는 다양한 분야의 지식을 탐구하여 익히는 것이 중요하다. 서로 다른 지식을 융합하기 위해 다양한 관점과 접근방식으로 지식을 수용하며, 다양한 전문가들의 팀 워크와 협력도 필요하다. 각자 다른 생각과 관점을 가진 사람들이기에 대화와 소통을 통해 시야를 넓히고 생각을 확장시켜야 하는 것이다. 창의적인 사고와 문제해결 능력을 길러 서로 다른 지식을 융합할 아이디어를 내봐도 좋다. 쉬운 일은 아니지만 전혀 다른 분야의 지식을 연결하다 보면 창의적인 지식을 만들 수도 있다.

관습을 맹목적으로 따르지 않고, 새로운 시도를 해보는 도전 정신은 누구에게나 필요하다. 적극적으로 새로운 지식을 수용하고 융합하다 보면 독창적인 아이디어가 우리를 찾아올 것이다. 그리고 그것이 우리의 미래를 바꾸어 놓을 것이다.

비판적 사고력 UP!

1. 조선으로 넘어온 유서의 가장 가치 있는 변화는 무엇이라 생각하는가?

2. 나만의 유서를 편찬하게 된다면 어떤 방식으로, 어떤 내용을 담을 것인가?

3. 기존의 분야와 접목해서 변화를 줄 수 있는 새로운 아이디어를 만들어보자.

의리 vs 실리, 당신의 선택은?

조선과 청나라는 17세기 초부터 19세기 말까지 다양한 변화를 겪었다. 청나라는 처음 '후금'이라는 이름으로 누르하치에 의해 건국되었다. 명나라와의 전쟁에서 이겨 세력을 확장했는데 이때 조선과도 갈등을 겪었다. 이는 조선이 명나라에 대한 충성을 맹세했기 때문이다. 특히 조선이 임진왜란을 겪을 때 명나라의 도움을 받아 두 나라의 사대관계는 더욱 공고했다. 조선이 명나라를 지원했기에 후금의 공격을 받을 수밖에 없었고, 이를 정묘호란이라 한다. 후금이 조선을 침략하여 강화조약을 체결했는데 이것이 훗날 병자호란의 원인이 되었다.

정묘호란 후에도 조선은 청나라를 오랑캐로 여겼고, 조선 조정 내부에서는 청나라를 인정해야 한다는 강경파(척화론)가 주류를 이루었다. 청나라가 명나라를 몰아내고 정권을 잡으면서 주변국의 이정과 복종을 요구했다. 그러나 조선은 반항적인 태도로 일관했고 결국 병자호란이 일어나게 된다. 병자호란 당시 청이 조선에 제시한 조건은 명에 대한 의리를 부정하는 내용이었다. 척화론이 대세였던 조선에서는 조선과 명을 군신과 부자의 의리 관계로 여겼다. 대명의리는 보편적인 규범이었으며, 척화론자들은 불의에 따를 수 없다는 입장을 내놓았다. 그들은 명의 문책보다 대명의리라는 보편적 규범의 포기에 따른 도덕 윤리의 붕괴를 걱정했다. 척화론은 외국과의 접촉을 배격하고 전통적인 질서를 유지하며 나라를 지키려고 했다. 외국의 개입이 조선의 자주성을 위협하고 전통문화를 훼손한다고 여긴 것이다.

친명배청의 중심인물인 김상헌은 남한산성에서 인조와 함께 끝까지 항전했다. 오랑캐에게 몸을 숙이는 것을 죽기보다 견디기 힘든 치욕으로 받아들였다. 병자호란이 끝나고 청이 명나라를 공격하기 위해 조선에 출병을 요구하자 반대하다 압송되었다. 김상헌이 청나라로 보내질 때 심정을 담은 시는 지금도 유명하다.

병자호란 이후에도 청에 대한 복수로 북벌을 주장하기도 했다. 외세배척과 전통과 자주성 수호, 강경한 군사대응을 주장한 척화론. "서양 오랑캐가 침범하는데 싸우지 않으면 화친하는 것이고 화친하면 나라가 망한다"라는 척화비까지 세우며 서양 열강과의 어떠한 형태의 교류도 거부했다. 척화론자들은 조선의 자주성과 전통을 지키기 위해 싸웠지만, 현실적인 힘의 차이와 다양한 의견으로 끝내 받아들여지지 않았다.

반면 주화론자들은 나라를 보전하기 위해 청의 강화조건을 받아들여야 한다고 주장했다. 대명의리를 인정하지만 여러 논거를 들어 청과의 화친이 합당한 판단임을 주장하며, 나라의 존망을 헤아리지 않는 척화론자들의 의리를 비판했다.

주화론을 주장한 최명길은 신하가 나라를 망하게 하면 그 일이 바르다 해도 죄를 피할 수 없다고 했다. 조선은 명으로부터 토지를 받은 직접적인 신하가 아니다. 조공을 바치는 입장이기에 나라가 망할 때까지 지킬 의리는 없다고 했다. 《춘추》에 따르면 신하는 먼저 자신의 임금을 위해야 한다. 명을 위하여 조선을 망하게 하면 안 되는 것이 마땅한 의리라 했다. 최명길은 전쟁을 끝내는 것이 나라를 위한 길이라는 믿음으로 목숨까지 내놓았다. 현실을 인정하고 청나라와 교섭하여 위기에 처한 나라를 구하는 것이 먼저라고 생각한 것이다.

조선과 청나라의 계속된 전쟁은 수많은 인명 피해와 경제적 손실을 일으켰기에 최명길은 외교적 협상을 통해 평화를 유지하는 것이 낫다고 주장했다. 청나라와의 화친을 통해 조선의 자주성을 어느 정도 보장받고, 현실적인 이익을 얻고자 한 셈이다. 이는 조선이 완전한 멸망을 피하고 최소한의 피해로 전쟁을 끝내는 데 도움이 되었다.

어떻게 생각할 것인가

나라가 어려울 때마다 대처법에 대한 상반된 주장이 나온다. 난관을 극복할 방법에 대한 각자의 생각이 다르기 때문이다. 그들은 자신의 역사적, 정치적, 경제적, 사회적 배경에 따라 다른 의견을 주장한다. 이때는 다양성과 포용, 균형과 조화를 바탕으로 공통 목표에 집중하는 자세가 필요하다.

먼저 대화와 소통을 통해 가장 유리한 방향으로 대책을 세우는 것이 좋다. 이 조화라는 것은 말처럼 쉽지 않으며, 조선 시대의 주화론과 척화론도 어려운 나라의 상황에서 대립할 수밖에 없었다. 두 주장의 비판점을 살펴본 후 각각 어떤 장단점을 갖고 있는지 알면 후세에도 참고할 수 있을 것이다. 힘이 있는 나라의 압박은 오늘날의 세계에서도 유효하게 작동한다. 과거의 역사를 통해 현안을 판단한다면 사고의 깊이가 달라질 것이다.

척화론은 현실적이지 않다. 청나라의 군사적 우위를 무시하고 조선의 자주성을 유지한다는 주장은 실현하기 어렵다. 조선의 현실과 국제 정세를 무시한 이상적인 주장이라는 한계점도 있다. 결국 척화론의 주장대로 끝까지 청나라와의 전쟁을 이어갔다면 조선의 막대한 인명 피해와 경제적 손실을 입었을 것이다. 전쟁은 백성을 고통스럽게 만들고 나라의 존립 자체를 위협할 수 있다. 외교적 협상을 배제하면서 조선을 고립하게 만든다는 비판이 나오는 이유이다.

주화론은 청나라와의 화친을 통해 전쟁을 피하려 했지만 결국 삼전도의 굴욕을 초래했고, 이러한 외교는 국가의 자존심을 크게 훼손했다. 단기적으로는 전쟁을 피할 수 있었지만 계속되는 청나라의 간섭과 조공을 피할 수 없었고, 국민들의 사기는 저하되었다. 결국 조선의 주권과 독립성이 침해되고, 외세에 굴복하는 것으로 왕실과 지도층에 대한 신뢰가 추락했다. 조선은 당시 두 관점 중 하나를 선택할 수밖에 없었고, 결국 최명길 등이 주장한 주화론이 채택되었다. 조선과 청나라는 강화조약을 체결하였다. 단기적으로는 조선의 생존을 보장했으나 장기적으로 자주성이 훼손되었고 지속적인 외세 간섭을 받게 된 것이다. 오늘날의 관점으로 볼 때 두 주장 모두 일정 부분 타탕성을 가졌으나 한계와 문제점도 있다. 어느 하나의 주장이 옳다고 할 수 없다.

다양한 역사적 상황에서 이러한 결정과 갈등은 계속된다. 우리는 여전히 '선택'에 대한 고민을 할 수밖에 없는 상황이다.

 ## 비판적 사고력 UP!

1. 척화론과 주화론 중 찬성하는 주장과 그 이유는 무엇인가?
2. 만약 척화론이 채택되었다면 조선의 역사는 또 어떻게 달라졌을까?
3. 역사적 선택의 기로에서는 무엇을 기준으로 정책을 결정해야 할까?

건국의 정당성을 강조한 조선의 역사서 편찬

역사서 편찬은 역사적 사건과 인물, 문화 등을 체계적으로 정리하고 문서로 남기는 과정을 말하며 다양한 역사적 자료와 증거를 수집하여 사실과 진실을 확인하는 과정을 포함한다. 과거의 사건과 문화를 보존하고 후대에게 역사적 사실을 전달하는 중요한 기능을 하는 것이다. 이는 역사적 사건에 대한 정확한 이해와 판단력을 제공하고, 과거의 경험과 교훈을 통해 현재와 미래에 대한 인사이트를 얻는 데 도움을 준다.

조선 초기의 고려 관련 역사서에는 고려 멸망의 필연성과 조선 건국의 정당성이 담겨 있다. 고려와 조선의 차별성을 부각하고 조선의 뛰어남을 설득하고자 했다. 고려 말 역사서에 편찬자의 주관이 개입되었다는 비판이 일자 태종은 고려의 역사서를 다시 만들게 했다. 이때 고려의 용어를 그대로 싣자는 주장과 사대주의 명분에 맞게 고쳐 쓰자는 주장이 맞서게 되었다. 고려는 이웃 국가들과의 교류와 무역을 통해 발전했으며 과학기술과 문화발전을 촉진했다. 하지만 이를 그대로 싣게 되면 조선 건국의 명분이 약해지므로, 고려가 조선에 비해 문제가 많았다는 입장에 근거한 역사서를 써야 한다는 주장이 생겨났다. 고려는 중앙 집권 체제로 지방 분권이 약했다. 이에 경제적 발전은 낙후되었으며 계층 간 격차가 심하다는 주장을 역사에 기록해야 한다는 것이었다. 조선이 생길 수밖에 없었음을 강조하는 사관이다.

이러한 논란을 거쳐 조선 8대 임금인 문종 때 고려사 편찬이 완성되었다. 고려사는 왕실의 업적을 기록해 왕의 권위를 굳건히 하고자 했다. 편찬 과정에서 세종은 '역사서는 학문을 현실에서 구현하는 것'이라 판단하고 사서에 대한 이해를 쌓아갔다. 세종은 중국과 우리나라의 흥망성쇠를 담은 《치평요람》을 편찬하라고 명했다. 집현전 학자들은 원까지의 중국 역사와 고려까지의 우리 역사를 정리했다. 《치평요람》은 세종대왕의 직접적인 지휘하에 만들어졌으며, 정치에서 역사의 중요성을 인식하여 후대 정치인들이 쉽게 볼 수 있도록 우리나라와 중국의 역대 사적 중 정치에 귀감이 될 내용을 골라 실었다. 국가의 흥폐와 군신의 사정, 윤리 등 각 방면에 권장할 사실을 담았다. 책 이름 그대로 치국평천하(국가를 다스리고 천하를 안정시킨다)에 관한 구체적인 역사 자료였다. 이는 왕과 신하들 사이에서 매우 중시되었으며, 또한 자주 언급되었다.

주자학적 역사관이 담긴 《자치통감강목》에 따라 역대 국가를 분류했지만 '강목체'의 형식은 따르지 않았다. 《자치통감강목》은 송나라 때 주희가 쓴 역사서이며, 이는 역사학에서 강목체라는 독특한 서술체계를 완성시켰다. '강목'은 주요한 사항이나 대주제를 말하고, '체'는 체계를 뜻한다. 다시 말해 책의 주요한 사항이나 대주제를 체계적으로 정리하고 구성한 형식이라는 것이다. 올바른 정치의 여부에 따라 국가의 운명이 다함을 강조하고자 국가 간 경쟁과 외교 문제, 국가 말기의 혼란, 새 국가 초기의 혼란 수습 등을 설명했다. 이는 지난 국가의 흥망성쇠를 거울로 삼겠다는 의지와 더불어 새 국가의 토대를 마련하려는 의도가 전제되었다고 볼 수 있다. 《치평요람》의 국조 부분에 도드라진 이 시각은 불교사상의 폐단을 지적하고 유교적 사회로의 변화를 꾀했다.

이성계의 업적과 능력만으로는 건국의 이유가 부족했다. 조선왕조의 우수성을 드러내고자 만든 《용비어천가》에는 이성계의 4대조 할아버지인 목조에서부터 태종까지의 업적을 드러내고 있다. 왕조의 우수성과 정통성을 경전과 역사의 사건을 통해 나타내려 한 것으로 풀이된다.

어떻게 생각할 것인가

역사서는 인류의 역사와 과거의 사건들을 기록하고 전달하는 중요한 자료이며, 이를 통해 우리는 과거를 이해하고 분석할 수 있다. 과거의 사회, 경제, 정치 등 다양한 측면을 담고 있어 그간의 발전 과정을 모두 이해할 수 있는 것이다. 역사서는 문화의 다양성을 이해하고 정체성을 확인하는 도구로 활용되며 특정 국가나 민족의 역사적 기원, 발전 과정, 문화적 특징 등을 확인할 수 있다.

역사서가 신뢰할 만한 정보를 제공할 때, 이를 토대로 자아 정체성을 만들어 나가게 된다. 역사서에는 사료를 검증, 검토하여 사실만을 기록해야 하는데 위에서 살펴보았듯이 조선에서는 자신들의 왕권 수립의 명분을 확보하기 위해 역사서를 편찬했다. 고려가 멸망할 수밖에 없는 이유를 만들고 그에 맞춰 조선 건국의 정당성을 주장하는 역사서를 만든 것이다. 그 목적을 위해 이성계의 옛 조상의 업적부터 준비하는 치밀함도 보인다. 중국의 역사서를 참고하지만, 형식은 필요에 따라 달리했다. 자신들의 목적 달성을 위한 편찬이라고 볼 수 있다.

역사는 '승리한 자의 기록'이라고도 한다. 지금 남아 있는 역사서는 어쩌면 진실을 가리고 있는지도 모른다. 전쟁에서 승리한 나라는 자신들의 업적을 부각시키는 역사서를 만들 것이고, 전쟁에서 패배한 나라의 문화나 정치를 깎아내릴 수밖에 없다. 당연한 이치지만, 어떠한 정치적 세력이 권력을 장악하고 통치하게 되면 자신들의 정책과 성취를 강조하는 역사서를 만들게 된다. 이는 승리한 자의 시각으로만 기록되어 객관성을 잃을 수 있으며, 역사적 사실의 왜곡이나 편향된 해석의 여지가 생길 수 있다. 그뿐만 아니라 그 시대의 다양한 면모를 고루 다룰 수도 없다. 패배자, 소수의 의견과 경험은 철저히 무시된 채 후대까지 전해지지 않을 수 있다는 것이다. 후대는 역사를 통해 배움을 얻고 그것을 계기로 더 발전한다. 과거의 실패 경험이 성공의 관점으로 기술된다면 잘못된 배움을 얻게 될 수 있음을 알아야 한다.

이 같은 것들은 우리가 역사를 현시대에 반영하면서 반드시 염두에 두어야 할 점이다. 우리는 다른 시각으로 역사를 바라보고 해석할 여지가 있는지 살펴볼 필요가 있다는 것이다. 역사를 기록한 사람이 누구인지, 어떠한 입장에서 무엇을 강조해서 썼는지 검토해야 한다.

사료의 출처와 배경을 살펴 가능한 한 객관적인 시각을 유지하도록 노력할 필요도 있다. 다양한 출처와 기록을 비교 검토하여 균형 잡힌 이해를 추구해야 할 것이며, 패자의 기록이나 제3자의 기록도 살필 수 있어야 한다. 역사를 보이는 그대로 수용하는 것이 아니라 비판적으로 분석하고 해석하는 힘도 필요하다는 얘기다.

과거의 역사 분석에서만 끝나서는 안 된다. 현재의 관점에서 어떤 교훈을 얻을 수 있는지, 과거의 오류에서 배울 필요가 있다. 이를 위해 구술역사와 민중사를 살펴보고 일반인들의 경험과 시각을 살펴보아도 좋다. 동일한 사건이나 현상을 다른 시기, 다른 지역과 비교 분석하여 정치적, 문화적, 경제적 관점에서 이해하려 노력하는 자세를 지니길 바란다.

 ## 비판적 사고력 UP!

1. 고려사 편찬 과정의 목적은 무엇이고 어떤 점이 강조되었는가?
2. 역사서를 살펴볼 때 주의해야 할 점은 무엇인가?
3. 현대의 역사서를 만든다면 어떠한 점을 가장 먼저 고려해야 할까?

05 조선 시대 죄형법정주의의 근거와 반박

2021년 10월 모의고사

죄형법정주의란 범죄를 규정하고 범죄의 처벌 방법을 법률로 규정해야 한다는 원칙이다. 다시 말해, 법이 없으면 죄가 없고 형벌도 없다는 뜻으로 죄와 형벌이 반드시 법률에 명시되어 있어야 한다고 보는 관점이다.

법은 임의로 사람을 처벌하는 것을 막기 위해 세운 사회 규범이다. 법률은 명확하고 예측 가능해야 한다. 모호하거나 불명확한 법률은 시민들이 자신의 행동이 법에 의해 처벌받을 수 있는지 예측할 수 없게 만든다. 법률은 제정 이후의 행위에만 적용되고 소급해서 적용할 수 없으며, 과거의 행위를 나중에 제정된 법으로 처벌하는 것을 방지한다. 또 범죄와 형벌은 규정한 법률에 따라 엄격하게 해석되어야 한다. 확대 해석하여 유사한 행위를 처벌해서는 안 되기에 법률의 경계 역시 명확히 해야 한다.

형벌은 범죄의 중대성에 비례해야 하며 지나치게 가혹하거나 비합리적인 형벌은 허용되지 않는다. 반대 개념인 죄형재량주의는 법률이 아닌 권력자의 재량이나 임의적 판단에 따라 범죄와 형벌이 결정되는 체계이다. 이는 전제군주제나 독재체제에서 나타나는 개념이다. 현대의 민주주의 국가에서는 채택되지 않는다. 법치주의와 법적 안전성이 부족한 일부 국가에서 적용되는데 대표 적용국으로는 북한이 있다. 형법이 존재하지만 권력자의 재량에 의해 얼마든 법이 무시되거나 왜곡될 수 있는 것이다.

그렇다면, 조선 시대 형법에서 죄형법정주의를 발견할 수 있을까? 조선 시대 형법은 범죄의 종류, 범죄자나 피해자의 신분 등을 개별적으로 구분했다. 이에 따라 형량을 결정한 것이다. 조선 시대 형법의 일반법이던 《대명률》의 '단죄인율령조'에 따르면 죄명을 확정할 때는 반드시 법을 따르고 이에 해당하면 벌을 준다고 했다. 법관은 외부의 압력에 영향을 받지 않았으며, 임의적인 판단으로는 범죄 여부를 결정할 수 없었다. 《대명률》은 법률에 따라 태형, 장형, 도형, 유형, 사형 등 다양한 형벌을 규정하였다. 각 범죄의 중대성에 따라 형벌이 달라진 것이다. 단죄인율령조는 범죄에 대해 구체적인 법률조항을 적용하여 단죄하는 규정을 담고 있으며 살인, 간통, 절도 등의 범죄에 어떤 형벌이 부과되는지 상세히 명시했다. 이 사실을 토대로 조선의 형법을 죄형법정주의라 볼 수 있다.

반대 입장에서는 조선 시대의 형법이 구체적이고 개별적인 사안에 각 조항을 곧바로 적용할 수 있는지를 문제삼아 모든 사안을 다 제시할 수는 없는 '한계'를 지적한다. 어떤 사건을 적용할 때 이에 대응되는 규정이 없을 수도 있기 때문이다. 이를 대비해 '단죄인율령조'에서는 율령이 모든 것을 규제할 수 없으므로 가장 가까운 것에 의거하여 죄명을 정한다고 나와 있다. 이를 '인율비부'라 한다. 법령에 따라 죄를 처단할 때 알맞은 조문이 없는 경우 조문을 끌어다 견주어 붙인다는 것이다. 더할 것은 더하고 뺄 것은 빼, 함부로 판단하거나 집행해서 죄의 늘임이나 줄임이 생기지 않도록 경계했다. 이때의 인용은 단순히 형식적 측면을 말하는 게 아니라 실질적인 내용에 있어 오직 '율령'에 의거한다는 뜻이다.

죄명을 결정한 후 형조에 보고하고 임금에 아뢰도록 해 자의적인 판단을 방지하려고도 했다. 죄를 결정할 때 자의적인 유추가 개입될 수 있으므로 죄형법정주의가 아니라고 주장하는 것이다. 죄형법정주의에는 '유추해석 금지의 원칙'이 있어 사안을 정확히 파악하지 못할 때 문제를 예방하지만 '인율비부'는 그럴 수 없다. 서구의 법 제도를 접한 청나라에서는 형법 초안에 이 '인율비부'를 금지하였다. 권력 분립의 원칙, 형벌 예측 금지 측면에서 막아 버린 것이다.

'인율비부'가 정형주의를 따랐던 조선 시대 형법상 어쩔 수 없는 선택이라는 시선도 있다. 조선 정형주의의 한계를 극복하기 위한 적용 방법이라는 것이다. 정형주의란 법정 안정성과 예측 가능성을 위해 일정한 법률에 따라 범죄와 형벌을 명확히 규정하고 이를 적용하는 것을 말한다.

 **어떻게 생각할 것인가**

조선 시대의 형법에 대한 여러 의견을 살펴보면서, 사안을 어떻게 해석하느냐에 따라 판단이 달라질 수 있음을 알 수 있었다. 더불어 양쪽 의견 모두 정확하게 딱 떨어진다고는 볼 수 없었다. 각각의 미비한 점이 있다는 것이다. 이럴 때는 어떻게 판단하는 것이 좋을까?

조선 시대에는 하나의 사안에 대하여 위와 같이 다른 판단이 있을 때 '삼심제'를 활용했다. 세 번의 재판을 거쳐 최종 결정을 내릴 만큼 신중했던 것이다. 사안을 다방면으로 살피고 지방관청의 초심과 도 수준 관청의 재심을 거쳐도 이의가 있을 경우, 사헌부나 의금부, 승정원의 최고 법원에서 최종 재판을 했다. 의금부는 조선의 중앙사법기관으로 왕과 직속된 기구이며 주요범죄와 사건을 다루었다. 사헌부와 사간원으로 구성된 대간은 왕에게 직언할 수 있는 권한이 있었다. 그들은 재판 과정을 바로잡기 위해 노력했고, 중요하거나 논란의 여지가 있을 때는 왕에게 최종 판결을 내리기도 했다. 이처럼 조선에서는 하나의 중대한 사건을 쉽게 여기지 않았으며 다각도에서 살피려 노력했다. 우리는 이제 조선의 죄형법정주의를 통해 다채로운 사고를 할 수 있어야 한다.

죄형법정주의는 범죄와 형벌이 반드시 사전에 법률로 명확히 규정되어야 함을 주장한다. 조선 시대에는 《경국대전》과 《대명률》등의 성문법이 존재했다. 이러한 법전은 범죄와 형벌을 구체적으로 명시했으며, 법의 안정성과 예측 가능성을 제공했다. 이때 법전이 모든 범죄와 형벌을 포함하고 있었는지, 또는 중대한 범죄만을 다룬 것은 아닌지 검토해 봐야 한다. 특정 범죄나 상황에 대해 명확한 규정이 없었다면 죄형법정주의에 부합하지 않을 수 있기 때문이다.

법이 명확히 규정되어 있더라도 해석과 집행이 일관되지 않으면 이는 다시 죄형법정주의에 어긋난다. 조선 시대의 재판 관행이 법전에 충실했는지, 관습이나 임의적 판단에 의존했는지 살펴볼 필요가 있다는 것이다. 성문법 외의 관습법, 혹은 임시법령이나 교지에 따라 법 적용이 달라졌다면 죄형법정주의에 어긋날 수 있다. 법 조항이 모호하거나 추상적이었는지 살피는 것도 중요하다. 조선 시대 형법이 제정 당시의 행위에만 적용되었는지, 법 제정 이전의 행위에 소급 적용되었는지 확인하는 것도 무시할 수 없다. 소급 처벌 역시 죄형법정주의에 어긋나기 때문이다.

이러한 다양한 요소들을 하나하나 따져보면 어떤 판단에 동의할지 결정해야 할지 판단이 설 것이다.

 ## 비판적 사고력 UP!

1. 조선 시대 법령에 대한 나의 판단과 그 이유를 설명해보자.

2. 반대 입장에서 반론해야 한다면 어떤 문제를 제기할 수 있을까?

3. 하나의 사안에 대한 판단을 내릴 때 가장 먼저 고려해야 할 것은 무엇인가?

06 로마 제국의 흥망과 영향력

로마는 기원적 8세기, 라틴족에 의해 세워진 이후 공화정 체제로 변화했다. 국가의 주요 의사 결정은 원로원과 매년 선출되는 공동 지도자에 의해 이루어졌고, 법과 제도의 발전을 통해 국가를 안정화하고 통치의 균형을 조절했다. 사법, 입법, 행정의 분리를 포함한 체계적인 법률 시스템을 발전시켰으며, 민주주의와 군사권의 조화로운 시스템을 갖추게 된다. 이후 지속적인 확장 정책을 펼쳐 로마 제국의 기반을 다졌다. 그러나 권력의 격돌과 불안정한 정치적 혼란이 심화하면서 권력이 집중되고, 극단적인 정치 경쟁으로 인해 군주제가 진행되었다. 강력한 장군이나 지도자들이 힘을 모아 군사적·정치적 영향력을 갖게 된 것이다. 부패와 불평등이 확산되었고, 노예 노동 체제로 사회의 불안은 커져만 갔다. 이러한 정치적, 경제적 불안정 속에서 로마 제국이 세워졌다.

로마 제국은 율리우스 카이사르를 계승한 아우구스투스가 권력을 쥐고 제정 체제를 성립했다. 지도자는 선거를 통해 선출되었고 집권 기간은 일정했다. 원로원과 국가 의회의 결정에 따라 법률이 제정되었으며 귀족들이 주요 정치 권력을 차지하게 된다. 제정에서는 권력이 황제의 손에 집중되었고 군사적, 행정적, 법률적으로 모든 권한을 황제가 통제했다. 황제는 자신의 직계 후계자를 직접 선출하거나 종족 간의 싸움을 통해 결정했다. 황제의 명령과 권한이 점차 법률과 제도를 무시하거나 우회하게 되었으며, 황제가 로마 제국의 군대를 직접 통제하고 지휘하며 군사적 확장과 영토확대에 큰 영향을 미쳤다. 로마 제국은 역사상 가장 영향력 있는 문명으로서 시대를 초월해 다양한 분야를 넘나든 것이다.

로마 제국의 법체계는 현대적으로 정비되었다. 로마의 주요 언어인 라틴어는 서로 다른 문화를 통합하는 데 사용되었다. 이는 서양의 학문과 문학에도 중요한 언어로 사용되었으며, 기독교의 확산과 수용에도 큰 영향을 미쳤다. 서로마 제국 붕괴 이후에 기독교가 서유럽의 주요종교로 자리매김하는 데도 기여했다. 로마는 도로와 다리를 건설하는 등의 건축기술로 제국을 통합하고 안정시켰다. 균등한 사회질서와 안정감을 만드는 법률과 제도를 발전시켰으며 상당한 규모의 도로망과 다양한 건축물 역시 건설했다. 군사전략과 조직은 군사 사상에 영향을 주었으며, 황제들이 강력한 통치는 지중해 지역과 유럽의 상당 부분을 통일하는 등 제국의 통합과 화합에 큰 역할을 했다.

이러한 로마 제국도 수 세기에 걸쳐 약화되다가 결국 붕괴되었다. 황제 자리에 올랐던 무능한 지도자들이 행정과 지방통치에 어려움을 겪었고, 황제들 간의 경쟁과 분열로 제국의 통일성이 약해졌다. 군사정변 등의 쿠데타로 인해 내부가 불안정해졌고, 군대와 행정 체계를 유지하기 위한 과도한 세금이 시민의 불만을 샀다.

상업활동이 감소하자 경제가 위축되었고 곧 화폐가치 하락과 인플레이션이 일어났다. 거기다가 게르만족의 침입으로 군사력이 낮아지고 통제 불능의 상태가 되었다. 동서분열과 권력 분산, 경제와 노동력의 변화, 전염병, 식량부족으로 인구 또한 감소하기에 이른다. 외교정책의 실패로 주변국과 적대적인 상황에 놓인 가운데 지방관리들은 하나같이 무능했다. 이러한 요인들이 로마 제국을 악화시켰고 붕괴를 부추겼다.

로마 제국은 기원후 456년 서로마 제국의 마지막 황제가 퇴위하면서 공식적으로 몰락한다. 이는 서유럽 중세의 시작을 알리는 중요한 계기가 되었다.

로마 제국은 흥망성쇠를 거치다 결국 멸망했다. 모든 국가가 그렇듯 로마 제국의 멸망도 어찌 보면 자연스러운 수순이었다. 하지만 로마 제국은 분명 세계 역사에 많은 것을 남겼다. 오늘날까지 영향을 주고 있는 로마 제국의 시스템에는 무엇이 있을까? 이를 알아보면 하나의 문화가 멸망으로 인해 끝나는 것이 아니라, 후세에 크고 작은 영향력을 남길 수 있음을 이해할 수 있다.

우선 로마의 법률체계와 정치체제는 현대의 많은 국가들의 법률과 정치체계에 많은 영향을 주었고 특히 유럽 대륙법 발전에 큰 영향을 끼쳤다. 현대의 민주주의와 법치주의의 원리는 로마의 정치체제에서 비롯되었으며, 로마의 언어인 라틴어는 로마 가톨릭교회의 공용어로도 사용되고 있다.

로마는 유럽과 세계의 다양한 문화, 예술 등에 기여했다. 로마의 다리와 수도 시스템은 여전히 현대의 건축과 인프라 구축에 영감을 주고 있으며, 군사전략과 전술은 오늘날의 군사전략에 많은 영향을 주었다. 이처럼 로마의 영향력은 제국의 멸망과는 상관없이 오늘날까지 이어져 온다. 이를 살펴보는 것은 단순히 역사를 알아보는 것 이상의 의미가 있다.

거대한 문화를 형성해 후대에까지 영향력을 발휘하던 로마도 결국은 망했다. 그렇다면, 로마의 몰락에서 우리가 배울 점은 무엇일까? 권력 집중과 균형 파괴를 빼놓을 수 없다. 권력의 과도한 집중은 독재와 타락을 부른다. 균형이 유지되지 않으면 사회와 정치체제에 다양한 문제를 낳는데, 여기서 우리는 권력의 적절한 분산과 체계적인 균형의 중요성을 깨달을 수 있다.

비효율적인 행정을 하게 되면 국가는 불안정해진다. 효율적이고 지속 가능한 행정 체계가 중요한 까닭이다. 정치적인 변화와 행정적인 개선이 끊임없이 시행되어야 한다. 로마는 경제적인 문제와 부패로 공화정의 몰락을 겪었다. 경제적 안정과 공정한 분배는 사회의 안정과 번영에 필수 요소다. 모든 계층이 동등한 혜택을 누리고 기회를 얻는 공정한 시스템이 마련되었을 때 비로소 경제발전을 이룩할 수 있는 것이다.

로마는 외부위협에도 적절하게 대처하지 못했다. 강력한 군사력과 올바른 외교정책이 뒤따르지 않았기 때문이다. 역사를 통해 배운 교훈을 되새기고 분석하면서 우리는 한 걸음 더 나아갈 수 있다. 과거의 역사를 타산지석으로 삼아 동일한 실수를 반복하지 않을 때 우리는 안정적이고 지속가능한 사회를 만들고, 또 이를 후대에 물려줄 수 있을 것이다.

 ## 비판적 사고력 UP!

1. 로마의 발전과 멸망의 가장 결정적인 원인을 각각 설명해보자.

2. 로마가 후세에 물려준 영향 중 가장 주요한 것과 그 이유는 무엇인가?

3. 로마의 멸망을 통해 지금 우리 사회가 배우고 고쳐야 할 점은 무엇인가?

프랑스 혁명으로
신분제가 폐지되고
모든 시민이 법 앞에서
비로소 평등해졌어.

빵이 없으면
케이크를 먹으라던
마리 앙투와네트도 형장의
이슬로 사라졌지.

프랑스는 성직자와 귀족, 평민 등 세 계급이 있었다. 성직자와 귀족은 소수였으나 상당한 특권을 누렸으며, 세금 면제 등의 혜택을 받은 그들에 비해 평민은 많은 세금을 냈다. 상공업자, 농민, 도시 노동자였던 평민은 정치적 발언권도 없었다. 이러한 불평등으로 인해 사회의 불만은 쌓여만 갔다. 이와 더불어 프랑스는 18세기 후반에 심각한 위기에 직면하게 된다. 미국독립전쟁 지원으로 국가 재정은 악화되었고, 기후 문제와 농업 기술의 부족으로 흉작이 발생했다. 식량 가격도 급격히 상승했다. 빈곤층의 생활은 계속 어려워졌고, 국가 제정을 회복하기 위해 루이 16세가 세금을 올리려 했으나 성직자와 귀족의 반대로 실패했다.

이때 볼테르, 루소, 몽테스키외 등의 사상가들이 등장했다. 그들은 개인의 자유, 평등, 정의를 강조했으며 절대왕정과 기존의 사회 구조를 비판했다. 루소의 사회계약론은 국민주권과 민주주의 사상의 기초가 되었고, 프랑스인들은 미국독립전쟁의 현상을 보며 자유와 평등에 대한 열망을 키워갔다.

루이 16세가 무능한 집권을 계속하자 절대왕정의 권위는 무너지기 시작했다. 국민의 불만이 커지는 가운데 개혁을 시도했으나 이 또한 실패했다. 재정위기를 해결하기 위해 세 계급의 대표들이 모여 중요한 국가 문제를 논의하는 '삼부회'를 소집했다. 표결방식에서 성직자와 귀족의 의견만 존중되자 이에 평민 대표는 국민의회를 만들어 독자적인 개혁을 추진하게 된다. 프랑스 혁명이 이렇게 일어나게 된다.

국민은 헌법제정을 다짐하는 서약을 하고 바스티유 감옥을 습격한다. 바스티유는 절대왕정의 상징이었다. 라파예트 장군의 지도하에 국민 방위군의 혁명운동은 박차를 가하기 시작했다. 국민의회는 봉건제의 폐지를 선언하고 자유와 평등의 이면을 공표, 입헌군주제를 도입한다. 입헌군주제란 실제 정치 권력을 의회나 정부가 행사하는 정치체제다. 이로써 왕의 권한은 약해지고 입법부의 힘이 강화된다.

루이 16세는 왕비 마리 앙투아네트와 해외 도주를 감행하려다 체포된다. 이는 왕실에 대한 신뢰를 더욱 약화하는 계기가 된다. 왕이 감금되면서 공화정이 선포된다. 공화정은 군주 없이 국가의 원수를 국민에 의해 선출하는 정치체제다. 결국 왕과 반혁명 세력이 처형되고, 다섯 명의 총재가 국가를 이끄는 체제가 만들어진다. 1799년 나폴레옹이 쿠데타를 일으켜 제1통령이 되면서 프랑스 혁명은 막을 내리게 된다.

프랑스는 프랑스 혁명 이후 큰 변화를 겪는다. 절대왕정이 무너지고 공화정이 수립되는 정치 체계의 근본적 변화를 맞닥뜨린 것이다. 신분제가 폐지되었고, 모든 시민이 법 앞에서 평등한 권리를 갖게 되었다. 농노제가 폐지되며 농민들은 토지와 자유를 얻게 되었고, 공교육 제도의 도입과 교육 기회 확대의 불씨를 당긴다. 교회와 왕실의 토지는 재분배되어 더 많은 시민이 토지를 소유하게 된다. 혁명 후의 혼란과 전쟁으로 산업화가 촉진되어 프랑스는 점차 산업사회로 전환되어 간다.

나폴레옹은 '나폴레옹 법전'을 만들어 법적 일관성과 통일성을 제공했고, 이 법전은 프랑스뿐 아니라 유럽과 전 세계에 영향을 미쳤다. 혁명 기간, 공포 정치로 인해 많은 이들이 처형 되는 과정에서 법체계가 정비되었고 이로써 근대적인 법체계가 확립되었다. 이 혁명은 계몽사상의 이념을 널리 퍼뜨리는 계기가 된다. 자유와 평등, 박애를 중시하는 사회 분위기를 만들게 된 것이다.

프랑스 혁명에 대해 살펴보았다면 이제 역사적 의의에 대해서도 생각해 볼 필요가 있다. 역사적 사건은 단순히 '과거의 일'이 아니라 현재와 미래에 지대한 영향을 미치기 때문이다. 역사적 사건을 분석하면 과거의 성공이나 실수를 통해 유사한 상황에서 더 현명하고 지혜로운 결정을 내릴 수 있다. 가령 정책 결정에 필요한 근거를 마련할 수 있으며 사회 발전의 방향성을 설정하고 혁명, 전쟁, 경제위기 등의 해결을 도모할 수도 있다. 역사적 사건의 면면을 살펴보며 복잡한 사회적, 정치적 문제를 알고 다양한 관점에서 폭넓게 이해하는 것은 또한 우리의 숙제이기도 하다.

프랑스 혁명은 절대왕정을 없애고 민주주의와 인권의 원칙을 확립했다. 국민이 정치에 참여할 수 있는 기반을 마련하며 자유, 평등, 형평, 인민 주권 등의 원칙을 천명한 것이다. 이후 세계 각국의 헌법과 인권 선언에 큰 영향을 미쳤다. 이성과 진보, 과학, 자유 등의 가치를 사회 전반에 확산시켰고 기존의 종교적, 전통적 권위에 도전하여 새로운 사회질서를 구축하기도 했다. 신분제를 없애는 동시에 법 앞에서 모든 시민이 평등하다는 원칙도 만들었다.

프랑스 혁명 속에서 국민들은 공통의 목표를 위해 단결했고 이에 민족적 정체성이 강화되었다. 일반 시민들이 정치에 적극적으로 참여하는 '대중 정치'의 출현과 함께 정치참여의 중요성 역시 강조되었다. 시민들의 정치 의식이 크게 확장된 것이다.

이러한 프랑스 혁명의 교훈을 현대사회에 어떻게 적용할 수 있을까? 프랑스 혁명의 국민주권 원칙은 현대 민주사회에서도 매우 중요하다. 선거나 국민투표, 의회 제도뿐 아니라 모든 통치 과정에서 국민의 의사를 존중하는 자세가 필요하다. 대의민주주의의 중요성을 인식하고 대표 선출 과정에서 공정성을 확보해야 하며, 더불어 국민의 대표들이 책임감 있게 국민의 의사를 대변할 수 있도록 제도적 장치를 강화해야 할 것이다.

개인의 자유와 권리를 보호하고 차별과 억압에 맞서 싸우는 자세도 중요하다. 그러기 위해서는 공정한 법 집행과 사법부의 독립성 유지, 소득 재분배 및 사회복지, 교육 기회 확대 등을 통해 지속적으로 평등을 실천해야 한다. 공정한 출발선에서 시작할 수 있도록 교육과 건강, 취업 등 다양한 분야에서 기회를 제공하는 정책도 빼놓을 수 없다.

이처럼 과거의 역사는 현대의 거울이다. 역사의 의의를 생각해보고, 현대에 맞게 변형해서 적용할 수 있는 지혜가 우리 모두에게 필요하다.

비판적 사고력 UP!

1. 내가 프랑스 성직자였다면 프랑스 혁명을 어떻게 받아들였을까?
2. 프랑스 혁명의 의의 중 가장 의미 있는 것과 그 이유를 설명해보자.
3. 프랑스 혁명의 교훈을 우리나라에 어떻게 적용할 수 있을까?

08 산업혁명과 세계 변화의 시작

18세기 초기에 일어난 농업혁명은 생산성을 향상시켰으며 동시에 농촌 인구의 유출을 초래했다. 농촌에서 도시로 노동력이 이동하게 된 것이다. 도시로 모이는 사람들 덕에 운송수단과 통신수단이 발전했고, 이는 시장확대와 자원의 이동을 만들었다. 철도의 등장은 더 빠르고 효율적으로 상품을 운반했으며, 통신기술의 발전은 정보의 교환을 용이하게 만들었다.

사람들이 도시로 모이니 도시의 노동력 공급도 증가했다. 공장과 공업지대가 형성되고, 석탄과 철광석 같은 자원의 대규모 채굴로 산업 생산의 초석이 세워졌다. 자본주의적 경제 시스템이 만들어진 것이다. 자유로운 시장은 기술혁신과 경제활동을 장려하고 자본의 효율적인 투자를 촉진했다.

19세기 초반, 다양한 기술혁신이 등장했다. 생산성 향상과 생산방식의 변화는 스팀 기관, 풍력기, 직조 기계 등을 만들었으며 공장 시스템도 발전시켰다. 수작업에서 기계를 이용한 대규모 생산방식으로 변환하게 된 것이다. 도시 인구의 급증은 새로운 도시문화를 만들고, 자본가들에 의한 사회적 변화와 노동운동이 덩달아 생겨나게 되었다.

산업혁명은 기술혁신과 대규모 생산방식의 도입으로 생산성을 향상시켰다. 경제적 발전과 성장이 가속화되었고, 산업화된 국가들은 세계 경제의 주도적 위치를 차지하게 되었다. 스팀엔진과 기계식 직조기, 철도 등의 기술혁신은 현대산업과 기술 발전의 기반을 마련했다. 농업에서 공업사회로의 전환은 사회의 전체적인 구조를 변화시켰고 도시화와 노동계급을 형성하게 했다. 이는 사회적 계층과 다양성과 사회적 이동성을 촉진하는 계기가 되었다.

산업화와 함께 공장에서의 노동 조건이 열악해지면서 노동운동이 등장한다. 이 운동은 노동자의 권리와 안전을 보장하기 위한 노동법의 제정과 더불어 사회적 변화를 이끌었다. 공업화된 국가들은 자원을 확보하기 위한 경쟁을 벌였고, 이는 제국주의의 발전과 식민지화의 확대로 이어졌다. 제국주의란 강대국이 자국의 영토를 넓히고 외국의 영토를 지배하여 국력과 영향력을 확장하는 것이다. 산업화된 국가들은 철강, 석유, 목재, 알루미늄 등의 산업재료와 원자재에 대한 수요가 급증했고 이를 보장해줄 자원수입과 경쟁이 시작되었다. 이 경쟁은 국가 간의 이해관계와 갈등을 만들었고 국제적인 갈등으로 번지기도 했다.

이러한 산업혁명은 한 번에 끝나지 않고 꾸준히 일어나고 있다. 제2차 산업혁명은 제1차 세계 대전 직전인 1870년~1914년에 일어났다(영국의 발전상과 후발 주자인 미국과 독일 등의 발전상을 구분하기 위해 '버전'을 나눴다는 의견도 있다). 기존 산업의 성장기였고 철강, 석유 및 전기와 같은 신규 산업의 확장과 대량 생산에 힘을 쏟았다. 이 기간의 기술 진보는 전기를 중심으로 모터, 전화, 전구, 축음기 및 내연 기관을 포함하며 미국의 포드 자동차를 중심으로 컨베이어 벨트 시스템이 도입되어 대량 생산의 시초를 열기도 했다. 이때 개발된 다양한 성과물이 제1, 2차 세계대전을 거치며 전차, 기관총, 가스전, 전투기, 무전기 등의 군수물자, 무기로 사용되었다. 산업혁명이 기계화 전력으로 엄청난 희생자를 내는 현대전의 서막을 여는 아이러니를 낳은 것이다.

제3차 산업혁명 또는 디지털 혁명은 아날로그 전자, 기계 장치에서 현재 이용 가능한 디지털 기술에 이르는 기술 발전을 가리킨다. 1970년대에 시작된 이 혁명은 오늘날까지 계속되고 있다. 제3차 산업혁명의 발전은 개인용 컴퓨터, 인터넷 및 정보 통신 기술(ICT)을 포함한다. 제4차 산업혁명은 가공할 기술력을 바탕으로 로봇 공학, 인공 지능, 나노 기술, 양자 프로그래밍,

생명 공학, IoT, 3D 인쇄, 자율주행 차량을 비롯한 여러 분야에서 새로운 시대의 서막을 알리고 있다.

 ## 어떻게 생각할 것인가

지금 우리는 4차 산업혁명 시대에 살고 있다. 18세기에 시작된 산업혁명은 지금도 계속되고 있으며 앞으로도 계속될 것이다. 그렇다면 산업혁명이 지금 시점에서 어떻게 진행되고 있는지, 또 우리에게 어떤 변화를 가져다줄지 지속적으로 살펴볼 필요가 있다. 우리의 삶에 밀접하게 관련되어 변화를 주도하는 것이 바로 이 산업혁명이기 때문이다.

제4차 산업혁명은 디지털 기술의 발전과 인공지능, 자동화, 사물 인터넷 등의 기술혁신과 상호 결합되어 새로운 산업적 변화를 가져오고 있다. 이는 인공지능과 머신러닝을 통한 자동화, 데이터 분석 및 예측, 인간과 기계의 상호작용 등을 혁신적으로 변화시킨다. 사물인터넷 기술은 물리적인 장치와 시스템 간의 연결을 통해 데이터를 수집하고 분석하여 자동화를 가능하게 만든다. 클라우드 컴퓨팅은 대규모 데이터의 저장과 처리를 가능하게 하고, 개인과 기업의 IT 인프라를 효율적으로 관리할 수 있는 기술을 제공한다. 블록체인 기술은 분산된 데이터베이스 시스템이다. 안전하고 투명한 거래를 가능하게 하며 금융 및 기타 산업의 혁신을 이끌고 있다.

로봇 공학과 자율주행 기술은 제조업뿐 아니라 운송 및 서비스 분야에서도 눈부신 변화를 가져왔다. 이러한 4차 산업혁명은 사회 구조와 일자리의 변화를 꾀하며 새로운 직업과 기회를 창출할 것이다. 그렇다면, 2024년 우리에게 필요한 산업혁명은 무엇일까?

대화형 인공지능인 챗GPT는 다음과 같은 산업혁명을 제안해 주었다. 먼저 기후 변화에 대응하기 위한 친환경 기술과 신재생 에너지에 대한 연구 개발이다. 탄소 중립을 위한 기술혁신과 에너지 전환은 긴급하며 중요한 과제이다. 다음은 인구 고령화와 건강 문제의 증가로 디지털 헬스케어와 의료기술 혁신이다. 인공지능을 활용한 진단과 텔레메디신, 개인화된 의료서비스가 더욱 발전되어야 한다는 것이다. 스마트 도시와 교통혁신도 도시화 진행에 있어 꼭 필요한 요소다. 빅데이터와 인공지능, 자율주행 기술 등을 활용하여 도시의 효율성을 높이고 환경친화적인 교통시스템을 구축할 필요도 생긴다. 디지털 기술의 발달로 디지털 격차가 사회적 문제로 대두되고 있는데, 그에 따른 디지털 리터러시 교육 강화도 필요하다. 인구증가와 기후 변화로 인한 식량 안보 문제도 빼놓을 수 없다. 스마트팜이나 농업 기술, 식품유통 및 보존기술을 개발하여 농업 생산성을 높이는 산업혁명도 필요하다.

미래를 준비하기 위한 핵심은 교육과 기술 인프라의 구축이다. 디지털 교육 플랫폼과 스마트러닝, 환경 전문가 양성 프로그램을 통해 인재양성과 기술 역량을 향상시켜야 할 것이다. 시대는 끊임없이 변하고, 그에 걸맞은 산업혁명은 계속될 것이다.

 ## 비판적 사고력 UP!

1. 산업혁명 중 가장 의미 있다고 생각하는 변화와 그 이유는 무엇인가?
2. 제4차 산업혁명 중 특히 발전이 기대되는 분야 혹은 산업은 무엇인가?
3. 현시점에서 우리 사회에 가장 필요한 산업혁명은 무엇인가?

09 제1, 2차 세계대전과 국제정세의 변화

제1차 세계대전(1914~1918)은 복합적인 요인이 얽히며 발생했다. 19세기 후반부터 독일은 급격한 경제발전을 이루었다. 유럽에서 강력한 군사와 경제력을 가진 나라로 성장하면서 해양 제국주의를 통해 전 세계로 영향력을 확장하던 영국과 부딪혔던 것이다. 유럽의 부강한 국가들은 아프리카와 아시아 지역의 식민지 경쟁을 벌였다. 이에 독일과 오스트리아-헝가리, 이탈리아가 동맹을 맺고 프랑스, 러시아, 영국이 힘을 모았다.

오스트리아-헝가리 제국과 세르비아의 갈등이 발칸반도에서 심화되는 가운데 사라예보 사건이 직접적인 전쟁의 도화선이 되었다. 오스트리아-헝가리 제국의 황태자가 세르비아 민족주의자에 의해 암살된 것이다. 이 사건으로 오스트리아-헝가리 제국은 세르비아에 최후통첩과 선전 포고를 하게 된다. 러시아는 세르비아를 지원하기 위해 군사를 동원했고 독일은 오스트리아-헝가리를 지지하기에 이른다.

독일은 프랑스에 선전 포고를 하고 벨기에를 침공한다. 1918년 독일 내에서 혁명이 일어나고 카이저가 퇴위, 독일이 연합군과 휴전하며 전쟁은 막을 내린다.

전쟁 결과, 파리에서 열린 강화회의에서 베르사유 조약이 체결된다. 독일에게 배상금을 부과하고 군사력을 제한, 영토를 재조정한다는 내용이었다. 오스트리아-헝가리 제국은 해체되었으며 오스트리아, 헝가리, 체코슬로바키아, 유고슬라비아 등 신생국가가 등장한다. 오스만제국도 해체되어 중동 지역의 여러 나라가 만들어졌다. 이들은 영국과 프랑스의 통치를 받게 된다.

전후 세계 평화 유지를 위해 국제 연명이 설립되고 유럽은 재편성된다. 전쟁 중에 러시아에서는 볼셰비키 혁명이 일어났다. 1922년 소비에트 사회주의 공화국 연방(소련)이 탄생하는데, 이는 국제 공산주의 운동과 냉전의 기초가 된다. 제1차 세계대전의 영향으로 민족 자결주의가 강조된다. 민족 자결주의란 각 민족이 자신의 정치적 운명을 스스로 결정할 권리를 가지며 이 권리는 다른 민족의 간섭을 받을 수 없다는 주장이다.

전쟁 후 혼란과 경제적 불안으로 인해 독일에서는 나치즘이, 이탈리아에서는 파시즘이 등장하게 된다. 전쟁으로 유럽은 재정적 부담을 겪게 되었으며 이로 인해 경제불황을 맞이하다 1929년, 끝내 대공황으로 이어진다. 이 대공황은 금융시장의 혼란과 대규모 실직사태를 만들었고 유럽이 경제적으로 쇠퇴하면서 미국이 경제적, 군사적으로 세계의 중심으로 떠오르게 된다. 제1차 세계대전은 세계사의 방향을 크게 전환시켰으며, 20세기 국제정세와 사회변화를 이끄는 중요한 계기가 되었다.

제2차 세계대전(1939~1945)은 제1차 세계대전의 결과로 형성된 정치적, 경제적, 사회적 불안정이 복합적으로 작용하며 발생했다. 베르사유 조약은 독일에게 가혹한 조건을 강요했고, 이는 독일 사회에 깊은 불만을 불러일으킨다. 경제적 어려움과 정치적 불안정으로 나치당이 힘을 얻게 되고, 대공황으로 인해 경제가 전 세계적으로 침체되었다. 이는 각국의 정치적 극단주의와 군사주의를 촉진했다. 히틀러의 나치당은 독일에서 정권을 잡고 군사력을 키웠고, 이탈리아는 무솔리니의 지도하에 제국주의의 야망을 키워 갔다. 일본은 세력 확장을 목표로 중국을 침공한 후 태평양 지역에서 세력을 키웠다. 국제연맹은 주요 강대국들의 비협조로 힘을 잃었다. 영국과 프랑스는 독일의 팽창을 막기 위해 유화정책을 취했으나 이는 오히려 히틀러의 야망을 키우는 기폭제가 되었다.

강대국을 비롯한 세계 대부분의 나라가 제2차 세계대전에 개입했다. 30개국 이상에서 1억 명이 넘는 군인이 참전했으며 유럽과 아프리카, 지중해,

아시아, 태평양에 이르기까지 총체적인 경제적, 산업적, 과학적 역량을 모두 전쟁 수행에 쏟아부었다. 1945년 독일이 항복하며 전쟁이 막을 내렸고, 미국이 일본 히로시마와 나가사키에 원자폭탄을 투하하면서 무조건 항복했다.

이후 국제 평화와 안보를 위해 유엔이 설립되었다. 미국과 소련의 이념적 갈등이 커졌고 냉전 시대가 시작된다. 독일은 동서로 분단되고 많은 아시아와 아프리카 식민지 국가들이 독립을 쟁취하게 되었다. 제2차 세계대전은 인류 역사상 가장 파괴적인 전쟁으로 전후 세계질서와 국제관계에 많은 영향을 주었다. 냉전의 시작과 탈식민지화가 진행되었으며 미국은 세계 경제의 중심에 확고히 자리매김했다.

어떻게 생각할 것인가

제1, 2차 세계대전을 통해 세계는 몰라보게 달라지고 발전했다. 우리는 각각의 대전을 비교하며 전쟁이 우리에게 준 교훈에 대해 생각해 볼 필요가 있다. 제1차 세계대전은 주로 유럽을 중심으로 벌어졌으며 민간인의 참여 비율이 비교적 낮았고, 제2차 세계대전은 전 세계적으로 확산되었다. 또한 공중전, 해전, 기갑전 등 다양한 방식이 활용되어 민간인의 피해가 훨씬 컸다. 제1차 세계대전은 전쟁 이전의 동맹체제와 군비 경쟁에 의해 일어났고, 제2차 세계대전은 히틀러의 유화정책에 의해 일어났다.

두 차례의 세계대전 모두 국제적인 협력과 평화유지 기구의 중요성을 우리에게 알려준다. 더불어 국제적 분쟁 해결과 평화유지 활동을 위해 UN이 활발히 활동하게 되었다. 이는 경제 재건의 필요성과 인권과 전쟁 범죄에 대한 인식의 변화를 가져왔으며 민간 보호의 중요성도 깨닫게 해주었다. 국제사회가 평화와 협력을 위해 노력해야 함을 깨달은 것이다. 전쟁의 기저에는 '나라의 이익 추구'가 깔려 있기에 이익을 위해서라면 언제라도 발발할 수 있다. 제3차 세계대전이 일어나지 않으리라는 법이 없다는 것이다. 이를 방지하기 위해 우리는 두 개의 큰 전쟁을 교훈으로 삼고, 유엔의 역할을 강화해 국제 문제와 분쟁을 예방하기 위한 노력을 해야 한다. 핵확산금지조약(NPT) 등의 국제협정을 맺어 군비 경쟁을 억제하고 비핵화를 추진할 필요도 있다.

특히 국가 간의 갈등 해결을 위해 외교적 채널을 확대하고 정기적인 회담과 협상을 통해 문제를 해결해야 한다. 지역 분쟁 중재와 평화협정은 장기적 평화를 도모해 나갈 것이다. 세계 각국의 경제적 불평등을 해소하고 빈곤을 줄이기 위한 국제적 노력도 강화해야 한다. 개발도상국의 경제적 성장을 지원하고 공정한 무역도 촉진해도 좋을 것이다. 요즘에는 환경 문제가 심각하니, 국제 에너지 협력을 통해 자원에 대한 갈등을 줄이고 화석 연료에 대한 의존도 감량과 재생 가능 에너지를 확대에 대해서도 논의할 필요가 있다.

 ## 비판적 사고력 UP!

1. 제1, 2차 세계대전을 통해 우리가 배울 수 있는 것은 무엇일까?
2. 제3차 세계대전을 막기 위해서는 어떠한 노력을 해야 할까?
3. 군사 전쟁 외에 세계 각지에서 일어나는 갈등과 문제들을 살펴보고, 이에 대한 해결책을 제시해보자.

10 인도의 비폭력 저항운동의 가치

인도는 200년간 영국의 직간접적인 식민통치를 받았다. 초기에는 동인도 회사를 통해 조금씩 영국의 지배권에 들어갔고, 이후 영국 여왕의 직접적인 통치를 받았다. 이 과정에서 영국은 인도의 자원을 착취했다. 대규모 농업 생산물이 영국으로 수출되었고 인도는 값싼 노동력과 원료 공급지로 전락했다.

영국은 인도의 전통과 문화를 억압하고 서구 문화를 강요해 인도인들의 민족주의를 자극했다. 식민지 경제체제는 인도의 경제적 불평등을 심화시켰다. 농민들은 비싼 이자의 고리대금업자에게 착취당했고, 도시의 노동자들도 열악하긴 마찬가지였다. 영국은 인도인의 정치적 권리를 제한하고 자치 요구를 무시했으며, 벵골지역을 분열시키려는 '벵골 분할령'으로 인도인들의 강한 반발을 사게 된다. 제1차 세계대전 동안 인도는 영국을 도와주며 자치권을 얻으리라 기대했으나 전후 영국이 이를 받아들이지 않았다.

초기에는 온건한 방식으로 자치를 요구했으나, 통하지 않자 독립을 목표로 삼게 되었다. 벵골 분할령 반대 운동이 인도 전역으로 확산되었고, 이는 민족주의 운동으로 변화하게 된다. 비폭력과 불복종을 통한 저항을 주장한 간디는 인도 전역에서 큰 호응을 얻었다. 간디는 영국의 '소금세'(인도의 소금 생산과 판매를 통제하고 과도한 세금을 부여해 영국의 소금만 먹을 수 있도록 강요)에 반대하며 '소금 행진'을 주도했고 이에 세계적으로 주목을 받게 된다. 인도 독립운동의 중요한 모티브가 탄생하는 순간이었다.

1930년대 후반부터 인도 국민회의와 무슬림 연맹의 갈등이 고조되었다. 제2차 세계대전 동안 영국은 인도의 자원을 동원하려 했으나 인도인들의 반발이 그칠 줄 몰랐고, 간디는 영국이 인도에서 떠날 것을 촉구하는 '퀴트 인디아 운동'을 전개했다. 전후 영국은 인도의 독립을 인정해 독립하였고 파키스탄은 별도로 분리되었다.

인도의 독립운동은 이처럼 비폭력 저항의 효과를 보여준다. 싸우지 않고도 자신들의 의사를 표현할 수 있다는 이 정신은 이후 전 세계의 민권운동과 독립운동에 큰 영향을 미친다. 인도의 독립은 다양한 인종과 종교, 언어를 가진 사람들이 하나의 목표를 위해 연합할 수 있음을 알게 해주었고, 다문화 사회의 협력과 공존의 중요성을 깨닫게 해주었다. 정치적 자각과 참여를 통해 시민들이 사회변화를 이끌어 낼 수 있다는 점도 '시민 참여'의 관점에서 현대 민주주의 사회의 좋은 양분이 되었다.

인도는 분리독립 과정에서 종교적, 민족적 갈등을 겪었으며 파키스탄과의 갈등은 독립 이후에도 계속되었다. 이는 같은 민족이라도 갈등과 평화의 해결을 등한시할 수 없음을 보여주는 사례라 할 수 있다. 인도의 독립은 다른 아시아, 아프리카 국가들의 탈식민지화 운동에 큰 자극을 주었다. 많은 국가가 인도의 독립을 본보기로 삼아 식민통치에 저항하고 독립을 쟁취하는 데 성공했다.

다양한 세대와 계층의 인도인들이 독립운동에 참여하고, 수십 년간 독립을 위한 지속적인 노력을 기울였다는 점에서 인도의 독립운동은 차별점을 지닌다. 무장투쟁과 게릴라전을 포함한 폭력적 저항으로 독립을 추구한 다른 나라와는 다르게 비폭력 저항을 강조한 것도 주목할 만하다.

비폭력 저항의 성공은 이렇듯 다른 나라의 인권운동과 독립운동에 큰 영향을 미쳤으며, 국제사회에서 평화와 정의를 추구하는 중요한 사례로 남아 있다.

인도의 독립운동은 다른 나라의 독립과 분명한 차별성을 가지며, 비폭력 저항 정신과 다문화 사회의 협력과 공존의 중요성을 알려주었다. 민주주의 사회에서의 '시민 참여' 역할과 '같은 민족 내 갈등 해결', '평화적 해결'의 중요함을 더불어 시사하고 있다. 이는 현대사회에서도 매우 중요한 부분이며, 인도의 독립운동을 통해 우리가 반드시 배워야 하는 것들이다.

현대사회에는 정치적, 경제적, 문화적 갈등이 다양하게 존재한다. 폭력이 아닌 대화와 협상을 통해 문제를 해결하는 것은 무척 중요하며, 타협을 위한 성숙한 의식과 자세가 요구된다. 다문화 사회에서 다양한 문화적 배경을 가진 구성원을 이해하고 이를 존중하는 문화를 만들어가는 것도 중요하다. 더불어 이주민이나 다문화 가정이 현지 사회에 잘 적응하고, 필요한 지원을 받을 수 있도록 협력해야 한다.

축제나 이벤트를 통해 다른 문화를 이해할 기회를 만들어도 좋다. 다문화의 통합을 위해 각종 자원과 지식을 공유하며 지역사회의 다문화 공존을 강화할 수도 있다. 이는 다양한 플랫폼을 통해 시민 의견 수렴에 대한 필요성도 보여준다. 시민들의 의견을 모아 정책을 만들거나 인터넷과 소셜미디어를 통해 시민들의 의견을 반영하는 것도 바람직하다.

시민단체를 통해 사회적 문제에 대한 해결책을 모색하도록 돕고, 시민의 사회적 영향력을 확대한다면 현대사회에서 발생하는 여러 갈등을 해결할 수 있을 것이다. 그러기 위해서는 먼저 갈등의 근본적인 원인을 파악하고, 평화롭고 지속 가능한 해결책을 함께 찾아 나가야 한다. 분쟁해결기구나 국외 조직과의 협력을 통해 갈등을 해결을 해나가는 것도 좋다.

특히 인도의 독립운동을 지휘한 간디에게서는 배울 점이 많다. 간디는 비폭력 저항이념과 민족주의적 리더십을 지닌 인물로서, 갈등 상황에서 폭력을 행사하지 않고 평화를 추구했다. 이러한 그의 신념은 인도 독립운동 정신에 지대한 영향을 주었다. 간디는 모든 사람의 인권을 존중하고 사회적 불평등을 개선하고자 노력했다. 다양성을 존중했으며 종교, 문화, 인종 간의 조화를 추구했다.

또한 시민 참여와 민주주의, 환경보호와 지속 가능한 발전도 중요시했다. 현대사회에서 인권을 존중하고 사회 정의를 추구하는 참 지도자의 역할을 보여준 대표적 사례라고 볼 수 있다. 간디의 가치와 원칙은 독립운동의 기틀이 되었으며, 이는 현대에 와서 그 중요성을 더욱 나타내고 있다. 이렇듯 한 나라의 지도자와 그의 역할은 사회적 변화와 발전에 매우 중요한 부분이다.

비판적 사고력 UP!

1. 인도의 독립운동에서 가장 의미 있다고 생각하는 부분과 그 이유를 말해보자.

2. 인도의 독립운동이 차별성을 가지게 된 가장 큰 요인은 무엇일까?

3. 간디 같은 지도자를 만들거나 따르기 위해 시민에게 필요한 역량은 무엇일까?

Chapter 5

국제

다른 문화의 가치존중과 문화 다양성 보존

2022년 개정 교육과정

다른 문화를 이해하는 태도는 크게 3가지로 나뉜다. 자문화 중심주의와 문화 사대주의, 문화 상대주의가 그것이다. 자문화 중심주의란 말 그대로 자기 문화를 중심으로 평가하는 태도다. 자기 문화만이 가장 우수하다고 생각하며 다른 사회의 문화를 부정적으로 평가한다. 예컨대 이탈리아 출신의 콜럼버스가 아메리카 대륙을 발견했을 때 이미 그곳에 원주민들이 살고 있는데도 새로운 땅을 발견했다고 주장했다. 콜럼버스 입장에서 '발견'이라는 표현은 다분히 유럽인들의 자문화 중심주의적 태도라고 볼 수 있다.

자문화 중심주의는 자기 문화에 대한 자부심과 주체성을 높여 사회통합을 이루는 데 그 의의가 있다. 이는 다른 문화를 올바로 이해하려는 노력을 방해하며, 타문화와의 교류를 막고 극단적인 경우 자신의 문화를 다른 사회에까지 강요하는 문화 제국주의로 흘러갈 수 있다. 문화 제국주의는 특정 지역의 문화가 경제력이나 강한 군사력을 바탕으로 다른 지역의 문화적 특징을 파괴하거나 영향을 미치는 것을 말한다. 콜럼버스가 신대륙에 도착해 원주민들을 노예로 삼고 강제로 금을 가져오게 한 것은 문화 제국주의의 가장 극명한 사례이다.

문화 사대주의는 다른 문화를 '수준이 높고 가치 있으며 우수한 것'으로 여긴다. 자기 문화를 부정적으로 평가하며, 외국의 문화를 맹목적으로 동경하거나 외국 상품을 선호하는 경향을 띤다. 영어로 제작된 상표나 브랜드면 무조건 환영하는 것이 문화 사대주의의 대표적 예다. 문화 사대주의는 다른 문화에 대한 거부감이 약하다. 그 때문에 외래문화의 좋은 요소를 쉽게 수용하는 반면 자기 문화의 고유성과 주체성을 상실하고 무비판적으로 외래문화를 숭상하게 만들기도 한다.

문화 상대주의는 한 사회의 문화를 그 사회가 처한 특수한 환경과 역사적 맥락에서 이해하고 평가하는 것을 이른다. 문화는 나름의 고유한 특성과 가치를 지니기에 이를 공유한 사람들의 입장에서 이해하려는 태도를 보이는 것이다. 문화는 우열을 가릴 수 없으며, 그 다양성과 상대성을 인정하고 존중한다. 사회의 특수성을 고려한 가장 바람직한 문화 이해의 태도로 볼 수 있다.

이는 다른 문화에 대한 고정관념과 편견 또한 없앤다. 다양한 문화에 대한 객관적 이해를 위해 노력한다. 가령 티베트에는 히말라야 산지의 혹독한 추위와 험준한 지형 때문에 시신을 매장하기 어려워 '조장'이라는 풍습이 생겨났다. 새가 들판에 놓인 시신을 먹고 높이 날면 죽은 사람의 영혼도 하늘로 향한다는 것이다. 이는 고유의 자연환경과 불교적 세계관이 만든 독특한 장례문화라고 볼 수 있다. 조장 문화를 이해하고 특수한 환경을 고려하여 받아들이는 것이 바로 이 문화 상대주의다.

세상은 다양한 문화와 전통으로 가득 차 있으며, 다른 문화에 대한 존중은 인간 존엄성에 대한 존중을 의미한다. 다름이 문제가 되지 않고 융합의 기회가 될 때 문화는 더욱더 찬란한 힘을 발휘할 것이다.

 ## 어떻게 생각할 것인가

문화적 편견과 차별은 사회 곳곳에 만연해 있다. 다문화 가정에 대한 편견과 차별이 그 대표적 예라 할 수 있을 것이다. 최근 들어 사람들의 인식이 많이 개선되긴 했지만, 지금도 여전히 피부색이 다르다는 이유로 차별하고 손가락질하는 경우가 있다. 이러한 환경이라면 그들의 문화를 존중

하기가 더욱 어려워진다.

특정 인종이나 집단에 대한 차별은 가장 흔한 형태의 문화차별이다. 인종 차별은 인종적 편견이나 혐오, 차별적인 대우까지 만든다. 이는 일상적인 상황에서 제도적인 차별로 나타난다. 인종이나 성별, 종교, 민족 등이 다르다는 이유로 고용 기회나 급여에 차등을 두기도 하는 것이다.

종교적인 편견이나 혐오도 빼놓을 수 없다. 특정 문화나 문화집단에 대한 차별도 있다. "모든 한국인은 열심히 일한다." 또는 "모든 아랍인은 부자다." 같은 인식이 그러하다. 이는 특정한 개인의 개성이나 다양성을 무시하고 단일 이미지로 개인을 판단한다. 특정 국가나 민족을 비하하는 유머나 농담을 하거나 특정 직업이나 역할에 대한 선입견도 있다. 미디어에서는 일부 민족이나 문화를 왜곡되게 표현하거나 사회적 격차를 조장하기도 한다. 이는 지극히 미성숙한 태도로, 문화 다양성을 존중하지 못하는 분위기를 만든다.

우리는 다른 문화를 인정하고 수용하며 그 가치를 존중해야 한다. 각 문화는 고유한 역사와 전통, 언어, 예술로 표현되며 이러한 고유성을 인정해야 다양한 문화가 더불어 성장할 수 있다.

이러한 문화 다양성 보존을 위한 교육도 시행되어야 한다. 교육을 통해 다른 문화에 대한 이해를 높이고 협력과 지원에 대한 기본적인 의식을 마련해야 할 것이다. 정부나 지방자치단체는 편견과 선입견을 타파할 다문화 정책을 개발하고 다문화 사회를 지원하기 위한 실용적인 제도를 만들어야 한다.

문화교류 프로그램을 활성화하여 다른 문화에 대한 관심과 이해도를 높이고, 문화산업과 예술을 통해 문화를 보존하는 것은 어쩌면 우리의 의무일 수도 있다. 문화 다양성에 대한 학습을 통해 언어, 전통, 의상, 사회 형성 방법, 도덕, 종교관, 상호작용 등의 차이를 올바르게 체득하고 의식할 수 있을 것이다.

체득한 문화 다양성은 환경의 적응을 돕고 상생을 통한 발전에 이바지한다. 이는 개인과 집단의 사고방식 차이가 우리 세계에 다양성과 풍부함을 주는 원천임을 이해하고 존중하는 데 큰 몫을 담당할 것이다.

 ## 비판적 사고력 UP!

1. 문화 다양성 존중이 필요한 이유를 정리해보자.

2. 문화 다양성이 존중되지 못하는 사례를 찾아보고 해결책을 제시해보자.

3. 문화 다양성 존중을 위해 스스로 어떤 노력을 할 수 있을지 생각해보자.

02 자유무역협정

자유무역협정은 특정 국가 간의 상호무역 증진을 위해 상품의 이동을 자유화하는 협정이다. 국가 간 무역을 자유롭게 할 수 있도록 두 나라 혹은 그 이상의 국가들이 합의하는 것이다. 이 협정은 관세와 장벽을 줄이거나 제거하여 상호무역을 촉진하고 무역을 통한 경제적 혜택을 추구하는 데 의의를 둔다. 각 국가가 다른 국가의 시장에 더 쉽게 접근할 수 있도록 규정하며 상품이나 서비스, 투자 등에 대한 접근을 확대하는 방식으로 이루어진다. 이는 무역절차를 간소화하고 상호 규제 준수를 촉진하기 위함이다.

협정은 지적 재산권 보호에 관한 규정을 포함한다. 국가의 지적 재산권을 적절히 보호하고 지적 재산권 침해에 대한 대응 조치를 제공한다. 일부 협정은 서비스와 투자에 관한 규정도 포함하며, 서비스 업체의 시장 접근을 촉진하고 투자의 보호와 활성화를 위한 조치 역시 마련해준다. 협정은 공정한 경쟁 유지를 위한 규정도 포함하는데, 이는 이권이나 독점, 부당한 보조금 등과 같은 경쟁의 왜곡을 방지한다. 자유로운 시장 경쟁 촉진에 목적이 있으며, 각 국가의 협상 및 조건에 따라 다양한 내용을 포함할 수 있다. 협정이 체결된 국가 간의 관계와 경제 상황에 따라 그 내용을 달리하는 것이다.

협정의 근본적인 목적은 협정을 체결한 국가의 '이익 극대화'에 있다. 이 협정으로 권력 내 국가(역내국)와 권력 외 국가(역외국)의 구조가 변화하면서 세 가지 효과가 나타난다. 우선 무역 창출 효과는 자유무역협정 체결로 역내국 사이에 새로운 무역이 발생하면서 이익이 생기는 현상이다. 자유무역협정을 체결하여 역내국 간의 관세가 이전보다 낮아지면, 역내국은 자국에서 생산하는 상품을 상대적으로 저렴한 동질상품으로 대체한다. 가격 경쟁에서 우위를 지닌 제품을 생산하는 데 자본이나 노동력을 집중시키는 것이다. 이로써 역내국의 자원 배분 효율성이 증가하고, 나아가 수출을 통한 이익증가와 수입을 통한 역내국의 후생 역시 증가하게 된다.

무역 전환 효과는 한 국가가 기존에 수입하던 상품을 협정 체결 이후 역내국의 상품으로 대체하는 현상을 말한다. 역내국 상품이 역외국 동질상품보다 생산 비용이 높더라도 낮은 관세로 인해 경쟁력을 상승하고, 이렇게 되면 관세수입이 줄어들 수 있다. 무역 이익을 높이기 위해서는 전환 효과보다 창출 효과가 높아야 한다. 무역 굴절 효과는 역내국 간의 무역 특혜를 이용해 역외국이 유리한 방향으로 역내국에 수출하는 현상이다. 자유무역협정에서 역내국이 역외국에 따라 서로 다른 관세를 부여하기 때문에 발생한다. 역외국이 낮은 관세를 부과하는 역내국을 거쳐 수출하면서 이전보다 더 많은 이익을 얻는다.

자유무역협정에서 원산지는 상품의 관세 혜택 여부를 결정한다. 상품의 원산지는 원산지 결정 기준에 따라 판정하며, 원산지가 역내인 경우에만 관세 혜택을 부여한다. 원산지 결정 기준으로는 역내가공원칙과 충분가공원칙이 있다. 이를 충족하지 못하면 역내 원산지 제품으로 인정받지 못한다. 역내가공원칙은 상품의 가공공정이 역내에서 중단 없이 수행되어야 한다는 원칙으로, 상품의 가공공정의 일부가 역외에서 이뤄질 경우 원산지 상품으로 인정하지 않는다. 충분가공원칙은 상품의 실질이 변형될 만큼 충분한 공정을 수행해야 한다는 원칙으로 조립, 건조, 분쇄 등 상품의 실질에 변화를 주지 않는 단순한 공정만으로 가공한 제품은 원산지 상품으로 인정하지 않는다.

이러한 원산지 결정기준은 협정별로 보호의 필요성을 종합하여 품목마다 다르게 적용할 수 있다. 역내국은 원산지 결정기준을 효과적으로 운영해 무역창출 효과를 보장받는다.

자유무역협정에 대한 기사 내용은 무척 어렵다. 이럴 때는 표나 그림으로 항목을 나누면 훨씬 쉽게 이해할 수 있다. 복잡한 내용을 시각적으로 표현하면 데이터나 개념을 더 쉽게 파악할 수 있게 된다. 개념을 구조화하여 정리하다 보면 각 항목이나 구성 요소의 관계가 명확해지고 정보를 체계적으로 이해할 수 있다. 다음은 많은 양의 정보를 간결하게 전달하기 위한 무역협정의 효과이다.

효과	설명
무역창출효과	자유무역협정 체결로 인해 역내국 간 새로운 무역이 발생하여 이익이 발생하는 현상. 역내국은 상대적으로 저렴한 동질상품으로 자국의 상품을 대체해 자원 배분 효율성이 증가함.
무역전환효과	역내국이 협정 이후 역내국 상품으로 기존에 수입하던 상품을 대체하는 현상. 낮은 관세로 인해 역내국 상품이 경쟁력을 얻음.
무역굴절효과	역외국이 자신에게 유리한 방향으로 상품을 역내국에 수출하여 이익을 극대화하는 현상. 역내국이 역외국보다 낮은 관세를 부과하므로, 역외국이 역내국을 통해 수출함.

표를 통해 나타내니 무역협정의 효과를 이해하기 쉬워졌다. 이렇듯 원산지 결정기준도 표로 나타내면 이해에 많은 도움이 될 것이다.

원산지 결정 기준	세부 내용
역내가공원칙	상품의 가공공정이 역내에서 중단 없이 수행되어야 함.
충분가공원칙	상품의 실질적 변형을 위해 충분한 공정이 수행되어야 함.
완전생산기준	역내에서 생산된 원재료만을 사용하여 상품을 생산해야 함.
실질적 변형기준	세번변경기준과 가공공정기준에 의해 더욱 구체화됨.

| 세번변경기준 | 재료와 제품의 HS코드가 다르면 실질적 특성 변형으로 간주. |
| 가공공정기준 | 일정 공정을 역내에서 수행해야 함. |

자유무역협정은 흔히 FTA로 약칭한다. 특정 국가 간의 무역증진을 위해 물자나 서비스 이동을 자유화시키는 협정으로, 국가 간의 관세 및 비관세 무역장벽을 완화하거나 철폐하여 무역자유화를 실현하기 위한 특혜 무역 협정이다. 자유무역협정은 대부분 유럽연합이나 북미 자유무역협정 등과 같이 인접 국가나 일정한 지역을 중심으로 이루어졌기 때문에 지역무역 협정이라고도 부른다.

정확한 이해를 위해 더 공부하고 자료를 찾아보며 지식을 쌓아보자. 이 개념에 대해서는 누구보다 정확한 지식을 가진 자신을 발견하게 될 것이다.

비판적 사고력 UP!

1. 자유무역협정의 효과를 나만의 표나 그림으로 표현해보자.
2. 원산지 결정 기준이 타당하다고 생각한다면 그 이유를 설명해보자.
3. 자유무역협정의 기준에 대해 설명해보고, 장단점이 무엇인지 살펴보자.

후쿠시마 오염수 해양 방출, 안전할까?

원자력 발전소는 원자핵의 분열을 이용해 열을 발생시키고, 이 열을 통해 전기를 생산한다. 우라늄 또는 플루토늄 같은 방사성 물질을 연료로 사용하며 이 연료는 작은 연료봉 형태로 원자로에 장전된다. 우라늄이 중성자를 흡수하고 분열하면서 큰 에너지를 방출하는데, 이 과정에서 2개~3개의 중성자가 추가로 방출된다. 다시 이 중성자들이 우라늄과 충돌하여 연쇄반응을 일으키고, 이 연쇄반응으로 지속적인 열이 발생한다. 원자로 내부의 열을 흡수해 외부로 전달하는 냉각재를 이용해 물을 끓여 증기를 만들고, 이 증기가 터빈을 회전시켜 전기를 생산하는 것이다.

2011년 3월, 일본 동북부에 발생한 규모 9.0의 대지진은 후쿠시마 다이이치 원자력 발전소에 큰 피해를 입혔다. 원자력 발전소에는 비상 냉각 시스템, 자동정지시스템 등 다양한 안전 시스템이 설치되어 있는데, 대지진으로 인해 발전소의 전력 공급이 중단되었다. 지진 발생 후 15m와 9m의 거대한 쓰나미가 후쿠시마 제1원전과 제2원전을 각각 덮쳤다. 후쿠시마 원전 운영사인 도쿄전력이 지진 해일 전문가들의 경고를 무시하고 방파제를 5.7m 높이로 쌓은 것이 화근이었다.

지진과 쓰나미로 원전의 전기공급 시설이 망가지면서 전기공급이 중단되었고, 방파제를 넘어온 물 때문에 비상 발전기 또한 작동하지 않았다. 이 강진으로 도로는 끊기고 교통이 마비되었다. 전기공급을 위한 자가 발전기를 장착할 수도 없었다. 전기가 들어오지 않자 원자로를 식혀주는 냉각장치가 가동을 멈추었고, 이는 연쇄 폭발로 이어졌다. 도쿄전력은 그간 후쿠시마 원전의 안전장치는 5중이고, 사고가 일어나더라도 방사능 유출이 일어날 확률이 매우 적다고 주장해왔다. 그러나 이는 사실이 아니었다. 지진과 쓰나미 이후 10주가 지나도록 일본 정부는 제대로 된 대응을 하지 못했고 그로 인해 다량의 방사성물질이 방류되었다. 방사성 폐기물 관리 역시 미비했다.

사고 직후 제1원전 원자로에서는 시간당 2만 5000mSV에 달하는 방사선이 측정되었다. 이는 성인이 20분 안에 사망할 수 있는 양이다. 주민들에게는 긴급 대피령이 내려졌고, 후쿠시마 제1원전을 기준으로 반경 20km에 거주하는 사람 모두가 피난을 가야 했다. 후쿠시마 원전 사고로 인한 직접적인 사망자는 없었으나 대피, 스트레스, 의료서비스 부족으로 인한 간접 사망자는 2,000명이 넘었다. 대기, 해양, 토양에 방사성물질이 광범위하게 퍼졌고 농경지와 삼림이 오염되었다.

바다로 유출된 방사성물질은 특히 해양 생태계에 큰 영향을 미쳤다. 이는 해산물 오염으로 이어져 수산업에 큰 타격을 주었고, 원전 주변 지역의 농수산물은 방사능 오염에 대한 우려로 시장에서 기피되었다. 후쿠시마 원전의 해체 및 오염제거 작업에는 최소 수십 년이 걸리고, 수조 달러에 달하는 비용이 발생한다. 방사선 노출로 인한 갑상선암과 같은 방사선 관련 질환의 발생 가능성도 예의 주시해야 한다.

후쿠시마 원전 사고 이후 발생한 오염수 처리도 중요 문제로 떠올랐다. 원자로를 냉각하기 위해 사용된 물과 지하수, 빗물 등이 방사성 물질에 오염된 것이다. 이 오염수를 처리하고 보관하는 것이 어려워 일본 정부는 사고 이후 매일 수백 톤의 오염수를 바다에 방류했다. 오염수는 시스템을 통해 대부분의 방사성 물질을 제거하지만, 일부 방사성 동위원소는 제거하기 어렵다.

일본 정부는 바다에 오염수를 방류하기 전 충분히 희석하기에 환경과 인체에 미치는 영향이 미미하다고 주장했다. 국제원자력기구는 일본의 방류 계획이 국제 안전기준을 충족하는지 평가하고 있으며, 방류 과정에서 지속적인 감시와 검증을 진행할 예정이다.

어떻게 생각할 것인가

후쿠시마 원자력 발전소 사고가 일어난 지도 10년이 지났다. 이 사고는 많은 것을 오염시켰으며 사람들의 태도를 변화시켰다. 사고 이후 안전과 관련된 여러 교육이 행해졌고, 원자력 발전소의 운영 및 규제방식에도 많은 변화를 불러왔다.

이 사고를 통해 원전의 안전설계 시 지진이나 쓰나미 같은 자연재해에 대한 철저한 대비가 필요하다는 것을 배웠고, 설계 기준에 실제 재해 규모를 충분히 반영해야 한다는 것도 알게 되었다. 더불어 효과적인 비상대응 체계와 초기 대응, 방사성물질의 누출을 최소화하기 위한 관리와 모니터링, 대기와 해양으로 확산되는 방사성물질의 통제 등에 대한 해답을 얻을 수 있었다.

후쿠시마 사고 이후 일부 국가들은 원자력 정책을 재검토하고 재생 에너지로의 전환을 모색했다. 독일 등 일부 국가들은 원전 폐쇄를 결정했으며, 일본 역시 원자력 의존도를 줄이기 위한 정책을 추진하기에 이른다. 그럼에도 여전히 후쿠시마 오염수 방류 문제는 남아 있다. 이에 대한 찬반 의견도 팽팽하다. 일본 정부와 도쿄전력은 오염수를 국제 안전기준 이하로 희석해 방류할 계획이다.

국제원자력 기구 등은 이들의 방류 계획을 검토한 후 방류가 안전하다는 평가를 내렸으며, 오염수의 저장보다는 통제된 환경에서 방류하는 것이 안전하다고 말했다. 오염수 저장에 엄청난 비용이 들며, 지속적인 저장에 따른 여러 위험요소를 피해갈 수 없기 때문이다. 방류를 통해 침체된 지역경제를 회복시키고 후쿠시마 지역을 살려야 한다는 말도 덧붙였다.

방사성물질이 해양 생태계에 장기적으로 축적되어 해양 동식물에게 좋지 않은 영향을 줄 것이며 결국 인간에게도 악영향을 끼칠 거라 주장하는 목소리도 있다. 무엇보다 이에 대한 충분한 연구가 시행되지 않았기에 방류에 신중을 기해야 한다는 것이다. 방사능 오염은 해산물 식품 안전에 대한 불신을 키운다. 이 불신이 공포와 불안감을 조성하면 지역 주민과 소비자에게 직접적인 영향을 줄 수 있음을 걱정한다.

결국 다른 대안이 충분히 검토되지 않았으며, 오염수의 성분과 방류 계획에 대해 충분히 정보를 공개하지 않았다는 것이 그들의 주장이다. 인접 국가들과 충분한 협의 없이 방류를 결정해 국제적 신뢰도를 떨어뜨렸다는 지적도 있다.

후쿠시마 오염수 방류 문제는 여러 분야에서 매우 복잡한 이슈다. 이 문제를 해결하기 위해 국제사회와의 협력과 지속적인 모니터링, 투명한 정보공개가 선행되어야 할 것이다.

비판적 사고력 UP!

1. 원자력 발전소를 대체할 수 있는 에너지 발전에 대해 알아보자.

2. 원자력 발전소 사고에 대비하기 위해 할 수 있는 것은 무엇인가?

3. 오염수 방류에 대한 자신의 의견을 마땅한 근거와 함께 제시해보자.

04 독점 기업의 이윤추구와 공정거래법

많은 수의 수요자와 공급자 사이에 동질적인 상품이 거래되는 시장을 '완전 경쟁시장'이라 한다. 다른 기업의 시장 진입을 막지 않으며, 누구나 들어와 경쟁할 수 있는 시장구조이기도 하다. 시장에는 많은 공급자와 수요자가 존재한다. 개별기업이나 소비자는 시장 가격에 영향을 미칠 수 없고, 이로 인해 모든 기업과 소비자는 가격 수용자가 된다. 기업은 시장에서 결정한 가격을 그대로 받아들일 수밖에 없으며, 시장가격으로 원하는 물량을 판매할 수 있다.

소비자는 가격 이외에 선택 기준이 없다. 시장의 모든 참가자는 제품의 가격과 품질, 생산방식에 대해 완전한 정보를 가지고 있으며 정보 비대칭성은 존재하지 않는다. 새로운 기업의 진입과 기존기업의 퇴출이 가능하고 법적, 경제적, 기술적 장벽 또한 존재하지 않는다. 기업은 이윤을 극대화하기 위해 움직이고, 소비자는 효용을 극대화하기 위해 노력한다. 완전 경쟁시장은 자원이 가장 효율적으로 배분되는 시장구조라고 볼 수 있다.

독점시장은 비슷한 대체재가 없는 재화를 하나의 기업이 독점적으로 공급하는 시장이다. 자원의 희소성이나 기술적 우월성 등으로 높은 진입장벽이 존재하며, 시장의 유일한 공급자이기에 가격 결정에 상당한 영향을 미칠 수 있다. 기업은 가격결정자로서 더 높은 가격을 받으면서 더 적은 제품을 생산할 수 있는 시장지배력을 가진다. 이는 이윤 극대화 전략에도 매우 유효하게 작용한다. 독점기업은 시장의 수요를 분석해 가격과 판매량의 관계를 이해하고, 생산비용을 고려해 이윤을 극대화할 수 있는 가격을 설정한다.

이렇듯 독점기업은 시장가격의 상승을 유발해 수요자에게 부정적 영향을 끼친다. 시장의 비효율성을 만드는 것인데 이를 방지하기 위해 공정거래법을 운영한다. 독점규제 및 공정거래에 관한 법률에서는 사업자의 독과점을 금지하지는 않는다. 그러나 지위 남용과 부당한 공동행위 등 경쟁 제한으로 폐해를 규제하는 폐해 규제주의를 취한다.

시장지배적 지위 남용은 상대로부터 독점적 이익을 과도하게 얻어내는 착취 남용과 경쟁자의 사업을 방해하거나 배제하는 방해 남용으로 나뉜다. 착취 남용은 정당한 이유 없이 상품가격이나 출고량을 조절해 시장가격에 영향을 끼치는 것을 말하며, 방해 남용은 경쟁 관계에 있는 사업자를 부당하게 방해하거나 신규 경쟁사의 진입을 막아 경쟁을 제한하는 것이다. 물건을 부당하게 낮거나 높은 값으로 구매해 진입을 막는 '약탈적 가격설정'과 다른 업체와 거래하지 않는 조건으로 상대방과 거래하는 '배타조건부' 거래가 있는데 사업자의 일방적 요구와 거래, 상대방과의 합의 등은 모두 문제가 된다.

공정거래법은 사업자의 부당한 공동행위도 제한한다. 이는 흔히 카르텔이라 불리는 부당한 공동행위로 동일업종의 복수사업자가 경쟁 제한을 위해 합의를 통해 독과점을 형성하는 것이다. 가격과 생산량, 거래조건, 입찰조건 등을 명시적으로 합의하거나 묵시적으로 합의한 모든 경우를 금지한다. 서로 의논해서 합의하는 담합은 사업자 간에 은밀하게 이루어지는 경향이 많아 위법성을 찾아내기 어렵다. 따라서 입증 부담을 줄이고 효과를 높이기 위해 둘 이상의 사업가 간에 제한적인 합의가 있으면 실제 실행 여부와 상관없이 문제삼을 수 있다.

공정거래법을 위반하면 공정거래위원회는 해당 사업자에게 시정을 명하거나 과징금을 부여한다. 이를 통해 과도한 경제력의 집중을 막고, 국민경제의 균형 있는 발전을 도모하고 있다.

시장경제에서 독과점의 폐해를 막고 공정한 거래를 하게 만드는 공정거래법. 취지는 알겠지만, 기업가가 아닌 이상 개념을 이해하기 어려운 것이 사실이다. 이럴 때는 예시를 통해 조금 더 쉽게 이해할 수 있다.

공정거래법 위반의 대표적 사례로는 동일한 산업 내 기업들이 서로 가격을 조정하거나 시장을 나눠 경쟁을 방해하는 경우를 들 수 있다. 여러 업체가 모여 가격을 인위적으로 높이거나, 시장에서의 지배적 지위를 이용해 경쟁을 제한하는 것이다. 독점기업이 자신들의 제품을 강제적으로 판매하도록 업체에 압력을 가하거나, 자신들의 제품을 저렴하게 팔아 다른 업체들을 경쟁에서 배제하는 것도 공정거래법을 위반하는 행위다.

손해를 보더라도 자신들의 제품을 저렴하게 판매해 시장을 장악하고, 다른 업체들과의 거래조건을 특정해 경쟁을 제한하는 독점기업도 있다. 특정 공급업체와 독점적 계약을 맺어 다른 업체들의 시장 진입을 어렵게 만든다. 공정거래위원회에서 이러한 행위를 공정거래법 위반으로 판단할 시, 시정 조치나 벌금 부과 등의 제재를 가할 수 있다.

기업의 사례도 살펴보자. 삼성전자는 휴대전화 부품 시장에서 지배적인 위치에 있어 다른 기업들의 진입을 막아 지적받은 바 있다. 자신의 휴대전화 제조사인 삼성전기 및 삼성디스플레이 등과의 협력관계를 통해 경쟁사들을 배제하고 자사 제품의 시장점유율을 확대하려 한 것이다. 공정거래위원회는 삼성전자에게 시장의 공정한 경쟁을 유지하기 위해 행동을 조정하라는 시정 조치를 요구했다.

그뿐만 아니라 2018년에는 휴대전화 가격 조작과 불법 보조금 지급으로 인해 과징금을 받기도 했다. 2009년 SK텔레콤은 갤럭시 시리즈 스마트폰 판매시장을 지배하며 다른 이동 통신사의 공정한 시장 진입을 막은 이유로 공정거래위원회의 제재를 받았다. 롯데는 2016년 롯데마트의 가맹점들에 대해 강요적 거래조건을 부과해 시정 명령을 받았고, 현대백화점은 2011년 지방에 있는 소규모 상인들에게 불법보조금을 제공해 공정거래위원회의 제재를 받았다. 이는 극히 일부의 사례일 뿐이다.

거래 대상에 따른 차별과 부당한 고객 유인, 거래지역 또는 상대방을 제한하는 구속 조건부 거래 등도 위반에 해당된다. 경쟁자의 고객을 부당하게 유인하는 것도 그렇다. 사업 활동을 방해하거나 부당한 자금, 자산, 인력 지원, 불공정 거래행위, 거래거절과 다른 사업자와의 차별도 빼놓을 수 없다. 이러한 예시는 공정거래법 위반에 대한 개념 이해를 돕는다.

# 비판적 사고력 UP!

1. 완전 경쟁시장과 독점시장의 차이를 설명해보자.

2. 공정거래위반에 대해 알아보고 하나의 사례를 만들어보자.

3. 기업이 공정거래법을 위반하지 않고 어떻게 경쟁력을 키울 수 있을까?

 05 플라스틱 오염 없애는 플라스틱 국제협약

플라스틱은 우리 생활과 밀접하게 관련되어 있다. 2023년에 발표된 '플라스틱 대한민국 2.0' 보고서에 따르면 한국의 플라스틱 폐기물이 사상 최대 규모를 기록했다. 특히 분리배출이 되는 플라스틱 중 배달음식 포장재가 포함된 기타 폐합성수지류가 3년 사이에 80.6%나 늘었다. 일회용 플라스틱컵, 생수병, 일회용 비닐봉투 등 국민 1인당 연간 플라스틱 소비량 역시 모두 증가했다. 2020년 한 해 동안 한국인이 사용한 생수 페트병은 약 56억 개로 병당 지름을 10cm로 가정해 세워놓으면 지구 14바퀴를 휘감을 수 있는 양이다. 대중적으로 널리 사용된 이후부터 플라스틱은 그 사용량이 매년 빠르게 증가하고 있다. 편리한 플라스틱, 이대로 사용해도 괜찮을까?

매년 생산되는 플라스틱의 3분의 1 이상이 페트병, 비닐봉지와 같은 포장재다. 이것들은 금세 쓰레기로 변한다. 국제환경단체인 그린피스의 보고서에 따르면 가전제품으로 사용하는 플라스틱의 평균 사용 기간은 20년이다. 그러나 일회용 포장재의 플라스틱 사용 기간은 평균 6개월로 그에 훨씬 못 미치는 수준이다. 쉽게 버려지는 플라스틱 포장재로 낭비되는 금액만 무려 매년 800억~1200억 달러이니 그 심각성은 이루 말할 수 없다.

이러한 플라스틱 포장재의 문제는 불필요한 과대포장에 있으며, 우리나라 소비자의 85%가 과대포장으로 불편함을 겪는다고 응답했다. 플라스틱을 사용하고 잘 버리면 되겠지 하고 생각할 수 있지만, OECD 국가 중 분리수거율 2위를 차지한 우리나라는 플라스틱 재활용 비율이 고작 14%에 불과했다. 제조사가 조금만 노력하면 재활용이 용이한 제품으로 바꿀 수 있지만 마땅한 규제가 없다. 플라스틱의 가장 큰 문제는 생분해가 되지 않아 오랜 시간 환경을 오염시킨다는 것인데 생분해가 가능한 플라스틱을 만든다고 해도 '완벽한' 생분해 플라스틱은 존재하지 않는다. 폐기 플라스틱의

79%는 매립되거나 산과 바다에 버려진다. 이는 계속해서 환경오염을 일으킬 것이기에 플라스틱 오염 문제는 중요한 사회문제로 대두되고 있다.

각 나라는 해양오염의 주범인 폐플라스틱과 미세플라스틱 문제를 어떻게 해결할 것인가를 논의하기 시작했다. 그 결과 2022년 유엔환경총회에서 플라스틱 오염 종식을 위한 결의안이 175개국의 만장일치로 통과했다. 2024년까지 다섯 차례의 회의를 거쳐 플라스틱 국제협약을 만들겠다는 계획이다. 플라스틱의 생산량을 줄일 것인지, 아니면 재활용을 우선시할 것인지 의견이 분분하다.

미국과 일본, 중국, 인도 등은 플라스틱의 생산 감축보다 폐기물 재활용에 초점을 둔다. 유럽연합과 영국, 노르웨이, 캐나다 등은 플라스틱 생산부터 적극적으로 제한하자고 주장한다. 지금도 정부 간의 협약은 계속되고 있다. 플라스틱 오염을 끝내기 위한 '법적 구속력 국제협약'이라는 제목의 결의안을 채택하고, 16가지 사항으로 구성된 결의안에서 국제협약의 목표를 구체화했다. 상품 디자인과 폐기물 관리 등 플라스틱 생산과 소비 방법을 찾을 계획이다. 이번 결의안은 플라스틱의 전체 생애주기를 포괄적으로 다루고 있다.

플라스틱 협약이 어떤 형태로 만들어져 지구 경제와 환경을 위해 어떻게 작동할지 그 귀추가 주목된다.

플라스틱 국제협약을 위해 많은 나라가 머리를 맞대고 대안을 구상 중이다. 2024년 플라스틱 협약이 만들어져 플라스틱 사용과 생산에 대한 국제적인 합의를 만들어 낼 것으로 기대된다. 그런데 이러한 협약이 체결될 때는 각 나라의 서로 다른 입장을 수용해야 하기에 어려움을 빚는다. 이해관계에 따라 조금이라도 손해를 줄이는 방법으로 의견을 내기 때문이다. 플라스틱 사용에 대한 심각성에는 동의하나 해결책과 대안에 대해서는 자국이 어떤 위치에 있느냐에 따라 다른 입장을 내비칠 수밖에 없다. 개인 간의 협상 시에도 자신이 유리한 쪽으로 결론을 내려 하는데, 하물며 국제 관계의 문제라면 더 말할 것도 없다. 무엇보다 나라의 운명과 발전 방향이 걸린 문제라면 더욱 그러할 것이다. 물론 각 나라의 이권도 중요하다. 그러나 플라스틱 문제 해결을 위해서라면 희생하고 받아들여야 하는 부분도 있을 것이다. 기후협정을 예로 들어 각 나라의 입장을 살펴보자.

파리기후협정에서 전 세계는 기후 변화를 완화하기 위해 노력하자고 했다. 그러나 각 나라의 경제적 이권과 전체적인 기후 목표가 상충하며 어려움을 겪었다. 예컨대 미국은 세계 최대의 강대국으로서 산업발전과 에너지 자원 개발에 큰 비중을 두는 국가이다. 석유, 천연가스 등 화석연료 산업은 미국 경제에 중요한 역할을 한다. 그러나 기후 문제 해결을 위해서는 국제협력이 불가피했다. 이에 트럼프 행정부는 파리기후협정 탈퇴를 결정하게 된다. 이는 미국 화석연료 산업을 보호하고 경제적 성장을 촉진하기 위한 선택이었다. 2021년 바이든 정부는 다시 협정에 재가입하여 기후 변화를 막기 위한 국제적 노력에 동참하기로 한다. 같은 나라에서도 어떤 생각을 가지고 무엇에 중점을 두느냐에 따라 협약에 대한 입장이 첨예하게 다른 것이다.

북미 자유무역협정에서 미국과 캐나다, 멕시코는 자유무역을 촉진하기 위한 협정에 합의했다. 그러나 캐나다는 목재, 낙농제품, 자동차 부품 등의 수출에 강점을 지니고 있다. 북미지역의 경제적 통합과 상호 이익을 위한 협상에서 캐나다는 특정 산업에 대한 보호조치를 요구하고, 낙농제품에 대한 보호관세 유지를 위해 미국과의 협상에서 강경한 입장을 취했다.

이처럼 각 나라는 저마다의 입장에서 유리한 주장을 한다. 플라스틱 협약 또한 플라스틱에 대한 국제적 문제에는 합의하지만, 그와는 별개로 각자의 입장을 쉽게 굽히지는 않는다. 그럼에도 우리는 공통 목표를 향해 나아가고, 그것이 세계의 안정을 위한 일임에 동의한다. 플라스틱 국제협약에 대한 전체의 목표와 개별적인 이익 사이의 저울질은 앞으로도 계속될 전망이다.

 ## 비판적 사고력 UP!

1. 플라스틱 국제협약에서 우리나라의 입장은 어떠한지 살펴보자.
2. 이 협약에서 추구해야 할 공동 목표는 무엇일까?
3. 각국의 이권을 줄이고, 공동목표를 달성하기 위한 협상 전략은 무엇일까?

영국의 브렉시트, 과연 옳은 선택인가?

‘브렉시트’는 영국이 유럽연합을 탈퇴한다는 의미로 영국(Britain)과 탈퇴(exit)의 합성어다. 영국은 1973년 유럽경제공동체에 가입했으나, 처음부터 회의적인 부분이 있었다. 1975년 국민투표에서 67%가 잔류에 찬성했지만, 회의적 분위기는 줄지 않았다. 1980년대와 1990년대에도 영국은 유럽연합과 부딪혔다. 마거릿 대처 총리가 영국할당금 협상으로 영국의 유럽연합 분담금을 줄이는 등 미묘한 힘겨루기는 계속되었다.

영국은 상대적으로 금융부문이 강했는데, 이를 유럽연합에서 규제할 수 있다는 이야기도 나왔다. 런던은 유럽의 금융허브로서의 지위를 유지하려 했기에 이러한 견제에 불편함을 느낄 수밖에 없었다. 유럽연합의 농업 정책 규제로 영국과 또다시 부딪힌다. 영국은 유럽 단일 시장의 혜택을 누리고 있다고 해도 규제 부담을 피할 수는 없었다. 이러한 갈등이 계속되면서 유럽 회의주의가 강하게 나타난다.

보수당은 유럽연합에 대한 회의적 태도를 강하게 나타냈다. 많은 영국인이 유럽연합의 규제가 영국의 주권을 침해한다고 생각했는데 특히 법률과 이민 정책이 그랬다. 유럽연합 회원국으로서 영국은 다른 회원국 국민이 자유롭게 이주할 수 있도록 허락했다. 그러자 폴란드 같은 동유럽 국가에서 많은 이민자가 들어오면서 문제가 발생한다. 이민자 증가로 일자리나 주거, 복지 서비스에서 불편함이 생기게 된 것이다. 글로벌 금융위기와 유럽 부채 위기를 통해 유럽연합이 경제적 취약성을 드러내기도 했다.

이민문제와 난민 문제에 부딪힌 영국은 2016년 유럽연합 탈퇴에 대한 국민투표를 진행했고 국민의 51.9%가 탈퇴를 지지했다. 영국은 결국 2020년 유럽연합과의 협상을 끝으로 유럽연합을 탈퇴하게 된다. 그로 인해 영국과 유럽연합 간 무역에 새로운 규제와 관세가 도입되었고, 초기에는 무역 흐름에 혼란을 겪기도 했다.

영국은 점수 기반 이민제도를 도입해 유럽연합 회원국에게 더 이상 자유로운 이주를 허용하지 않는다. 이는 숙련 노동자를 선호하는 이민 정책으로, 다른 계층의 노동력 부족과 문화적 다양성 감소에 대한 우려를 낳게 된다. 브렉시트가 영국 국민들에게 긍정적 측면과 부정적 측면을 모두 포함한 새로운 인식을 심어준 것이다. 브렉시트 이후 영국은 경제적 혼란을 겪고 있다. 저임금 외국인 노동자가 빠져나가면서 트럭 운전자가 감소해 물류 운송 대란이 발생한 것이 그 대표적 사례다. 주유소에 기름이 공급되지 않아 차에 기름을 넣지 못했고, 택배 배송에도 어려움을 겪었다. 큰 폭으로 치솟은 물가상승은 경제성장을 더디게 했다. 브렉시트 이후 영국에는 유럽연합 탈퇴를 후회하는 '브레그릿'이라는 말이 생겨났고, 유럽연합으로 돌아가자는 대규모 시위가 일어나기도 했다.

일부 유럽연합 회원국에서는 영국의 브렉시트가 자국 주권회복의 긍정적 사례로 평가하기도 한다. 그러나 대부분의 유럽연합 회원국은 브렉시트가 유럽통합 프로젝트를 약화시켰다며 유감을 표명했다. 미국은 영국과의 양자 무역협정을 체결할 기회를 모색하면서도 유럽경제의 불확실성이 미국 경제에도 영향을 미칠까 우려한다. 나라별로 자국의 이익에 따라 브렉시트의 평가도 달라지고 있다. 하지만 실제 영국은 무역 장벽을 통한 무역비용 증가와 경제성장의 둔화, 노동력 부족으로 골머리를 앓고 있다. 브렉시트가 영국의 국제적인 영향력을 약화시켰다는 분석이 나오는 가운데 영국의 다음 행보가 궁금해진다.

우리는 브렉시트의 과정을 통해 국민의 의사를 반영한 민주적 절차의 중요성을 깨달았다. 브렉시트 국민투표는 국민의 의사를 직접적으로 반영한 민주적 절차였다. 이는 국민의 의사를 철저히 존중하고 반영한 정치 시스템이라고 볼 수 있다. 그러나 국민투표의 결과가 국가에 미칠 영향에 대한 충분한 정보제공과 심도 있는 논의가 없었다는 것은 큰 아쉬움으로 남는다.

브렉시트는 사회의 여러 측면에서 다양한 영향을 미쳤다. 이를 통해 정책 결정이 단순한 선택이 아니며, 그에 앞서 다차원적으로 고려해야 함을 알 수 있다. 국제협정이나 경제적 통합과 같은 복잡한 사안을 다룰 때는 전문가들의 의견을 듣고 종합적으로 판단하는 것이 중요하다. 이러한 판단과 결정이 장기적으로 국가에 미칠 영향을 고려해야 하는 것이다.

브렉시트 국민투표 직후와 이행 과정에서 나타난 경제적 불확실성, 정치적 분열, 사회적 갈등은 영국이 장기적으로 해결해야 할 과제로 남았다. 브렉시트는 국제협력의 중요성을 다시금 알려주는 계기가 되었으며 영국이 유럽연합을 떠난 이후에도 무역, 안보, 환경 등 여러 분야에서 꾸준한 협력이 필요함을 일깨워주었다. 국제협력은 국가의 독립성과 주권을 지키면서도 글로벌 이슈에 효과적으로 대응할 수 있는 중요한 수단이다.

브렉시트는 경제적 통합과 주권 사이의 균형이 얼마나 중요한지도 알려준다. 영국은 주권 회복을 이유로 유럽연합을 떠났지만, 이로써 경제적 통합이 가져오는 이점도 포기했다. 경제적 이익과 정치적 주권을 어떻게 균형 있게 유지할 것인지 고민해야 하는 까닭이다. 브렉시트 과정에서 영국은 큰 분열을 겪었다. 이는 사회적 갈등을 관리하고 통합을 이루기 위한 노력의 중요성을 알려준다. 브렉시트는 예상치 못한 결과와 그에 따른 혼란을 가져왔는데, 정치적 경제적 결정의 결과는 종종 예상하기 어렵다. 이에 대한 준비와 다양한 시나리오, 유연하게 대처할 능력이 필요함을 또한 알 수 있다.

경제전문가들은 '영국 경제사를 통틀어 가장 후회되는 결정'으로 브렉시트를 꼽았다. 브렉시트를 국민 스스로 결정한 날 구글에서 가장 많이 검색한 문장은 다름 아닌 "유럽연합 탈퇴가 무슨 뜻이야?"였다고 한다. 많은 영국 국민이 유럽연합 탈퇴가 무슨 의미인지 알지 못한 채 찬성표를 던진 것이다. 건강과 생존을 위해 깊이 생각하지 않고 대충 건너뛴 '휴리스틱'이 이때 작동되었다. 이는 비단 영국 국민만의 문제가 아니기에 중요한 정책 결정 앞에서는 과거의 사례를 되새기며 올바른 판단을 해야 할 것이다.

비판적 사고력 UP!

1. 브렉시트를 통해 영국과 전 세계가 얻을 수 있는 교훈은 무엇인가?
2. 브렉시트의 뜻을 제대로 알지도 못하면서 찬성 한 사람들로 인해 어떤 결과를 맞이하게 되었는가?
3. 영국은 어떠한 노력을 통해 이 문제들을 극복해 나갈 수 있을까?

07 세계 시민으로서 우리가 지녀야 할 자세

2022년 개정 교육과정

세계 시민 의식은 스스로를 세계 공동체의 구성원이라 여기고, 세계 시민으로서의 권리와 의무가 있다는 생각을 가지는 것이다. 세계 시민은 넓은 세계를 이해하고 자신의 역할을 다하며 다양성을 중요시하고 존중한다. 지역사회에서 세계에 이르기까지 다양한 공동체에 참여하는 등 세상을 보다 공정하고 지속 가능한 곳으로 만들기 위해 협력하고 도모한다. 전 지구적 관점에서 사고하고 행동하며, 인류 전체의 이익을 위해 노력하는 것이 바로 세계 시민인 것이다.

지구 공동체의 일원이 되면 권리, 책임감, 의무가 생긴다. 그들의 인권은 국가나 지역에 관계없이 보장되어야 하며 생명, 자유, 안전, 행복 등 불가침의 인권을 가진다. 국경을 넘어 이주하거나 다른 나라에서 생활할 권리도 가진다. 가족이나 경제적, 정치적 이유로 다른 나라로 이주할 수 있으며, 국가 간 협력을 통해 국제 문제를 해결하고 다양한 문제에 대처할 수 있다. 세계 시민은 지구 환경을 보호하고 자원을 이용할 권리가 있으며 누구든 교육의 기회를 제공받을 수 있다.

물론 그에 대한 책임도 따른다. 세계 시민은 지구 환경을 보호하고 지속 가능한 발전을 촉진하기 위해 노력해야 한다. 에너지 절약, 재활용, 친환경적인 생활방식을 통해 환경 파괴를 최소화하고 자연 생태계를 보호하기 위해 노력해야 하며 인종, 성별, 종교, 경제적 신분을 불문하고 모든 사람에 대한 평등과 정의를 존중하고 지지해야 한다. 이는 사회적 불평등과 차별을 줄이고 인권을 보장하는 데 기여한다는 뜻이기도 하다.

무엇보다 지역사회와 국제사회에 봉사하고 공익을 위해 노력해야 한다. 자발적 봉사활동, 기부, 지역사회 개발 프로젝트 지원 등을 통해 다른 이들의 삶을 개선하는 자세도 필요하다. 글로벌 시민교육을 통해 인식을 확대해나가면 다양한 문화와 관점을 이해하고 존중할 수 있을 것이다. 이러한 책임감은 지구에 대한 존중과 책임감을 나눠 가진다는 의식에서 비롯된다.

나아가 전쟁이나 테러, 국제 범죄 등으로부터 인류를 보호하고 안전을 유지하는 데에도 뜻을 두어야 한다. 세계 시민을 양성하기 위해서는 학습자를 주체로 생각하는 세계시민교육이 필요하다. 학습자들은 세계의 문제에 능동적으로 관심을 가질 것이며, 이러한 문제 해결 중심교육은 우리 모두에게 필요한 중요한 요소이다. 이 학습은 지식을 키우는 데 목적을 두지 않으며 지식을 토대로 당면한 문제에 대한 해결책 제시에 목적을 둔다.

세계시민교육은 글로벌 시민에게 필요한 '시민성'을 바로 알고 이를 실천하는 것을 중요시하며, 개인이 살아가면서 평생 익히고 완성해 나가야 할 교육이다. 변화하는 사회 흐름을 익히고 자신의 역할을 찾아 각자가 노력할 때 행복한 세계 시민으로 성장하고 공존할 수 있을 것이다.

 ## 어떻게 생각할 것인가

세계화는 경제, 문화, 기술의 영역에서 전 세계를 밀접하게 연결시켰으나 이로 인한 문제도 발생했다. 우리는 변화의 장단점을 바로 알고, 여러 문제에 대응할 방법을 모색해야 한다. 세계화로 발생한 가장 대표적인 문제 사례는 2019년 말부터 우리가 모두 경험한 코로나19를 들 수 있다. 중국 우한에서 처음 발생한 코로나19는 국제여행과 교육 등을 통해 전 세계로 빠르게 확산되었다. 상품, 음식, 동물 등이 국제적으로 교역되면서 질병의 전파가 쉬워졌고, 도시화가 인구밀도를 높이며 질병 전파에 불씨를 당겼다. 세계화의 부정적인 면이 무섭게 드러난 것이다.

세계화는 자유무역과 국제적 협력을 통해 경제성장을 촉진한다. 국가 간의 무역 장벽은 낮아지고 기업들은 더 큰 시장에 접근하며, 더 많은 일자리를 만들고 경제를 활성화한다. 인터넷과 디지털 기술의 발전은 전 세계 사람들이 실시간으로 정보를 공유할 수 있게 만들었다. 이에 사람들은 다양한 문화를 손쉽게 접하고 상호작용하며 새로운 관점을 가질 수 있게 되었다. 이러한 관점은 국제적 이해와 협력을 증진시켰고, 세계의 기후 변화, 전염병, 테러에 대해 국제사회가 공동으로 대응할 수 있게 해주었다.

반면, 세계화는 경제적 불평등을 심화시키기도 한다. 세계화의 혜택은 선진국과 다국적 기업 위주로 일어나면서 빈부격차를 확대한다. 특정 문화가 지배적인 힘을 발휘하면 문화의 다양성이 존중받지 못한다. 또한 세계화로 인한 경제성장은 무분별한 자원개발과 소비를 촉진시키며 환경 파괴를 가속화한다. 그뿐만 아니라 지역 경제와 노동시장에 압박을 가해 저임금 국가의 생산을 늘리고, 그 외 나라 사람들의 일자리를 앗아가기도 한다. 세계화의 성패는 우리가 어떻게 그것을 발전시키느냐에 달려 있다. 우리의 태도가 세계화의 방향을 결정지을 수 있다는 것이다.

그렇다면 우리는 세계 시민으로서 어떤 자세를 갖춰야 할까? 먼저 다양성을 존중하고 차별하지 않으며 평등을 지향해야 한다. 그리고 지역사회를 넘어 전 세계가 하나의 공동체임을 인식하고, 지구적 문제에 관심을 가져야 한다. 환경 문제에 관심을 갖고, 일상생활에서도 친환경적 생활을 유지해야 한다. 재활용, 에너지 절약, 친환경 제품 사용을 통해 자원을 절약하고 지속 가능한 방식으로 생활 태도를 형성해 나가는 것이다.

국제 갈등을 해결하고 평화를 증진하기 위해 노력한다면 누구나 세계 시민으로 우뚝 설 수 있다. 편견과 선입견을 버리고 생각의 틀을 확장해 나가면서, 글로벌 문제와 최신 동향에 대해서도 지속적으로 학습해보자. 세

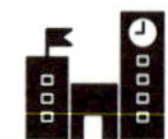 ## 비판적 사고력 UP!

1. 세계 시민으로서 지녀야 할 의무와 권리는 무엇일까?
2. 세계화의 긍정적인 면과 부정적인 면에 대해 설명해보자.
3. 세계 시민의 태도에 대해 생각해보고 실천할 수 있는 것들을 적어보자.

세계를 휘청거리게 하는 러시아의 에너지 무기화

러시아는 세계 최대의 천연가스 생산국 중 하나이며 석유 생산도 상위권에 속한다. 이런 에너지 자원은 러시아의 중요한 가치였으며, 국제 정치에서도 지렛대 역할을 톡톡히 했다. 러시아는 주로 유럽 국가들에 천연가스와 석유를 수출하는데, 이들은 러시아산 가스에 크게 의존하고 있으며 자신들에 대한 에너지 무기화를 가능하게 만들었다.

2005년 러시아와 우크라이나 간의 가스요금 인상을 둘러싼 분쟁이 발생했다. 러시아는 우크라이나에 대한 가스 가격을 급격하게 인상하려 했고, 우크라이나가 이를 거부하자 가스 공급을 중단한다. 이로 인해 유럽의 가스 공급에도 차질이 생긴다. 에너지를 정치적 도구로 사용해 우크라이나에 대한 압력을 가하려 한 것이다. 이는 유럽 전체 에너지 안보에 대한 경각심을 일으켰고 러시아와 우크라이나의 가스분쟁은 2008년에 또 한 번 발생하게 된다.

2022년 러시아가 우크라이나를 침공한 이후 유럽 국가들은 러시아산 에너지 의존도를 낮추기 위해 노력했다. 이에 러시아는 가스 공급을 줄이거나 중단하며 맞섰다. 유럽에서는 겨울을 앞두고 가스가 끊길까 전전긍긍했으며 가스 절약 외에는 뾰족한 대책도 없었다. 에너지 가격 급등에 힘입어 러시아의 재정 수입은 크게 증가한다.

또 주요 곡물 생산국인 러시아와 우크라이나는 전쟁으로 인해 곡물 수출에 차질을 빚으면서 식량 위기에 대한 우려도 생겨났다. 이들의 전쟁과 40여 년 만의 최악의 가뭄까지 겹치며 그곳의 곡물 수입에 의존하던 아프리카는 식량 불안에 시달리게 된다. 우크라이나 전쟁의 최대 피해자가 기근에 시달리는 지역의 주민이라는 말까지 나올 정도였다. 각국은 인플레이션을 잡기 위해서 일제히 금리를 올렸으나 가격 상승을 막는 데에는 한계가 있었다. 세계적인 공급망 혼란으로 이어지면서 스태그플레이션까지 걱정해야 하는 상황이 된 것이다.

그러나 러시아의 에너지 무기화는 다른 국면을 맞이했다. 유럽에 대한 천연가스 공급 중단이 유럽을 얼어붙게 해 우크라이나에 대한 지지를 약하게 만들 것이라 예상했지만 따뜻한 날씨와 다른 국가로부터의 에너지 공급은 러시아의 예상을 보기 좋게 빗나가게 했다. 유럽 국가들의 '재생 가능 에너지 전환의 가속화'도 한몫했다. 유럽은 에너지 저장 시설을 확충하고 가스 파이프라인 및 전력망을 개선했다. 더불어 유럽 연합이 회원국 간의 에너지 협력을 강화해 에너지 안보를 위한 공동 대응 전략을 마련하고 있다. 만일의 사태를 대비해 에너지 공급 지원 체계를 만들고자 한 것이다. 러시아 석유산업은 미국 주도의 러시아산 원유 가격 제한 조치로 오히려 어려움을 겪고 있다.

러시아의 에너지 무기화와 같은 상황은 세계사에서 몇 가지 예를 더 찾아볼 수 있다. 1973년 아랍 석유 수출국 기구는 이스라엘과 욤 키푸르 전쟁에서 이스라엘을 지원한 미국과 서유럽 국가들에 대한 석유 수출을 금지했다. 이는 큰 에너지 위기를 만들었으며, 석유 가격이 급등해 경제가 침체되었다. 에너지 안보에 대한 우려도 크게 증가했다. 베네수엘라의 대통령은 석유를 정치적 도구로 사용해 다른 국가들과의 관계를 강화하거나 압박하기도 했다. 자신을 지지하는 국가에는 저렴한 가격으로 석유를 공급하고, 그렇지 않은 나라는 공급을 제한한 것이다.

이란은 국제사회와의 핵 프로그램 관련 회의에서 호르무즈 해협을 봉쇄하겠다고 위협하기도 했다. 호르무즈 해협은 세계 석유 운송의 중요한 경로로 이곳이 봉쇄되면 글로벌 석유 공급에 큰 차질이 생긴다. 이러한 위협은 글로벌 에너지 시장에 불안감을 초래하고 석유 가격을 높이는 요인으로 작용한다. 이처럼 각 나라는 자국의 이익을 위해 에너지를 무기화하고, 이는 세계 경제와 정치에 큰 영향을 미칠 수밖에 없다. 전 세계가 손을 잡고 에너지를 보다 효율적으로 활용하고 나눌 수 있는 지혜를 모아야 할 것이다.

 **어떻게 생각할 것인가**

러시아의 에너지 무기화가 당장 우리나라 에너지원에 큰 영향을 준 것은 아니지만 전 세계의 경기침체는 우리나라에도 영향을 준다. 전 세계적으로 많은 나라와 교류하고 영향을 주고받는 상황에서 한 나라의 에너지 무기화는 모두에게 영향을 미칠 수밖에 없다. 이는 우리가 관심을 가지고 함께 대응해야 하는 이유이기도 하다. 에너지 무기화는 우리에게 어떤 영향을 주며, 어떻게 대처해야 할까?

러시아의 에너지 무기화는 유럽을 비롯한 국제 에너지 시장의 석유와 천연가스 가격을 급등시킨다. 우리나라의 에너지 수입 비용도 증가하고, 에너지 가격이 전반적으로 상승하면 이것이 물가상승의 원인이 된다. 인플레이션은 가계와 기업에 부담을 주며 경제성장을 어렵게 한다. 국제 에너지 공급이 불안정해지면 우리나라도 다른 에너지원을 찾기 위해 노력해야 한다.

에너지 비용 상승은 제조업, 운송업, 화학 산업 등 에너지를 기반으로 한 다양한 산업의 비용을 증가시킨다. 이는 국내소비와 투자를 감소시킬 수 있는데, 이를 해결하기 위해서는 에너지 수입원을 늘려야 한다. 특정 국가에 대한 에너지 의존도를 줄이고 미국, 호주, 카타르 등의 다른 공급국으로부터 석유와 천연가스를 확보할 수 있도록 노력해야 하는 것이다. 장기적으로는 태양광, 풍력, 수소 에너지 등 재생 가능한 에너지원의 비중을 확대하고 화석연료 의존도를 줄여나갈 수 있으며 에너지 효율을 높이는 기술과 인프라에 투자하여 에너지 소비를 줄이고 비용을 절감할 수 있다. 가정과 산업 분야에서도 이를 적용한다. 스마트 그리드와 같은 첨단 에너지 관리 시스템을 도입하고, 기존 전력망에 정보통신 기술을 접목해 전력의 생산, 전달, 소비 과정을 실시간으로 모니터하고 제어한다. 이는 에너지 소비를 최적화하고 공급의 안정성을 높이는 가장 좋은 방법이다.

세계 식량 공급망 문제에도 관심을 가져야 한다. 우리나라가 당장 직면한 문제는 아니지만, 기아와 영양실조로 죽어가는 사람들을 결코 외면할 수는 없다. 각국의 식량 원조와 재정지원을 통해 그들을 도와야 할 것이다. 이렇듯 세계는 서로 영향을 주고받으며 상생한다. 에너지를 무기화하여 자국만의 이익을 취하는 행동을 견제하여야 하며, 국제사회의 협력과 다양한 대응책을 통해 이 문제를 해결해 나가야 할 것이다.

 ## 비판적 사고력 UP!

1. 러시아 에너지 무기화가 불러온 가장 큰 문제는 무엇인가?

2. 에너지 무기화에 대한 가장 현실적이고 구체적인 대응책은 무엇인가?

3. 기근에 허덕이는 이들을 위해 각 나라가 어떤 협력과 지원을
할 수 있을지 생각해보자.

09 AI 쓰나미가 인간의 일자리를 위협한다

크리스탈리나 게오르기에바 IMF 총재는 "인공지능이 쓰나미처럼 세계 노동 시장을 강타하고 있다"라고 경고하며, AI가 "향후 2년 내 선진국 일자리의 60%, 전 세계 일자리의 40%에 영향을 미칠 것"이라고 덧붙였다. '인공지능 쓰나미'는 인공지능 기술의 급격한 발전과 확산이 경제, 사회, 문화 등 여러 측면에서 광범위한 영향을 미치는 현상을 비유적으로 표현한 것이다.

인공지능은 제조, 물류, 서비스 등 여러 산업에 자동화를 실현시키며 생산성을 대폭 늘리고 있다. 이는 기업의 비용 절감과 품질 향상으로 이어지며, 새로운 비즈니스 모델과 산업을 창출하고 있다. 자율주행 자동차, 스마트 헬스케어, 맞춤형 광고 등이 그 대표적 예다.

'2024 소비자 가전쇼'에서는 인공지능을 핵심 기술로 꼽았으며 비만 관리 업체, 웹툰용 소프트웨어 개발업체, 인테리어 업체 등이 각자의 분야에서 혁신상을 받았다. 인터넷이 대중화되면서 인터넷 기업이 따로 없듯 이제는 모든 기업이 인공지능을 적용한다는 뜻이기도 했다. 쓰레기 분리수거나 총기사고 예방, 질환 치료까지 인공지능의 영역에 들어왔다.

이에 인공지능 시대에 맞춘 새로운 교육 방식과 커리큘럼이 필요하다. 프로그래밍과 데이터 분석, 인공지능 윤리 등과 같은 새로운 지식과 정보를 체득해야 하는 것이다. 이때 인공지능 기술을 다룰 수 있는 사람과 그렇지 않은 사람 간의 격차가 발생하게 되며, 이것이 곧 불평등의 원인으로 작용하여 이들의 격차는 더 커질 수 있다. 인공지능의 확산은 개인의 프라이버시와 데이터 보안 문제에도 영향을 미친다. 데이터 분석 과정에서 개인 정보 보호가 필수적으로 제공되기 때문이다.

인간과 기계의 상호작용이 일상화되면 인간의 생활방식과 사회적 관계에도 큰 변화가 생긴다. 인공지능 비서, 챗봇, 가상 친구는 그동안의 '인간관계'를 완전히 바꾸어 놓는다. 무엇보다 인공지능이 의사결정에 깊이 관여하면 윤리적 문제가 발생할 수 있다. 인공지능이 판단한 것에 오류가 생겼을 때 책임 소재를 어떻게 해야 할지도 중요하게 생각해 볼 문제이다.

인공지능 알고리즘이 지닌 데이터의 편향성 때문에 의도치 않게 차별을 강화할 수 있다. 이에 우리는 인공지능 발전 속도에 맞춰 적절한 법과 규제, 프레임워크를 마련해야 한다. 이는 인공지능의 안전한 사용과 혁신의 균형을 맞추기 위한 것으로 국경을 초월한 문제이기도 하다. 그렇다면 인공지능이 모든 일상에 관여했을 때의 장단점은 무엇일까?

인공지능을 통한 자동화는 우리의 생활을 편리하게 한다. 음성비서나 스마트홈 장치, 자율주행 자동차로 우리의 요구와 필요는 자동으로 처리된다. 이때 우리의 습관과 선호에 대한 맞춤형 서비스를 제공받을 수 있다. 인공지능 기술은 대규모 데이터를 분석해 패턴을 파악하기에 질병 발생, 금융시장 예측, 일기예보 등의 정확성을 높일 수 있다. 의료 분야에서는 인공지능을 활용한 진단 보조 시스템이 의사들의 판단을 보완해 주고, 약물 개발과 치료법 개발에도 인공지능이 유용하게 활용된다. 그뿐만 아니라 예술과 디자인 분야에서도 새로운 창의성과 혁신을 만들 것이다.

인공지능에 대한 다양한 문제도 거론된다. 프라이버시 침해와 다양한 차별, 자율주행 자동차 사고 같은 인공지능 시스템의 결함은 인간을 어떤 식으로든 위험에 빠뜨릴 수 있다. 인공지능을 무기화할 경우 인간의 의사결정과 감시 없이 오작동할 수 있어 군사적 위협이 될 수도 있다. 신문물을 어떻게 받아들일지는 그것을 만들고 누리게 될 이들의 숙제다.

인공지능의 발전으로 우리 삶뿐만 아니라 산업 전반의 모습과 형태가 달라질 것이다. 특히 일자리에 많은 변화가 생길 것으로 예상된다. 인공지능으로 인한 일자리의 변화는 우리에게 직접적인 영향을 줄 것이기에, 다양한 문제점에 대해 살펴보고 그에 맞는 준비를 할 필요가 있다.

인공지능은 반복적이고 예측 가능한 직업을 대체한다. 생산 라인에서의 조립과 데이터 입력 및 처리, 고객서비스 등은 인공지능과 로봇에 의해 손쉽게 대체될 수 있다. 특히 자연어 처리 기술을 활용한 자동화된 문서작성, 법률 문서작성 등 전통적인 저술가나 법률 보조직무의 필요도도 낮아질 것이다.

인간과 로봇이 함께 일하는 환경이 구축될 것인데, 로봇은 반복적이고 위험한 작업을 수행하고 인간은 창의적이고 의사결정이 필요한 직업을 담당하는 효율성을 갖추게 된다. 인간과 인공지능의 협업이 시작되는 셈이다. 인간은 인공지능이 제공한 정보를 분석하고 이해하여 최종결정을 내리면 된다. 이는 인간의 업무를 보조하고 의사결정을 지원해 생산성을 향상시켜 큰 이익을 안겨줄 것이다.

그렇다면 인공지능에 의해 직업에는 어떤 변화가 생길까? 데이터 입력과 처리 업무는 인공지능 기술로 자동화될 것이다. 금융 분야의 데이터 분석, 보험청구 처리, 회계작업이 사라질 것이고 고객서비스와 지원 업무는 음성인식 기술과 챗봇에 의해 얼마든 대체될 수 있다. 운송 및 배송, 무역 및 관세업무도 인공지능이 대신할 수 있다. 그렇다면 인간이 어떤 능력을 길러야 인공지능 시대에서 살아남을 수 있을지 고민해 보아야 한다.

기본적으로 인공지능을 다룰 줄 알아야 한다. 프로그래밍 언어를 이해하고 코딩하거나 컴퓨터를 다룰 수 있어야 한다는 것이다. 데이터를 수집하고, 분석을 통해 의사결정을 내릴 수 있는 판단력도 필요하다. 데이터 시각화와 통계분석 능력을 갖추면 더 좋다. 특히 인간의 창의성과 상상력은 인공지능에는 아직 없는 인간 고유의 것이다. 복잡한 문제를 해결하고 새로운 상황에 대처하는 것 또한 인간의 특화된 능력이다. 인간의 감정과 감성을 이해하고 공감하는 능력은 인공지능이 대체할 수 없으며 문학, 예술, 고객서비스, 의료, 교육 등의 분야에는 여전히 인간의 능력이 필요하다(그러나 언제 따라잡힐지 모른다).

효과적인 의사소통 능력과 협업 능력은 인간만이 가지고 있다. 이는 일을 하는 데 절대적으로 필요한 능력이기도 하다. 이러한 '인간만이 가진 능력'을 이해하고 발전시켜 나갈 때, 인공지능 시대에서 기계에 지배당하지 않는 삶을 살아갈 수 있을 것이다.

 비판적 사고력 UP!

1. 인공지능 시대에 필요한 인간의 능력 중 내가 특화할 수 있는 것은 무엇인가?

2. 인공지능이 대체할 수 없는 직업에는 어떤 것이 있을까?

3. 미래의 일자리를 상상해보고, 필요한 능력을 갖추기 위해 어떤 준비를 해야 할지 생각해보자.

 10 우주쓰레기 경감 대책

‘우주 쓰레기’는 우주에서 임무를 수행 중인 인공위성을 제외하고 지구 궤도를 돌고 있는 모든 인공적인 물체를 뜻한다. 인공위성, 로켓, 우주선 등의 인공 구조물은 임무를 수행하며 우주 공간에 불필요한 잔해물을 남긴다. 수명을 다한 인공위성, 궤도에 도달한 후 분리된 로켓, 우주선이나 위성이 충돌하거나 폭발하여 생긴 파편이 대표적이다.

우주 쓰레기가 지구 궤도를 계속해서 도는 이유는 발사 시 초기 속도를 받은 물체가 계속해서 궤도운동을 하기 때문이다. 외부에서 힘이 가해지지 않는 한 물체는 정지상태를 유지하거나 일정한 속도로 직선운동을 계속한다. 이 때문에 궤도를 유지할 수 있는 것이다. 여기에는 중력도 한몫한다. 지구 주위를 도는 물체는 지구의 중력에 의해 당겨진다. 이 중력이 우주 쓰레기를 지구로 끌어당기지만, 물체가 가진 속도 때문에 직선으로 낙하하지 않고 궤도를 유지하게 된다. 궤도에 있는 물체는 중력으로 인해 지구로 끌려가려는 힘과 원심력 사이에서 균형을 이룬다. 우주 공간이 거의 진공상태이기 때문이다. 공기저항이 없으면 물체의 속도는 감소하지 않는다. 한 번 궤도에 오른 물체는 외부의 마찰이나 저항이 거의 없기에 에너지를 소모하지 않고도 계속 움직일 수 있다. 우주 쓰레기가 사라지지 않는 이유다.

우주 쓰레기는 1970년대부터 꾸준히 늘어나고 있으며 최근에는 36,000km 지점인 정지궤도까지 통신, 방송 업무를 위한 위성이 증가하며 우주 쓰레기가 늘어났다. 저궤도와 정지궤도에는 현재 관측 가능한 10cm 이상의 우주 쓰레기가 25,000개 이상 있다. 미관측 우주 쓰레기까지 포함하면 약 1억 개 이상일 것으로 추정된다. 이 우주 쓰레기가 인공위성과 충돌하면 인공위성 파괴는 물론 일상생활에도 손실이 발생할 수 있다. 우주 쓰레기는 아주 빠른 속도로 이동하기 때문에 작은 충돌도 막대한 피해를 야기한다. 손톱만 한 나사 하나가 위성을 심각하게 손상시킬 수 있다는 것이다.

　우주 쓰레기는 우주 탐사나 우주 정거장에도 큰 위험을 초래한다. 우주 비행사가 탑승한 우주선이 우주 쓰레기와 충돌할 경우 치명적 사고가 발생할 수 있다. 사고로 인해 특정 궤도가 파편으로 가득 차게 되면 그 궤도에서는 모든 우주 활동이 불가능해질 수 있다. 대기권으로 재진입할 시 지상 인프라와 사람들에게도 위협을 가할 수 있다. 무엇보다 상업 위성, 군사 위성, 기상 위성 등 중요한 위성이 파괴되거나 손상될 경우 막대한 경제적 손실이 생길 것이다.

　우주 쓰레기 제거를 위한 기술 연구는 계속되고 있다. 우주 쓰레기 포획을 위해 네트를 사용하는데 이는 우주 쓰레기를 그물로 포획한 후 폐기하는 방식이다. 목표물이 그물에 걸리면 쓰레기를 안전하게 대기권으로 소멸시키며, '하푼'이라는 발사체를 소형로켓이나 위성에 탑재해 발사하기도 한다. 하푼이 목표물에 박히면 연결된 케이블을 통해 목표물을 견인하는 방법이다. 강력한 레이저를 사용해 우주 쓰레기를 제거하거나 로봇 팔이 장착된 위성으로 우주 쓰레기를 이동시키는 기술도 있다. 자석을 사용하여 철분이 포함된 우주 쓰레기를 수집하기도 한다.

　이에 우주 쓰레기 경감을 위한 국제적 협력과 규제체계도 마련되고 있다. '유엔우주공간평화이용위원회'는 위성 및 로켓의 설계와 제작 과정에서 우주 쓰레기 생성을 최소화하도록 계획할 것을 요구했다. 발사체의 일부가 궤도에 남지 않도록 하는 것이다. 더불어 임무 완료 후에는 위성을 안전하게 궤도에서 제거하도록 권장한다. 위성이나 우주선이 제어된 상태로 대기권에 재진입하여 소멸하거나 특별한 폐기 궤도로 이동하도록 하는 가이드라

인도 마련했다. 우주는 인류 공공의 자산이다. 앞으로도 지속 가능한 우주 활동을 위해 모두 힘을 합쳐 노력해야 할 것이다.

어떻게 생각할 것인가

기술 개발은 우리에게 많은 발전과 편리함을 가져다준다. 그리고 그에 따른 문제점을 피할 수 없다. 우리는 기술 개발에 열광하여 더 나은 세상을 위해 노력하지만, 그 이면에 남겨진 문제에 대해서도 생각할 수 있어야 한다. 인공위성의 개발로 얻은 이점이 우주 쓰레기 문제를 초래한 것처럼 말이다. 문제 없는 기술 개발을 위해서도 노력해야겠지만 문제가 생겼을 때 대처하고 해결할 방법도 고민해야 한다.

인공위성의 개발로 전 세계는 언제 어디서든 자유롭게 통신할 수 있다. 외딴 지역에서도 인터넷 접속이 가능한 디지털 세상을 만든 것이다. 기상 위성을 통해 더욱 정확한 기상 예보와 자연재해 예측이 가능해졌고, 지구 환경을 실시간으로 모니터하여 기후 변화, 산불, 오염 등을 예방하고 관리할 수 있다. GPS 시스템은 교통, 물류, 긴급 구조 등의 효율성을 극대화했으며 정찰과 감시, 국가안보를 강화했다.

그러나 무분별한 개발로 인해 우주 쓰레기가 늘어나며 인류는 또 다른 위험에 직면하게 된다. 2024년 5월 미국에서는 '드래곤 캡슐(스페이스X)'의 잔해로 추정되는 우주 쓰레기가 발견되기도 했다. 2022년 8월에는 호주에서, 2024년 5월에는 캐나다에서 우주 쓰레기가 발견되었다. 당장 우주 쓰레기가 추락해 부딪히거나 다칠 확률은 낮다. 하지만 계속해서 만들어지는 우주 쓰레기에 대한 관리가 없다면 향후 다양한 문제와 사고를 피할 수 없을 것이다.

그에 따라 인공위성을 개발하고 운영하는 국가들은 국제적 표준을 준수해야 한다. 임무 종료 후 위성을 안전하게 폐기해야 하며, 국제적 협력과 기금을 통해 우주 쓰레기를 제거하는 기술을 개발할 필요도 있다. 이를 해결하기 위한 협약 이외의 다른 노력도 필요하다. 쓸모있는 위성을 재활용는 연구는 이미 진행 중이며, 그렇게 되면 재급유가 필요한 위성의 임무 수행 기간을 늘릴 수 있게 된다. 예컨대 재급유 셔틀 위성이 무덤 궤도(수명을 다한 위성들이 모이는 곳)로 이동해 기름을 배달하는 것이다. 재급유 위성은 2026년까지 준비를 마치고 우주로의 배달을 시작할 예정이다.

일본에서는 세계 첫 목조 인공위성인 '리그노샛'을 완성했다. 가로세로의 높이가 각각 10cm밖에 안 되는 정육면체의 초소형 위성이다. 내부에 전자기기가 탑재되었으며, 무게는 1kg 정도이다. 기존 위성에서 알루미늄을 쓰던 것을 목련과 활엽수로 대체하고 금속과 접착제를 사용하지 않은 것이 특징이다. 2024년 9월, 스페이스X에 실려 우주로 발사될 세계 최초의 나무 위성이 과연 우주 쓰레기 문제의 새로운 대안이 될 수 있을까?

 비판적 사고력 UP!

1. 우주 쓰레기가 인류의 미래에 미칠 영향에 대해 생각해보자.
2. 우주 쓰레기를 줄이는 가장 효과적인 방법은 무엇일까?
3. 무분별한 인공위성 개발, 우주 쓰레기 등의 문제를
   피할 대체재 개발에는 어떤 것들이 있을까?

Chapter 6

철학

01 행복이란 무엇일까?

우리나라 사람들은 얼마나 행복할까? 유엔은 매년 1인당 GDP, 사회적 지원, 기대수명, 자유, 부정부패, 삶의 만족도, 사회적 연대 등 7개 지표를 기준으로 '국가별 행복지수'를 산출한다. 한국은 137개국 중 57위, OECD 국가 중에서는 35위를 기록(2023년 기준)했다.

2019년 한국인 행복도 조사에 따르면 '어떤 조건이 더 충족되면 행복해질 것인가?'라는 질문에 '좋은 배우자와 행복한 가정을 이루는 것'이 1위를 차지했다. '건강하게 살고 돈과 명성을 얻는 것', '소질과 적성에 맞게 일하는 것'이 그 뒤를 이었다. '여가생활을 즐기고 자녀들의 교육을 잘 시키는 것', '더 많이 배우고 자기 발전을 도모하는 것'도 이유에 포함되었다. 연령별로는 20대가 '가장 행복하지 않다'고 답했으며, 연령대가 낮을수록 현재의 삶에 불만족을 느끼는 것으로 나타났다. 삶이 행복하지 않은 이유로는 경제적 궁핍, 고민, 직업의 불만족, 건강 등이 가장 많았다.

특히 아동과 청소년의 행복지수는 주요 선진국 중 최하위이다. 이들의 행복도는 소득수준에 비례한다. 중위소득 50% 미만 가정 아동의 행복도는 가장 낮았는데, 빈곤 가정 아동은 미래에 대한 기대감이 거의 없는 것으로 나타났다. 이들은 학업, 가정 형편, 가족 간의 불화, 외모나 신체적 조건의 불만, 원만하지 않은 친구 관계 등을 불행의 이유로 꼽았다. 월드비전의 조사에서 대부분의 초등학생은 놀 시간이 부족한 것에 대해 토로했고, 중고등 학생들은 치열한 경쟁과 공부량에 대한 어려움을 토로했다.

행복도 1위는 핀란드로 6년 연속 세계 1위를 차지했다. 가디언이 핀란드 사람을 대상을 조사한 결과 핀란드의 아름다운 자연환경이 행복에 적지 않은 영향을 미친다고 했다. 핀란드도 우리나라처럼 사계절의 변화를 명확하게 경험할 수 있다. 핀란드 사람들은 대부분 서로를 존중하고 가진 것에 행복해하며, 가질 수 없는 것에 대해 생각하지 않았다. 탄탄한 사회복지를 위해 많은 세금을 내지만 대부분 만족하고 있다. 모든 시민이 평등하게 초등부터 대학까지 무상교육을 받고 심지어는 건강보험도 무료다. 핀란드 관광청에서는 행복 마스터 클래스를 열어 자연과 라이프 스타일, 건강과 조화, 디자인과 일상, 음식과 웰빙을 주제로 행복 수업도 진행할 계획이라고 한다.

저녁이 있는 삶을 즐기며 일과 가족의 행복을 함께 추구하는 덴마크와 스위스, 세입자들의 천국 독일, 가난한 이들과 공존하는 브라질과 콜롬비아 등도 행복지수가 높은 나라다. 핀란드와 우리나라가 자연적으로 비슷한 조건을 가지고 있음에도 행복도에서 다른 결과가 나온 이유는 무엇일까? 1인당 국내총생산이 높은 국가에서 살면 국민의 삶의 만족도가 높아진다는 분석도 있었지만, 경제학계에서 이는 큰 논란거리다. 미국의 경제학자 리처드 이스털린은 '소득이 어느 정도 높아지면 분명 행복도도 높아지지만, 일정 시점을 넘어서면 행복도가 그 이상으로는 증가하지 않는다'라고 말했다. 경제적 이유가 나아지면 행복해질 거라는 직장인들의 기대가 어느 정도는 충족되지만 이것이 행복을 보장하는 전제조건은 아니라는 것이다.

비교하지 않는 생활과 여유, 가족 간의 행복도, 타인을 이해하고 수용하며 즐겁게 자기 일을 해나가는 풍토를 마련할 때 우리나라도 핀란드처럼 매년 행복지수가 올라갈 것이다. GDP로 행복지수를 가늠하기 전에 먼저 개개인의 작은 '소확행(소소하지만 확실한 행복)'들이 확보되어 있는지 점검해 볼 필요가 있다.

에피쿠로스 학파는 행복을 '불평등한 욕구를 만족시키는 것이 아니라 오히려 필수적인 욕구를 만족시키고 불필요한 욕구를 제어함으로써 달성되는 정적인 상태'로 정의했다. 불행과 고통을 피할 목적으로 유흥과 즐거움을 추구하는 것보다 욕구를 간단히 하고 정신적인 평온과 만족감을 추구하는 것이 더 중요하다고 주장한 것이다. 더불어 모든 인간의 행동과 노력의 최종목적을 '행복의 달성'으로 보았다.

아리스토텔레스는 행복을 '윤리적인 삶을 살고 미덕을 실현함으로써 달성되는 최고의 인간적 목표'로 정의했다. 윤리적 덕을 통해 옳은 행동과 균형 잡힌 삶을 추구한 것이다. 특히 자기 통제와 균형 잡힌 삶, 지혜 등을 강조했다. 아리스토텔레스는 삶의 목적을 '행복을 달성하기 위한 조건이자 결과'로 보았다. 이를 위해 인간은 목표를 설정하고 노력하며, 그에 따른 성장 과정을 통해 행복을 느낀다는 것이다.

더러는 행복을 삶의 목적이나 가치와는 별개로 여기기도 한다. 삶의 목적은 개인마다 다르며 개인의 가치, 신념, 욕망에 따라 다르다는 관점도 있다. 그렇다면, 어떻게 해야 행복해질 수 있을까? 여론 조사 기업 '갤럽'의 웰빙지수 연구 책임자인 댄 워터스는 진정한 행복을 상징하는 요소들을 밝혀냈다. 이 지표는 만족감과 기쁨을 나타내며, 만약 이 문항들에 해당되는 것이 많다면 다른 사람들보다 행복할 가능성이 높다.

① 재정을 잘 관리해 수입 내에서 생활하는 사람, ② 하고 싶은 것을 할 수 있는 돈이 있는 사람, ③ 지속적으로 목표를 달성하고 직업 만족도가 높은 사람, ④ 지역사회의 보호 아래 매일 새롭고 흥미로운 것을 배우는 사람, ⑤ 자신의 건강을 염려하는 사람이 있고 매일 건강한 식사를 하는

사람 등의 문항에서 해당되는 것이 있는지 살펴보자.

행복을 위해 새로운 친구를 사귀거나 자원봉사에 참여하는 것도 도움이 된다. 숙면을 취하고 가까운 사람들과 깊이 있는 대화를 나누는 것도 좋다. 이런 것들이 행복을 단단하게 만들어 줄 수 있다. 특히 타인과 나누는 삶은 행복감을 극대화한다. 작은 것에도 감사함을 느끼고 늘 긍정적으로 생각하는 것도 행복도를 크게 좌우할 것이다.

건강한 생활습관을 갖고 스트레스를 관리하며 취미 활동을 즐기는 사람의 행복도는 높을 수밖에 없다. 이렇듯 일과 쉼의 균형도 중요하다. 개인마다 느끼는 행복에는 차이가 있다. 자신이 가장 편안하고 안정적인 방법을 찾아 나가는 자세가 필요한 까닭이다. 자신이 조금 더 행복해지는 방법을 찾아 노력하는 것, 행복한 삶은 이러한 노력에서부터 시작된다.

 ## 비판적 사고력 UP!

1. 나의 행복도를 측정해 보고, 그 이유를 설명해보자.

2. 행복에 대한 자신만의 기준을 제시해보자.

3. 행복을 위해 자신의 삶에서 어떤 것들을 바꿀 수 있을까?

02 도덕적 인간의 기준

2022년 개정 교육과정

최근 한 치킨집 사장의 글이 온라인에서 화제다. 사진 속 치킨과 음료는 자신을 30대 치킨집 사장이라고 밝힌 글쓴이가 근처 보육원에 기부한 것들이었다. 이 사장은 12년 전인 열아홉 살 때 아르바이트를 하던 도중 한 번은 보육원에 치킨을 배달하게 되었고 나중에 치킨집 사장이 되면 꼭 다시 한번 방문하겠다고 다짐했다고 한다. 그러면서 치킨 열여섯 마리를 보육원에 기부한 이날만큼은 빌 게이츠도 부럽지 않았다고 덧붙였다.

해당 게시글에는 '돈쭐내주자'라는 댓글이 이어졌다. 돈으로 '혼쭐내다'라는 뜻으로 그 가게 음식을 많이 팔아주자는 의미이다. 하지만 글쓴이는 대가를 바라고 한 일이 아니라며 가게 위치를 밝히지 않았다. 앞으로도 더 크게 도우며 살겠다는 글에 감동의 댓글이 이어졌다. 훈훈한 뉴스가 이어지는 가운데 이러한 기사는 우리 사회를 훈훈하게 만든다. 그렇다면, 도덕적인 사람은 어떤 특징을 지닐까?

행동의 옳고 그름을 분별하고, 타인과 사회에 대해 책임감과 배려심을 가진 이들을 흔히 '도덕적인 사람'이라고 한다. 도덕적인 사람은 정직하다. 진실을 말하고 자신과 타인에게 정직하게 행동한다. 자신의 의도를 숨기지 않고 솔직하게 드러내며, 편견이나 차별 없이 모든 사람을 공평하게 대한다. 그리고 상황을 다양한 각도로 분석하고 여러 사람의 이익을 위해 노력한다. 자신의 역할에 책임을 다하고 맡을 일을 성실하게 수행할 때 도덕적 소양을 갖출 수 있다. 특히 도움이 필요한 사람들을 마음을 다해 보살피며, 타인의 감정을 깊이 이해하는 공감능력 또한 뛰어나다. 불의에 맞서고 부당한 대우를 받는 사람들을 지지하는 것도 도덕적인 사람의 몫이다.

욕구나 충동을 조절하기는 어렵다. 그러나 도덕적인 사람은 장기적 목표를 이루기 위해 참고 노력하며 분노, 슬픔 등 부정적인 감정을 부적절하게 배출하지 않는다. 이들은 대개 가족, 친구, 공동체에 대한 의무와 책임을 다하고 이들을 위해 헌신한다. 도덕적 원칙과 가치에 따라 목표를 세우고 이를 실천하는 것이다. 무엇보다 이들은 자신의 행동을 돌아볼 줄 알며, 이러한 행동들이 도덕적 기준에 부합하는지 살핀다. 그렇게 되면 윤리적 이론과 도덕적 원칙을 바로 알게 하고 다양한 관점을 보장한다.

자원봉사나 사회활동을 통해 도덕적 행동을 실천하는 것은 매우 바람직하다. 도덕적 인격을 갖춘 사람이라고 해도 이를 실천으로 옮기는 것은 사실 쉬운 일이 아니다. 자신의 내면을 들여다보고 감정과 생각을 조율하며 윤리, 철학, 종교 등의 공부를 게을리하지 않는 것도 이들의 특징이다. 역사적 인물이나 문학 작품 속 도덕적 딜레마를 통해 배울 것이 많기 때문이다. 이들은 일상에서도 도덕적 원칙을 따른다. 주변 사람을 도와주면서 배려와 공감을 실천한다. 이들은 편협한 세계에 갇히지 않으며 자신의 행동에 대한 피드백을 살피고 점검한다.

현대사회는 도덕적 인간을 필요로 한다. 도덕적 인간은 개인의 삶뿐만 아니라 사회 전체의 건강과 번영에 큰 영향을 미친다. 사회적 신뢰를 늘리고 공동체의 발전을 도우며 불의에 맞서는 용기로 정의를 실천한다. 이러한 사람이 늘어날수록 인간관계의 질이 향상되고 지속 가능한 발전을 할 수 있게 된다. 이에 우리는 국제 사회에서 발생하는 다양한 문제에 대해 도덕적인 책임감을 갖고 생각할 필요가 있다.

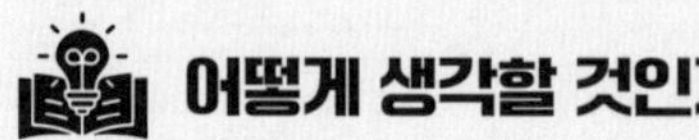

우리는 '도덕적 인간이 된다는 것'의 의미는 충분히 알고 있다. 그러나 도덕적 인간이 되려고 노력하는 순간마다 도덕적 판단의 딜레마에 빠진다. 과연 어떤 것이 도덕적 선택이며, 그 선택을 위해 우리는 어떤 것들을 고려해야 할까?

도덕적 선택에 앞서 그 선택이 미치는 결과를 먼저 살펴보아야 한다. 이 선택이 자신과 타인에게 어떤 영향을 미칠지 생각해 봐야 한다는 것이다. 행동의 결과가 좋더라도 의도가 부정적이라면 결코 도덕적이라고 볼 수 없다. 사회적, 문화적, 그리고 보편적 도덕 규범을 고려해야 하는 까닭이다.

도덕적인 사람이 되기 위해서는 자신의 선택이 타인에게 미치는 영향을 깊이 생각하고, 타인의 감정과 권리를 존중할 줄 알아야 한다. 자신의 가치와 신념을 주기적으로 검토하고, 그것이 도덕적 선택에 어떻게 영향을 미치는지 성찰해야 하는 것이다.

특히 도덕적 옳고 그름이 명확하지 않을 때는 다양한 관점에서 문제를 바라보아야 한다. 충분한 정보를 수집하고 가능한 한 모든 관련 사실을 이해할 필요가 있다. 여러 가지 선택지를 검토한 후 각각의 도덕적, 윤리적 측면을 평가한다. 신뢰할 수 있는 사람이나 윤리 전문가와 상담하는 것도 좋은 방법이다. 도덕적 기준을 일관성 있게 적용하고, 상황이나 사람에 따라 그 기준을 달리하지 않도록 한다. 최종적으로는 자신의 양심에 따라야 하는데, 이때는 내면의 도덕적 나침반을 믿고 따르는 것이 중요하다.

가령 친한 친구의 비밀이 타인에게 큰 해를 끼칠 수 있는 경우 그 비밀을 지켜주는 게 옳은지, 혹은 알리는 게 옳은지 헷갈릴 수 있다. 이럴 때는 우선 사실관계를 확인한 후 그것이 타인에게 어떤 해를 끼칠 수 있는지 구체적으로 파악한다. 비밀이 밝혀지지 않았을 때의 결과가 얼마나 심각한지 판단하는 것이다. 여기서 타인이 입을 피해가 심각하다면 비밀을 지키는 것은 도덕적으로 정당하지 않다. 동시에 친구가 비밀을 지켜달라고 부탁한 이유와 이 비밀로 인해 어떤 어려움을 겪게 될지도 고려해야 한다. 우선은 친구에게 비밀을 지키겠다고 약속했으므로, 이를 지키는 것이 도덕적 의무일 수 있다. 그러나 이 의무로 인해 누군가 큰 해를 입게 된다면, 의무의 경중을 따질 필요가 생긴다. 친구에게 비밀을 지키는 것의 위험성을 설명하고 타인에게 미칠 해를 최소화할 수 있는 다른 방법을 함께 찾는 것도 지혜이다. 가령 친구가 스스로 비밀을 공개하도록 설득할 수 있는데 만약 이 비밀이 불법 행위나 범죄와 관련된 것이라면 이를 알리는 것이 친구와 타인, 나아가 사회에도 이로울 것이다.

이와 비슷한 상황에서 우리는 여러 정황을 살핀 후 균형을 찾아야 한다. 각 경우의 결과를 신중히 평가하고, 도덕적 원칙에 따라 최선의 결정을 내리는 것이 중요하다.

 ## 비판적 사고력 UP!

1. 도덕적 인간의 특징 중 나에게 해당되는 것은 무엇인가?

2. 지금의 삶에서 도덕적 인간이 되기 위해 어떤 노력을 할 수 있을까?

3. 자신이 위와 같은 상황에 놓인다면 친구의 비밀과 타인의 안전 중 무엇을 선택할지 말해보고, 그 이유도 함께 설명해보자.

2024년 5월 모의고사

미국의 철학자 그레이엄 하먼은 인간과 사물, 나아가 모든 존재가 동등하다는 객체지향 존재론을 주장했다. 하먼은 '모든 객체는 독립적인 실재성을 가지고 있으며, 이는 인간의 인식이나 관계에 의해 결정되지 않는다'라고 말했다. 모든 객체가 고유의 존재 방식과 특징을 지닌다는 것이다. 하먼에 의하면 모든 존재는 독립적이고 자율적이며, 심지어 사물의 본질도 인간이 결정할 수 없다. 객체는 '다른 존재에게 파악되지 않도록 물러나는 측면'과 '다른 존재에게 분석된 그 이상의 다른 무언가로 스스로 드러나는 측면'을 가진다. 따라서 인간이 사물을 일반화하려고 해도 일반화되지 않는다.

인간은 객체의 모든 것을 파악할 수 없다. 인간 역시 사물과 같은 성질을 가지고 있기 때문이다. 세상의 모든 존재가 다른 객체에게 완전히 파악될 수 없는 동등한 객체이다. 객체가 완전히 파악될 수 없다면 우리는 그것을 어떻게 알 수 있을까? 하먼은 객체가 정보를 발산하는 성질을 띤다고 주장한다. 우리가 감각을 통해 객체의 성질과 존재를 지각한다는 것이다.

하먼은 모든 객체는 드러나는 측면과 물러나는 측면이 함께 있기 때문에 어떤 관찰자도 모든 객체의 모든 정보를 완전히 파악하기 어렵다고 말했다. 더불어 우리는 객체의 일부만을 확인할 수 있으며, 모든 객체가 객체 그 자체로서 철학적 사유의 한가운데 있어야 한다고 주장했다. 하먼은 인간과 인간이 만든 사회, 문화 등이 다른 수많은 객체와 다르지 않다고 주장한다. 인간만이 주체가 아니며 모든 것이 객체의 성질을 갖고 있다는 것이다. 예컨대 인공지능 로봇이 인간을 바라보고 있다면 인공지능 로봇이 주체 같은 객체이며 인간은 주체가 아닌 객체가 된다. 즉, 인간을 모든 것의 척도로 삼아온 방식의 허점을 밝히며 인간 이외의 모든 것도 객체로서 존중받아야 한다고 주장하는 것이다.

그도 그럴 것이 모든 현상의 기준을 인간으로만 삼는다면 다른 것들은 소외될 수밖에 없다. 인간과 모든 세계를 구분하지 않고 모든 것을 객체로 일원화하는 가장 큰 이유다. 이렇게 되면 세계 각지에서 일어나는 다양한 문제와 갈등이 해결될 것이다. 어느 누구도 함부로 다른 객체를 대하지 않을 것이며 사육이나 도살, 불미스러운 동물실험도 사라질 것이며 무분별한 쓰레기 매립, 벌목 등 자연을 파괴하는 행위들도 점차 줄어들 것이다.

이는 프랑스의 인류학자 브뤼노 라투르 등이 발전시킨 '행위자−네트워크 이론'과 비슷하다. 두 이론은 복잡한 관계를 이해하고 설명하는 데 초점을 둔다. 객체지향 존재론은 객체 간의 복잡한 관계를 다루며 행위자 네트워크 이론은 행위자 간의 복잡한 상호작용을 분석한다. 두 이론 모두 인간 이외의 객체나 요소들의 중요성을 강조한다. 객체지향 존재론은 모든 객체가 독립적인 존재로서의 가치를 가지고 있다고 주장하며, 행위자 네트워크 이론은 사람 이외의 비인간적 요소도 행위자의 일부로서 중요시 여긴다.

객체지향 존재론은 현대 철학에서 중요한 흐름으로 자리잡았고, 인간과 비인간 객체와의 관계를 재평가하는 데 중요한 역할을 했다. 물론 그의 철학이 지나치게 추상적이거나 실제 적용에 어려움이 있다는 지적도 있다. 그러나 하먼의 사상이 철학적 논의의 폭을 넓히고 새로운 대안을 제시하고 있다는 사실은 변하지 않을 것이다.

그레이엄 하먼의 객체지향 존재론을 살펴보았다. 이는 기존의 인간중심주의 철학에 반대하여 새롭게 도래한 관점이며, 하나의 이론에 대해 살펴볼 때는 반대되는 주장들을 살펴볼 필요가 있다. 그 과정에서 이론을 더 깊이 이해할 수 있을뿐더러 나만의 관점을 가질 수 있기 때문이다.

인간중심주의 철학은 전통적으로 '인간'을 우주 혹은 세상의 중심에 두며, 모든 것을 인간의 관점에서 이해하고 평가한다. 그리고 이는 고대부터 현대에 이르기까지 다양한 분야에 영향을 미쳤다. 인간의 가치와 중요성을 강조하며 인간을 윤리적, 지적, 문화적 능력을 지닌 유일무이한 존재로 인식한 것이다. 이러한 인식은 자연, 사회, 문화를 비롯한 모든 현상을 인간의 관점에서 해석하고 이해하려는 경향을 보인다.

인간중심주의는 인간의 본성, 행동, 윤리적 책임을 중시하며 이를 바탕으로 사회적, 정치적 가치를 세운다. 자연환경이나 다른 생명체를 인간의 지배와 통제 아래 두려는 특징이 있으며, 환경보호나 지속 발전이 가능한 환경 윤리 문제에 자주 부딪힌다. 자연환경과 다른 생명체의 가치를 고려하지 않고 인간의 이익과 욕구만을 채우려 하기 때문이다. 이는 지구 생태계 공존에 매우 부정적인 영향을 미친다.

기술의 발전이 인간 중심으로만 나아간다면 기술에 의한 인간의 지배와 통제도 염려된다. 인간의 삶을 위해 기술을 만들지만, 기술에 대한 인간의 의존도가 높아지면 인간은 기술 없이는 단 하루도 살기 힘들어질 것이다. 그로 인해 인간의 자율성과 자립성이 줄어들 수 있다. 인공지능과 자동화 기술의 발전은 인간 노동력의 대체를 일으켜 인간의 가치와 존엄성을 낮추기도 한다.

인간중심주의는 동물의 권리와 복지를 무시하기도 한다. 동물 역시 생명체로서 존중받아야 한다. 인간의 이익을 위해 이대로 계속 희생된다면 이 역시 큰 문제가 아닐 수 없다. 동물뿐만 아니라 특정 문화나 인종에 대한 권리와 복지가 무시되기도 한다. 특정 집단의 우월성이 강조한다면 인권 침해와 사회 정의에 대한 문제도 생긴다. 소수자나 취약한 집단의 권리와 복지가 무시되어서는 안 될 것이다.

인간중심주의는 단기적인 인간의 이익을 추구하고 지속 가능한 발전을 고려하지 않는 경향이 있다. 다양성을 인정하는 철학의 영역에서 보면 아쉬운 것이 사실이다.

 ## 비판적 사고력 UP!

1. 인간중심주의 철학에 대한 찬반 의견을 내보자.
2. 객체지향 존재론이 사회, 문화, 국가에 미칠 영향은 무엇일까?
3. 객체지향 존재론처럼 자신만의 사상이 있다면 구체적으로 피력해보자.

04 인간의 사유와 대상은 따로 존재한다

　책상 위에 빨간 사과가 놓여 있다면 어떤 사유의 과정이 생길까? 먼저 사과의 형태나 색깔을 보거나 느낄 것이고 이후 그것을 '사과'로 인식할 것이다. 우리는 이 사과가 현실에 실재하는 대상임을 의심하지 않는다. 그러나 근대 철학자들은 감각되지 않은 물리적 대상이 독립적으로 존재한다는 것을 증명할 수 없었다.

　객체는 먼저 인식되고, 그 인식은 객체의 존재를 결정한다. 주관적인 경험과 객관적 현실 사이에 상호적 관계가 존재한다는 의미다. 프랑스의 철학자 '캉탱 메야수'는 이러한 입장을 상관주의라 이름지었고, 경험과 지식이 언어와 문화적 배경에 의해 형성됨을 강조했다. 이는 우리의 인식과 실제 객체 사이의 구분을 강조하고, 우리가 세상을 이해하고 인식할 때 주관적인 인식과 객체 사이의 관계를 고려해야 한다는 뜻이기도 했다.

　상관주의는 현대 철학과 상대주의에 큰 영향을 주었다. 사실이나 가치가 상대적이라고 주장하는 상대주의는 참된 지식이나 가치가 절대적이지 않다고 주장한다. 언어철학은 상관주의의 영향을 받아 언어와 의미의 관계를 중요시하는 철학의 영역이다. 언어를 통해 현실이 조직되고 이해된다는 게 언어철학의 주요 관점이다. 포스트 모더니즘은 객관적인 실재성이나 진리에 대한 믿음을 의심하고, 다양성과 다의성을 강조하는 철학으로 세계나 지식의 절대적인 해석이 불가능하다고 보았다.

　캉탱 메야수의 이론은 '상관주의가 유럽 대륙 철학의 주요 입장 중 하나가 되면서 인간의 사유를 대상과 사유의 관계로 제한했다'는 문제의식에서 비롯된다. 그는 사유의존적인 대상뿐 아니라 인간의 사유와 독립한 존재가 실재한다고 주장했다. 메야수는 인간이라는 종의 출현에 선행하는 존재를 선조적인 것으로 여겼으며, 인간의 사유와 독립한 존재가 실재함을 과학적으로 증명하려 했다. 방사성 동위 원소의 측정으로 46억 년 전에 최초의 지구가 존재했음이 입증되었다.

메야수는 우연성을 가진 존재를 통해 인간이 다양한 가능성에 대해 사유해야 한다고 주장했다. 이는 인간 중심의 생각에서 벗어나 우리의 사유와 세계를 확장하려는 시도라고 볼 수 있다. 그는 헤겔의 철학을 현대에 적용하고 재해석하는 데 중점을 두었으며, 헤겔의 역사 철학에 대한 해석을 통해 현대 세계에서의 역사적 발전과 개인의 역할을 찾았다. 더불어 헤겔이 말한 '역사의 종말'이라는 개념을 현대적으로 재해석하기도 했다.

자유주의와 민주주의가 이상적인 정치형태로 완성되고, 역사의 종료 이후에는 '마지막 인간'이라 불리는 만족할 만한 상태의 인간이 나타날 것이라는 예측도 했다. 마지막 인간은 자유와 도덕적 가치에 대한 열망이 약해지고 오직 안락한 삶을 추구하며, 더 이상 도전적인 목표나 비전을 추구하지 않는다.

메야수는 현대사회에서 소비주의와 편안한 삶을 중시하는 문화를 비판했다. 이는 개인의 자유와 도덕적 가치를 중시하는 메야수의 철학적 입장에서는 용납할 수 없는 흐름이었을 것이다. 그의 이론은 자유주의와 민주주의에 대한 개념을 현대적 맥락에서 탐구하는 데 기여했으며 종교철학과 신학, 욕망과 이성의 상호작용을 이해하는 데에도 적지 않은 영향을 주었다. 인간의 역사적 발전과 종교적 경험 간의 관계를 탐구하게 만든 것이다.

이처럼 개인의 욕구와 만족에 대한 철학적 탐구는 다양한 문화와 사회의 상호작용을 이해하고 인간의 삶과 사회적 구조를 이해하는 데 큰 도움을 주었다.

메야수의 이론은 상관주의를 비난했고, 헤겔 철학의 영향을 받았다. 세계의 모든 것은 서로 영향을 주고받으며 발전하기에 '어떤 것'이 '어느 부분'에서 '어떻게' 영향을 미쳤는가 하는 문제는 대단히 중요하다. 우리도 누군가의 영향을 받아 '나의 생각'을 만들어 나갈 것이기 때문이다.

메야수는 헤겔의 변증법과 인식론의 영향을 받아 상관주의와는 다른 인식론을 펼쳤다. 그가 처음부터 상관주의를 받아들였다면 그의 이론은 전혀 다른 철학으로 성장했을 것이다. 우리가 세상에서 무엇을 접하고 무엇을 받아들이느냐가 그만큼 중요하다는 의미이다.

'미셸 푸코'와 '질 들뢰즈'는 20세기 후반의 중요한 철학자다. 그들의 작업은 서로 깊이 얽혀 있으며 또한 많은 공통점을 가지고 있다. 이들은 모두 권력, 지식, 주체성에 관심을 가졌으며, 사회적 구조와 권력 관계를 분석하며 전통적인 철학적 접근을 넘어선 새로운 이론을 제시했다.

푸코는 권력이 지식과 밀접하게 연관되어 있음을 강조했다. 그는 권력이 단순히 억압적이기만 한 것이 아니며, 지식을 통해 사회를 구성하고 통제한다고 주장했다. 들뢰즈는 푸코의 이러한 분석을 받아들여 자신의 철학적 세계를 통합하기에 이른다. 푸코는 주체성이 고정된 것이 아니라 권력 관계 속에서 형성된다고 여겼으며, 들뢰즈는 푸코의 주체성 개념을 자신의 주체형성 이론에 반영했다.

들뢰즈도 푸코에게 영향을 주었다. 푸코는 '차이 개념'을 자신의 권력과 지식 분석에 활용하고, 권력 관계의 복잡성과 다양성을 설명하는 데 이를 인용했다. 들뢰즈는 푸코의 권력 분석을 매우 중요하게 여겼으며 자신의 철학적 체계에 통합시켰다. 둘은 자주 만나 대화를 나눴으며, 편지를 통해 서로의 사상을 공유했다. 서로의 책을 읽고 각자의 철학적 작업에 대한 피드백을 주고받기도 했다. 말하자면 서로의 든든한 지지자가 되어준 것이다.

이처럼 서로에게 영향을 주고받은 철학자는 많다. 니체와 하이데거가 그랬고, 칸트와 헤겔이 그랬다. 서로의 사상에 좋은 영향력을 끼치며 주장과 이론을 확장시켜 나가는 관계는 철학뿐 아니라 삶을 풍부하게 만드는 중요한 자원이다.

 ## 비판적 사고력 UP!

1. 상관주의 사상의 특징을 살펴보고 정리해보자.

2. 프랑스의 철학자 캉탱 메야수의 사상을 정리해보자.

3. 나에게 가장 많은 영향을 준 사람은 누구이며,
   그의 사상을 통해 무엇을 배울 수 있는가?

2023년 7월 모의고사

노자는 도(道)가 개체들 간의 조화로움을 가능하게 하는 최고원리라 했다. 개체들 이전에 도가 이미 존재했다고 말하며, 우주와 자연의 근원적 원리이자 만물의 근원이 도라고 했다. 도는 무위자연의 원리로 작용한다. 인위적인 노력 없이 자연스럽게 존재하고 작용한다는 뜻이다. 도는 무한하고 눈으로 볼 수 없으며, 형태도 없다. 모든 존재의 근본임에도 직접 경험하기 어렵다.

인간은 자연의 법칙을 따르고 '도'와의 조화를 이루며 살아야 하며, 인위적인 행위와 욕망은 불행을 초래한다고 주장했다. 특히 소박한 삶을 강조하고 도에 따라 소유에 대한 집착을 버려야 한다고 말했다. 무위의 원리를 실천함과 동시에 억지로 무언가를 해서는 안 된다는 것이다.

장자는 도를 '개체들의 활동을 통해 사후적으로 만들어지는 것'에 지나지 않는다고 했다. 끊임없이 변화하고 유동적이며, 도를 통해 세상의 변화와 무상함을 설명했다. 이러한 변화를 받아들이며 순응하는 삶을 강조한 것이다. 그는 무수히 많이 걸었기 때문에 길이 만들어진 것처럼 '도' 역시 개체들 사이의 흔적과 소통의 결과라고 주장했다. 자연의 질서를 따르는 삶을 중요하게 여기며, 자연의 일부인 인간은 자연의 흐름에 순응하며 살아야 한다고 말했다. 이는 인위적인 욕망과 사회적 규범을 벗어나 자연스럽게 살아간다는 의미이기도 했다.

인위적인 노력을 하지 않고 자연스러운 본성을 따르는 삶의 방식인 무위자연 또한 중요한 개념이다. 장자는 모든 존재를 평등하게 보는 '제물론'을 주장했다. 인간과 자연, 생물과 무생물, 크고 작은 것의 구분을 넘어 모든 존재가 도의 관점으로 평등하다고 주장한 것이다.

꿈에 나비가 되어 날아다니다가 깨어나서 자신이 나비인지, 나비가 자신인지 구분하지 못했다는 장자의 《호접지몽》은 현실과 꿈, 자아와 타자의 경계를 넘어 도의 경지에 이르는 깨달음을 상징한다. 장자는 언어와 도를 동일시했다. 어떤 대상에 이름을 붙여 구분할 때 대상을 구분하는 이름과 대상은 자의적 연결이며, 대상과 이름 사이의 관계는 관습적인 언어 사용에 의해 각인된 결과라고 했다. 실제로 구분되어 있는 것처럼 여겨질 뿐, 이름과 대상의 속성은 별 관계가 없다는 것이다.

왕충은 세계에 존재하는 사물의 의미 역시 사후에 결정되는 것이며, 하늘의 뜻과 같은 자연 세계를 지배하는 질서는 따로 존재하지 않는다고 말했다. 하늘의 뜻이 미리 정해져 있기에 그것을 따라야 하고, 그렇지 않으면 자연재해가 일어난다는 믿음을 완전히 깨트리는 주장이었다. 왕충은 〈논형〉을 통해 자연재해는 자연이 순환하는 과정에서 우연히 나타난 현상이라고 했으며, 그런 점에서 볼 때 인간이 하늘의 작용에 영향을 끼칠 수는 없었다.

왕충은 사람의 삶도 우연에 의해 결정된다고 보았다. 벼슬의 여부도 재능에 달린 것이 아니라 시대와 군주에 따라 달라질 수 있다고 생각했다. 더불어 귀신의 존재와 그 영향 또한 부정했다. 그는 죽은 자의 영혼이 살아있는 자에게 영향을 미친다는 믿음을 비판했다. 이러한 믿음이 미신에 불과하다는 것이다. 그는 천문현상, 기상 현상 등을 자연적인 원인으로 설명하려 했으며 일식, 월식, 기상변화 등을 신의 뜻이 아니라 자연법칙에 따른 것으로 보았다.

왕충은 경험과 관찰을 중시했다. 철학적 논의와 과학적 탐구에서 경험적 증거를 도출했으며, 관찰을 통해 자연현상과 인간사를 이해하려 했다. 논리적 사고와 이성을 강조하고 합리적인 논증을 통해서만 진리를 추구했다. 이를 통해 전통적인 믿음과 권위를 검토한 것이라고 볼 수 있다.

철학자들의 이론을 살펴보았다. 이들의 이론에는 공통점과 차이점이 있으며, 각각의 생각을 비교하여 공통점과 차이점을 찾아내는 것은 비판적 사고에 많은 도움이 된다. 공통점을 이해하면서 비슷한 주제에 대한 다양한 시각을 가질 수 있고, 차이점을 이해하며 각자가 사고하는 과정과 논리를 이해하고 서로 다른 관점을 비교할 수 있다. 이는 더 넓은 시야에서 세계를 바라보고 다양성을 수용하는 데 효과적이다.

왕충과 노자, 장자는 중국 철학의 중요한 인물이다. 세 철학자 모두 인간의 삶을 이해하고 개선하기 위한 철학적 목표를 가지고 있었으며, 그들은 모두 이상적인 삶을 제시했다. 노자와 장자는 자연과의 조화를 강조했으며, 무릇 인간은 자연의 흐름에 따라 살아가야 한다고 주장했다. 왕충도 자연현상을 이해하고자 했으며 자연의 법칙을 중시했다. 노자와 장자는 전통적인 사회 규범과 인위적인 도덕성을 비판했고, 왕충은 전통적인 미신과 종교적 믿음을 비판했다.

세 철학자는 차이점도 보인다. 노자는 도가 철학의 창시자로 도와 무위자연의 원리를 중심으로 사상을 전개했다. 자연의 법칙을 따르는 무위의 삶을 강조한 것이다. 장자는 도가 철학의 또 다른 인물로 자유와 해방을 중시했다. 자연과의 조화를 통해 자아를 초월하는 삶을 추구했으며 특히 개인의 자유와 정신적 해방을 중시했다. 왕충은 합리적이고 경험주의적인 접근을 중시했다. 노자가 주로 정치와 사회의 측면에서 무위의 원리를 적용하려 한 반면, 왕충은 자연현상을 이해하고 설명하는 데 중점을 두었다. 이를 통해 미신을 비판하고 합리적인 세계관을 제시하려 한 것이다.

노자와 장자 모두 전통적인 도덕과 사회 규범을 비판했지만, 노자는 주로 정치철학에 관심을 가졌고 장자는 개인의 정신적 자유와 자발적인 삶에 뜻을 두었다. 또한 왕충은 도덕보다는 논리와 경험을 통해 사회와 인간사를 이해하려 했다.

노자와 장자는 우화와 비유를 통해 철학적 메시지를 전달했으며, 이들의 철학은 시적이며 직접적인 설명보다는 상징적 표현에 기댔다. 반면 왕충은 논리적이고 경험적인 방법을 중시했으며, 철학적 주제를 논리적으로 분석하고 경험적 증거로 진리를 탐구했다.

 ## 비판적 사고력 UP!

1. 노자와 장자의 철학 중 더 동의하는 철학과 그 이유는 무엇인가?
2. 왕충의 철학 중 가장 공감이 가는 철학을 하나 고르고 사례를 들어 설명해보자.
3. 세 철학자의 이론을 비교한 후 나의 생각은 어떻게 달라졌는가?

 너 자신을 알라: 소크라테스의 철학

소크라테스는 그리스 아테네에서 태어났다. 평범한 가정에서 자랐지만 여러 철학자의 영향을 받으며 자신만의 철학을 완성한다. 프로타고라스의 수학적인 원리와 철학적 사상을 수용했으며, 대화와 설득의 기술로 상대방의 논리적 결함을 드러낸 파이드로스, 변화와 불변성을 주장한 헤라클레이토스의 영향도 받았다. 소크라테스는 주로 아테네에서 활동했으며 사람들과 대화를 나누며 철학적 탐구를 이어갔다. 공식적인 학파를 세우거나 글을 남기지는 않았으며 그의 사상은 플라톤의 대화편과 크세노폰의 기록을 통해 전해진다.

소크라테스는 대화와 문답을 통해 진리를 탐구하는 방법을 사용했다. 상대방의 믿음과 주장을 질문으로 검토하고 그 가운데 모순을 찾아낸다. 대화를 통해 깊은 이해와 지식을 추구하는 방식으로 이를 '산파술'이라 부른다. 이 과정에서 그는 상대방이 무지하다는 것을 깨닫고 진정한 지식을 추구하도록 도왔다. 소크라테스는 질문을 통해 상대방의 숨겨진 지식을 끌어냈으며 스스로를 '지식을 낳는 산파'에 비유했다.

그는 진정한 지식이 덕과 연결되어 있으며 무지를 인식하는 것이 지혜의 시작이라 했다. 그는 "내가 아무것도 모른다는 것을 안다"라는 겸허한 태도로 지식을 추구했다. 그는 종종 자신의 무지를 고백하며 상대방에게 질문을 던졌다. 이를 통해 상대방이 자신이 알고 있다고 믿는 것을 다시 생각하게 했다.

소크라테스는 덕, 정의, 용기, 경건, 도덕적 개념을 깊이 탐구하며 덕이란 '단순히 선한 행동을 하는 것이 아니라 지식과 이해를 바탕으로 하는 의식적인 선택'이라고 했다. 도덕적 행위는 진정한 지식에서 비롯되며 무지는 악의 근원이며, 올바른 행동을 하기 위해서는 덕에 대해 먼저 알아야 한다고 주장했다. 정의를 삶의 중요한 요소로 본 것이다. 그는 또한 정의로운 행동이 개인과 공동체 모두에게 이익을 가져다준다고 믿었다.

"너 자신을 알라"라고 말하며 자신의 삶을 성찰하고 끊임없이 도덕적 성장을 추구해야 한다고 했다. 이것이 진정한 행복을 얻기 위한 필수조건이라 생각한 것이다. 더불어 진정한 지식이 덕과 연결되어 있으며 지식을 통해 비로소 올바른 행동을 할 수 있다고 말했다. 무지를 인정하고 진정한 지식을 추구하려 했으며, 참된 지식과 단순한 의견을 구분했다. 진정한 지식은 논리적 탐구와 철학적 성찰을 통해 얻을 수 있다는 것이다.

소크라테스는 자신의 영혼을 돌보는 것이 가장 중요한 일이라 말하며 윤리적 삶의 중요성을 강조했다. 물질적 부와 명예보다는 도덕적 덕을 추구해야 한다고 가르쳤으며, 자기성찰의 중요성을 강조했다. 이는 자신의 삶과 행동을 끊임없이 반성하고 도덕적 성장을 위한 노력의 중요성을 강조한 것이기도 했다. 그의 이러한 철학적 사상은 서양 철학의 기초를 형성했다. 그의 탐구 정신과 비판적 사고는 플라톤을 비롯한 많은 철학자들에게 큰 영향을 미쳤다. 이후 플라톤은 소크라테스의 사상을 체계화하고 발전시키기에 이른다.

플라톤의 작품에서 소크라테스는 주로 대화의 주인공으로 등장한다. 플라톤의 제자인 아리스토텔레스도 그의 영향을 받아 윤리학과 논리학을 발전시켰다. 소크라테스는 옳다고 믿는 것을 위해 자신의 생명까지도 희생하는 용기를 보여주었고, 아테네 법정에서 신성모독과 청년을 타락시킨다는 죄목으로 사형을 선고받았다. 그는 독배를 마시고 처형되었다. 죽음을 불사하고 자신의 철학적 신념을 지킨 것이다.

소크라테스의 철학은 오늘날까지도 많은 영향을 미치며, 현대사회에 중요한 가르침을 제공한다. 비판적 사고와 자기성찰을 통해 진리를 탐구하게 하며, 도덕적 원칙과 윤리적 행동을 실천해 더 나은 삶을 추구하게 만든다.

우리는 소크라테스의 대화법을 통해 다양한 관점을 고려하고 문제를 해결할 수 있다. "너 자신을 알라"라는 소크라테스의 유명한 말은 자기 성찰의 중요성을 강조한다. 바쁜 삶 속에서도 자기성찰을 통해 내면의 욕구와 가치를 탐구하고, 개인적인 성장을 이루는 것이 중요하다는 것이다.

소크라테스는 도덕적인 삶과 사회적 책임의 중요성을 강조했다. 현대사회에서도 정의와 공정성을 실천하며 사회적 문제에 대한 책임을 다해야 한다는 것이다. 그는 지식이 인간의 삶을 더 풍요롭게 만든다고 믿었으며, 지속적인 교육과 지식의 습득이 삶의 질을 향상시키고 문제 해결에 도움을 준다고 믿었다. 소크라테스는 공공 담론을 통해 민주주의를 강화하고 시민들이 더 많은 참여를 할 수 있도록 장려하기도 했다. 다양한 의견을 존중하고 토론을 통해 공동의 목표를 이루는 것이 중요하다고 주장한 것이다.

이처럼 소크라테스의 철학은 현대사회에서도 여전히 유효하다. 비판적 사고와 자기성찰을 바탕으로 한 도덕적 행동과 사회적 책임의식은 우리를 보다 나은 세계로 안내할 것이다. 특히 그의 질문법은 우리에게 많은 시사점을 남긴다. 질문을 어려워하는 우리에게 소크라테스는 질문의 '정석'을 보여준다. 질문은 소통을 통해 상대방의 생각과 관점을 이해하는 것이다. 질문할 때는 개방적이고 수용적인 태도를 유지해야 하며, 상대방의 의견을 경청하고 존중하는 것이 중요하다. 소크라테스의 대화는 종종 진리를 발견하거나 상대방을 자극하기 위한 것이었다.

질문은 명확한 목적을 필요로 한다. 원하는 답변이나 토의하고 싶은 주제를 명확히 이해하고 질문해야 한다. 개방적이고 개연성 있는 질문은 상대방의 생각과 감정을 이해하게 만든다. 상대방의 의견에 공감하는 능력은 필수다. 그래야 상대방의 관점을 파악하고 그에 맞춰 대화를 진행할 수 있기 때문이다. 질문할 때는 적절한 타이밍과 순서도 중요하다. 대화의 흐름을 방해해서는 안 되며 알맞은 순서가 왔을 때 질문한다.

개인적인 경험이나 사례를 통해서도 상대방과의 연결고리를 찾을 수 있다. 이는 대화를 효과적으로 끌어내는 데 큰 도움이 되며, 상대방의 피드백을 통해 자신의 질문 방식을 개선할 수 있다. 소크라테스처럼 질문하는 법을 익히면 대화의 질과 질문의 폭을 넓힐 수 있다.

 **비판적 사고력 UP!**

1. 소크라테스가 말하고자 하는 철학의 핵심은 무엇인가?

2. 소크라테스처럼 질문하기 위해서는 어떠한 역량을 갖춰야 할까?

3. 친구, 또는 가족들과 소크라테스 대화법을 연습해보자.

지식은 자유의 힘이다: 플라톤의 철학

플라톤이 아직 이십 대였을 때 소크라테스는 민중 혁명의 혼란을 일으킨 죄로 사형당하게 된다. 이 사건은 당시 플라톤에게 큰 충격을 주었고 그의 철학에도 많은 영향을 미쳤다. 플라톤은 '아카데메이아'에서 다양한 주제로 학생들을 가르쳤다. 대화와 질문 중심의 교육방식은 제자들뿐만 아니라 철학자들에게도 많은 영향을 주었다.

플라톤은 이상적 국가 모델 연구에도 관심을 가졌다. 그의 저서 《국가》를 통해 이상적인 정치 질서와 정의에 대한 그의 생각을 엿볼 수 있다. 플라톤은 서양 철학상에 주요한 영향력을 끼친 철학자 중 한 명이다. 철학의 핵심 개념 중 하나는 '이념 세계론'이며, 세상에 존재하는 모든 것들이 이념 세계에 존재하는 완전한 형태에 영향을 받는다고 믿었다. 현실 세계는 이 이념들의 불완전한 사본에 불과하며, 진리와 덕의 본질을 이해하고 싶다면 이 이념을 탐구해야 한다고 주장했다.

그는 도덕적인 삶의 중요성도 강조했다. 대표작인 《국가》에서 이상적 국가의 모델을 제시하며, 이상적 정의와 참된 덕을 추구하는 방법을 논의했다. 플라톤은 비유를 통해 무지에서 나아가는 단계를 설명했다. 동굴 안은 가시적 현상의 세계이고, 동굴 밖은 지성의 빛에 의해 드러난 형식을 비유한다. 이 비유는 삶의 형태를 동굴 내부와 외부로 나누는데 동굴 안을 현상 세계의 삶으로, 동굴 밖을 철학적 삶으로 본 것이다. 우리는 눈앞에 펼쳐진 세계가 실재한다고 믿지만 그것은 동굴 벽의 그림자에 지나지 않는다. 우리가 보고 있는 현실 세계는 '이데아'의 그림자일 뿐이다. 이데아란 절대적이고 불변하는 이상세계를 말한다.

플라톤은 정치철학에도 관심을 보였다. 그는 이상적인 국가에 대한 모델을 제시하고, 좋은 지도자의 특징과 정치적 리더십의 책임에 대해 논했다.

그의 정치철학은 공동체의 이익과 공평함을 중시하는 이상적인 정치 질서를 탐구하는 데 기여했다. 플라톤은 지식과 교육의 중요성도 강조했다. 학생들을 가르치면서 대화와 질문을 통해 그들의 지식과 인격의 발전을 돕는 데 큰 관심을 보였다. 개인의 잠재력을 최대한 발휘할 수 있는 교육을 연구했다.

그의 대화법은 상대방의 의견을 존중하고 공동체적인 진리를 좇는 동시에 비판적 사고와 논리적 추론을 통해 사고력을 강화한다. 소크라테스는 자신의 사상을 직접 기록하지 않았지만, 플라톤은 많은 책을 남겼다. 그는 대화록을 통해 스승인 소크라테스의 생각을 전달하고 자신의 철학을 발전시켰다. 플라톤은 현실 세계를 이념 세계의 불완전한 복사본으로 보았다. 더불어 진리와 덕을 이해하려면 이념 세계를 탐구해야 한다고 주장했다.

소크라테스의 정치철학이 주로 도덕적 가치와 공동체의 이익을 중시했다면, 플라톤은 이상적인 국가와 지도자에 대한 철학을 제시했다. 플라톤의 이념은 세계론, 도덕철학, 정치철학, 교육철학에 많은 영향을 주었다. 인간 이해와 도덕적 가치에 대한 깊은 고찰을 제시하며 도덕적 갈등과 가치관의 상호작용, 정의와 공평함에 대한 이해를 증진시켰다. 그가 제시한 이상적인 국가 모델과 정치 질서는 오늘날의 정치적 논의와 사회적 변화를 이해하는 데 많은 도움이 된다. 교육의 중요성을 강조하고, 지식과 인격의 발전에 교육을 활용한 점은 현대 교육철학의 중요한 출발점이 되었다.

플라톤의 철학은 여러 측면에서 현대사회에 유용한 이론과 개념을 제시한다. 그의 사상은 오늘날 여러 분야에서 여전히 활발한 논의의 대상이 되고 있다.

대화록에 남긴 플라톤의 명언을 통해 그의 사상을 더 깊이 이해해보자. "지식은 자유의 힘이다"라는 말을 통해 지식과 자유의 밀접한 관계를 강조했음을 알 수 있다. 지식을 갖춘 사람은 자신의 상황과 조건을 이해하고 더 나은 선택을 할 수 있다. 자유는 지식을 통해 얻어지는 것으로, 지식은 인간을 제한된 상황에서 벗어나게 해준다.

"가장 큰 전쟁은 자기 자신과의 싸움이다"라는 말은 자기 통제와 평화로운 내면의 중요성을 강조한다. 자신의 내면과 싸워 이기면, 자유롭고 평온한 삶을 살 수 있다고 믿은 것이다. 이는 욕망과 감정을 통제할 때 비로소 진정한 승리를 이루게 된다는 의미이기도 하다.

"선한 정치인은 속이 깊고, 어리석은 친구들과 함께 있다"라는 명언은 지혜로운 사람들과 어리석은 사람들 간의 차이를 비유한 것이다. 현명하고 지혜로운 사람들은 목적이나 이유 없이 말하지 않는다. 그들이 중요하고 유익한 것을 전달하기 위해 말하는 반면, 어리석은 사람들은 말하는 것을 즐기거나 자기만족을 위해서만 말한다.

플라톤의 사상 중 우리가 가장 배워야 할 점은 다름 아닌 비판적 사고와 대화법이다. 플라톤은 이 두 가지를 통해 진리를 탐구했다. 그는 대화와 논쟁을 즐겼으며, 대화를 통해 자신의 생각을 비판적으로 검토할 수 있도록 장려했다. 그는 특히 학생들과의 대화를 중시했으며 학생들의 사고를 자극하고 심도 있는 논의를 이끌었다. 논리적이고 일관된 주장을 통해 자신의 의견을 전달하고, 타인의 주장을 비판적으로 분석하게 했다. 이를 통해 대화의 효율성이 높아지고, 깊은 사유를 꾀할 수 있게 되었다.

플라톤은 진리를 발견하고 지식을 확장하는 것이 대화의 목적이라고 믿

있다. 대화를 통해 상대방의 관점을 이해하고 서로의 생각을 발전시켰으며, 나아가 공동체적인 진리를 찾아가는 것을 목표로 했다. 플라톤은 비판적 사고와 자기성찰을 통해 진리를 탐구하는 것의 중요성을 강조한다. 그 역시 자신의 생각을 비판적으로 검토하고, 스스로 편견을 극복하려고 노력했다. 이는 자신의 사고를 발전시키고 더 나은 결정을 내리는 데 결정적인 역할을 했다.

플라톤의 대화법은 지금의 우리에게도 시사하는 바가 크다. 플라톤처럼 생각하고 논의할 때, 좌중을 압도하는 비판적 사고력을 기를 수 있을 것이다.

 ## 비판적 사고력 UP!

1. '동굴' 비유를 통해 플라톤의 철학을 설명해보자.
2. 플라톤 철학과 소크라테스 철학의 차이점은 무엇인가?
3. 비판적 사고력을 키우는 플라톤의 대화법을 활용해 이야기를 나눠보자.

Chapter 6. 철학

아리스토텔레스는 고대 그리스의 철학자이자 과학자이다. 그의 아버지는 궁의 의사였으며 이는 아리스토텔레스가 과학과 의학에 관심을 갖게 되는 결정적인 계기가 되었다. 아리스토텔레스는 논리학을 체계화하고 이를 통해 올바른 추론의 방법을 제시했다. 범주론, 명제론, 해석론, 분석론 등의 저작을 통해 삼단논법과 같은 논리적 구조를 설명했다. 아리스토텔레스는 인간의 궁극적인 목적을 행복이라 정의하고, 행복을 객관화하려고 노력했다. 이 행복을 결정하는 중요한 요소는 덕에 의한 행동이며 행복은 쉽게 변하지 않고, 상황에 따라 좌우되지도 않는다고 주장했다.

그 주장의 풀이는 이러하다. "우리가 행복하기 위해서는 이성을 따라야 한다. 그것은 자신의 잠재력을 최대한 끌어올리는 좋은 습관이다. 행동 하나하나가 습관을 만들기에 행동을 조심해야 한다. 인간은 본능을 따를 때보다 이성에 따라 행동할 때 더 행복하다. 이성적 행동의 결과인 행복을 위해 덕을 실현해야 한다. 덕은 과도함과 부족함 사이의 중용을 지키는 것이다."

아리스토텔레스는 인간을 정치적 동물이라고 했다. 공동체 생활은 인간 본성에 필수적이며 국가의 목적은 시민들의 행복과 선을 증진하는 것이라 설명했다. 그는 다양한 정치체제를 분석하고 이상적인 체제로서의 중용을 지키는 정치형태를 제안했다. 그뿐만 아니라 동물의 생리와 행동을 관찰하고 분류하며 초기 생물학의 기초를 마련했다. 문학작품, 특히 비극의 구조와 목적을 분석했다. 그는 비극이 감정의 정화를 통해 관객에게 카타르시스를 제공한다고 했다.

수사학에서는 설득의 기술을 체계적으로 분석했다. 설득을 이끌어 내기 위해 논리적 증거(로고스), 감정적 호소(파토스), 화자의 성품(에토스)을 강조했다. 인간은 이성적인 존재이기 때문에 합리적인 이치에 근거해 판단한다는 것이다. 논리적 증거를 갖추지 못하면 설득은 불가능하다. 논리적 증거, 이성적 주장, 합리적 근거를 나타내는 것이 로고스이며 이는 청중이 화자의 주장을 이성적으로 이해하고 동의할 수 있도록 만드는 논리적 구조이자 증거다. 데이터, 통계, 사실적 정보, 논리적 추론 등을 통해 주장을 뒷받침할 때 설득이 가능하다.

파토스는 청중의 감정을 자극하는 요소다. 청중의 감정을 통해 설득력을 높이는 방법으로 공감, 연민, 분노, 기쁨 등의 감정을 자극해 자신의 주장을 더 강력하게 전달할 수 있다. 감동적인 이야기나 예시를 통해 청중의 마음을 움직이는 것이다. 에토스는 화자의 성품, 신뢰성, 도덕적 성격을 나타낸다. 청중이 화자를 신뢰하고 존경하게끔 하는 데 중요한 요소다. 화자가 신뢰할 만하고 도덕적인 사람으로 보이면 그의 주장은 설득력을 지닌다. 전문가가 자신의 분야를 이야기할 때 그가 가진 전문지식과 경력이 에토스를 만들어 청중의 신뢰를 얻는 것과 같은 이치다. 아리스토텔레스는 에토스가 설득의 가장 중요한 요소라고 했다. 설득이 성공하려면 이 세 가지 요소가 균형 있게 사용되어야 한다고 주장했다. 이 세 가지 요소는 오늘날에도 마케팅, 연설, 교육, 정치 등 다양한 분야에서 설득의 기법으로 활용되고 있다.

아리스토텔레스는 플라톤의 제자였지만 플라톤의 '이데아론'을 비판했다. 플라톤의 이데아론은 이데아가 물질세계와는 별개의 독립적인 실재로 존재한다는 이론인데, 아리스토텔레스는 이러한 견해를 여러 측면에서 비판했다. 그의 비판은 특히 그의 저서 《형이상학》에서 잘 드러난다. 플라톤은 이데아론에서 별개의 실제, 이데아와 물질세계를 규정한다. 하지만 이 두 세계의 관계를 설명하는 게 어렵다는 것이 아리스토텔레스의 주장이다. 이데아가 물질세계에 어떻게 영향을 미치고 그것을 모방하게 하는지가 명확하지 않다는 것이다.

아리스토텔레스는 사물의 본질이 사물 자체에 있다고 보았고, 이러한 그의 사상은 서양 철학과 과학에 깊은 영향을 미쳤다. 그의 업적은 현대의 학문과 사상에 중요한 기틀을 마련했다.

어떻게 생각할 것인가

아리스토텔레스는 다양한 철학적 주제를 체계적으로 연구하고 이를 하나의 일관된 철학 시스템으로 통합했다. 그의 철학적 시스템은 형이상학, 윤리학, 논리학, 정치학, 자연학 등을 아우르며, 각 분야에서의 그의 접근법은 이후 학문 발전에 큰 영향을 미쳤다. 특히 그는 논리학의 아버지로 불린다. 아리스토텔레스는 논리학과 삼단논법을 만들었다. 처음으로 귀납논증을 명문화한다. 아리스토텔레스가 《분석론 전서》 제2권 23장~24장에서 실제로 들었던 연역법과 귀납법의 예시를 살펴보자.

연역법
피가 깨끗한 모든 생명체는 수명이 길다. (B는 A다)
모든 인간, 모든 말, 모든 당나귀 등은 피가 깨끗한 생명체다. (C는 B다)
그러므로 모든 인간, 모든 말, 모든 당나귀 등은 수명이 길다. (따라서 C는 A다)

귀납법
모든 인간, 모든 말, 모든 당나귀 등은 수명이 길다. (C는 A다)
모든 인간, 모든 말, 모든 당나귀 등은 피가 깨끗한 생명체다. (C는 B다)
그러므로 피가 깨끗한 모든 생명체는 수명이 길다. (따라서 B는 A다)

우선, 아리스토텔레스의 연역법은 우리가 알고 있는 삼단논법과 동일하다. 그러나 그의 귀납법은 삼단논법에서 순서를 바꾼 것에 불과하다. 이는 우리가 알고 있는 귀납법과는 다르다. 아리스토텔레스의 삼단논법은 일반적인 진술과 특정한 진술, 대전제와 소전제를 바탕으로 도출된 진술로 나뉜다. 우리가 알고 있는 귀납법은 프랜시스 베이컨이 수립한 것이며, 수많은 경험이 추가될 때마다 개념을 계속해서 갱신해 나간다.

현대 논리학은 여기에 기호를 사용해 논리적 진술을 더 형식화한다. 진리표와 증명이론으로 논리적 추론의 타당성을 검토하고, 이는 삼단논법을 보다 엄밀하게 만들었다. 이처럼 아리스토텔레스의 삼단논법은 현대까지 진화를 거듭하며 논리학의 기본 구조로 작용하고 있다.

아리스토텔레스의 삼단논법은 논리학의 기초를 형성하며, 현대 논리학의 발달에 중요한 역할을 했다. 현대 논리학은 아리스토텔레스의 논리학을 기반으로 더욱 정교한 논리 체계를 발전시켰다. 다양한 논리 체계를 통해 복잡한 논리적 문제를 다룰 수 있게 된 것이다. 이러한 발전은 논리학을 철학, 수학, 컴퓨터 과학 등 다양한 분야에 사용할 중요한 도구로 만들었다.

 ## 비판적 사고력 UP!

1. 아리스토텔레스 수사학의 3요소 중 설득에 가장 중요한 요소는 무엇인가?

2. 주장하고 싶은 주제를 하나를 정한 후 귀납법을 통해 피력해보자.

3. 아리스토텔레스의 행복론을 자신의 관점으로 비판해보자.

 09 나는 생각한다, 고로 나는 존재한다: 데카르트의 철학

데카르트는 프랑스의 철학자이자 수학자, 과학자로 근대철학의 아버지로 불린다. 그는 예수회 학교에서 라틴어, 그리스어 철학, 논리학 등을 배웠으며 그의 철학적 방법론과 수학적 업적은 서양 사상에 깊은 영향을 미쳤다. 중심사상으로는 이성주의 철학과 기하학적 해석기법(데카르트 좌표계)이 있으며 "나는 생각한다, 고로 나는 존재한다."라는 명제로도 유명하다. 이는 철학적 탐구의 시작점으로 불확실성에 대한 의심에서 출발한다. 그는 인간의 이성과 사고능력을 강조하며, 이성을 통해 진리와 지식을 찾을 수 있다고 믿었다. 또한 이를 바탕으로 다른 지식을 이해하려고 노력했다.

의심과 분석, 진리의 발견은 데카르트 철학의 핵심이다. 그는 "의심하라, 그러므로 존재하리라"라고 말하며, 모든 것을 의심하고 문제로 삼으라고 했다. 이것이 진리를 발견하는 첫 번째 단계라는 것이다. 데카르트는 오래된 믿음과 관행에 대해 조심스럽게 접근했으며 논리적 타당성과 검증을 통해 진리를 찾고자 했다.

데카르트는 인간의 이성과 사고를 강조하며 이성주의를 지지했다. 그는 인간의 이성을 통해 진리와 지지를 얻을 수 있으며, 경험보다 이성에 의존할 때 발전할 수 있다고 주장했다. 모든 것을 의심하고 거기서 진리를 찾으려는 철학적 탐구를 중요시한 것이다. 더불어 이성을 통해 불확실성과 오류를 제거하고, 최종적으로 인식의 한계를 넘어서고자 했다. 지식의 기초를 찾기 위해 노력했으며 물리적 세계와 정신세계 간의 이분법을 주장했다. 이는 물리적인 몸과 정신, 또는 영혼의 구별을 뜻한다.

데카르는 물리적 현상과 인간의 정신적 경험 사이의 관계를 이해하고자 노력했다. 마음이 육체와 구별된다고 본 것이다. 신체적 감각이나 실제에 대한 인식은 오류와 착각, 환상의 원인이 될 수 있으며 믿을 수 있는 유일한 진리는 형이상학적 진리에 의해서만 얻을 수 있다고 주장했다. 데카르트는 대수학과 기하학을 결합한 데카르트 좌표계를 만들며 수학적으로도 중요한 업적을 남겼다. 기하학적 문제에 대수적 방식을 대입해 새롭게 접근했으며 좌표시스템과 대수 방정식, 함수와 그래프, 곡선과 곡면의 특성을 설명했다. 이는 수학뿐 아니라 물리학, 공학, 컴퓨터 과학 등 여러 분야에 적용되었으며 특히 미적분학과 미분 방정식 등 고급 수학 개념과도 연결되어 있다.

데카르트의 꿈을 실현시키고 과학혁명을 완성한 사람은 다름 아닌 아이작 뉴턴이다. 뉴턴은 데카르트의 기계적 철학에서 '운동'이라는 개념을 이어받아 이를 자연현상의 기본으로 이해했다. 하지만 운동을 표현하는 방식에서는 데카르트보다 한 걸음 더 나아갔다. 입자의 운동에 수학적 성격을 합친 '힘'이라는 개념을 가져와 운동을 정량적으로 분석했다. 다시 말해 '힘'을 운동의 원인으로 설정하여 힘의 수학적 표현을 찾아내고 거기서부터 가속도, 속도, 움직이는 물체의 궤적 등을 계산하는 역학의 방법을 정식화했다.

뉴턴은 결국 데카르트를 뛰어넘었지만, 근본적으로 데카르트와 공유하는 부분이 많았다. 복잡한 자연을 단순하게 분해해서 이해하는 방식이나 운동에서 자연현상의 근원을 찾고 그 운동을 수학적인 언어로 풀어내려고 했던 점 등이 그러하다.

데카르트는 그의 철학에서 진리를 찾기 위해 '방법적 회의'를 사용했다. 의심을 통해 진리를 발견하려 노력한 것이다. 그는 자신이 받아들여 온 모든 것을 의심하고, 불확실성을 시작점으로 삼는다. 끊임없이 의심했고, 의심의 여지가 있으면 버렸다. 의심을 계속하는데도 버릴 수 없는 몇 가지 핵심 진리가 있다고 믿었다. 그는 자신의 생각을 하나하나 거부한 뒤, 그중에서 의심할 수 없는 몇 가지 사실을 진리로 받아들였다. 데카르트의 이 방법은 우리도 얼마든 활용할 수 있다.

예를 들어보자. 가짜뉴스와 미디어의 편향성은 현대사회의 매우 중요한 문제로 분류된다. 가짜뉴스란 사실에 기반하지 않은 잘못된 정보를 전달하는 뉴스다. 이러한 가짜뉴스는 사회적 분열, 혼란, 불신, 정보의 신뢰도 감소를 일으킨다. 언론이 특정한 정치적, 사회적, 경제적, 이념적 입장을 선호하거나 지지하는 것을 미디어의 편향이라 하는데 이는 보도 주제의 선택이나 언어 사용, 정보 해석 등에 의해 드러날 수 있다. 이런 편향은 대중의 의견과 여론 형성에 영향을 미칠 수 있다. 다양한 시각과 정보에 노출되지 못하게 만들며, 이를 해결하기 위해 우리는 다양한 소스를 활용하여 뉴스의 신뢰성을 판단할 수 있어야 한다. 가짜뉴스와 편향된 정보를 식별하는 미디어 리터러시 역량이 그만큼 중요하다. 여기서 데카르트의 방법적 회의를 활용해보자.

가짜뉴스를 판별하기 위해서는 일단 모든 정보를 의심하고 분석할 수 있어야 하며, 완전히 검증되기 전까지 어떤 정보도 믿어서는 안 된다. 의심하면서 하나씩 검증해 나가는 것이다. 먼저, 신뢰할 만한 소스에서 제공된 정보인지 확인한다. 그다음 사실 확인을 통해 의심스러운 정보나 뉴스의 진실 여부를 확인한다. 이때는 한 가지 매체만 참고하지 말고 다양한 소스를 활용하는 것이 좋다.

편향적인 언어와 내용이 있는지 살펴보는 것도 중요하다. 추가적인 조사와 확인을 통해 가짜뉴스를 식별한다. 미디어 편향도 마찬가지다. 하나의 미디어 소스만을 신뢰하지 말고 재차 의심하며 비교한다. 사용되는 미디어 소스와 언어의 편향성을 분석하고 출처와 신뢰성을 확보한다. 추가 조사와 사실 확인을 통하면 정보의 진실성을 판단할 수 있다.

이처럼 데카르트의 철학은 현대에도 얼마든 활용할 수 있다. 과거의 철학이 시대를 넘어 활용되고 발전되는 예시라 하겠다.

 비판적 사고력 UP!

1. "나는 생각한다, 고로 나는 존재한다"의 이론을 쉽게 정리해보자.
2. 데카르트의 이론에 동의, 혹은 반대한다면 그 이유를 설명해보자.
3. 데카르트의 방법적 회의를 통해 실제로 가짜뉴스를 선별해보자.

10 자유의지에 따라 살아라: 칸트의 철학

　‘칸트’ 하면 매일 같은 시간에 산책을 해 사람들이 그를 보면서 시계를 맞추었다는 일화가 떠오른다. 칸트는 철저하게 시간을 지키며 하루하루를 보낸 것으로 유명하다. 무서울 정도로 깐깐했던 칸트의 일화가 또 있다. 어떤 여인이 그에게 청혼을 한다. 칸트는 생각을 해 볼 테니 기다려 달라고 부탁한 후 도서관에 가서 사랑과 관련된 책을 모두 읽는다. 그다음 결혼을 해야 할 이유와 하지 말아야 할 이유를 적었다. 정리하고 보니 결혼을 해야 할 이유가 네 개 더 많았다. 결혼을 승낙하려고 보니 7년이라는 세월이 지났고, 그 여인은 이미 다른 남자와 결혼해 아이까지 낳았다고 한다. 결국, 무엇이든 완벽하게 검증해야 결정을 내릴 수 있었던 완벽주의자 칸트는 평생 독신으로 살게 되었다.

　칸트는 “두 가지 일이 인간을 경이롭게 한다. 하나는 인간이 우주의 별들 위에 있다는 것이고, 다른 하나는 인간이 도덕의 법칙 안에 있다는 것이다”라고 했다. 인간의 존엄성과 도덕적 책임의 중요성을 강조한 것이다. 칸트는 우주의 신비함과 도덕적 이상의 중요성이 인간의 본성 깊이 뿌리를 둔다고 믿었다.

　칸트의 철학은 그의 저서인 《순수이성비판》, 《실천이성비판》, 《판단력비판》에서 찾아볼 수 있다. 《순수이성비판》에서 칸트는 인식의 가능성과 한계를 말한다. 예컨대 이성의 범위를 규정하고, 경험과 이성의 관계를 분석하는 것이다. 칸트는 사고를 지각과 이해, 이성으로 나눴다. 《실천이성비판》에서는 윤리적 이념을 다루며, 도덕적 의무와 의지의 자유에 대한 개념을 제시한다. ‘범용적 법칙의 원리’와 ‘존엄성’이라는 개념을 중요한 윤리적 원칙으로 삼는다. 《판단력비판》에서는 아름다움과 예술에 대한 개념, 즉 미학을 탐구하며 주관적인 쾌락과 객관적인 아름다움 사이의 관계를 분석한다.

칸트는 스스로 법칙을 세우고 그 법칙에 따라 행동하는 자율성을 중요시했다. 자율성을 도덕성의 근본 원리로 여긴 것이다. 외부적 권위가 아닌 이성의 판단에 따른 도덕적 행동을 하는 것이 '도덕적 존재'라고 말했다. 이는 경험세계의 법칙에 의해 결정되지 않는 자유의지이기도 하다. 인간은 이성적 존재다. 스스로 법칙을 세우고 그 법칙에 따라 행동하는 자율성이 이성적 존재의 토대가 된다. 칸트는 이성적 존재로서 스스로 도덕적 법칙을 선택하는 것이 진정한 자유임을 강조했다.

칸트의 핵심사상은 순수이성과 실천이성, 정언명령과 가언명령이다. 순수이성은 경험과 무관하게 사유하는 능력이다. 칸트는 이성을 통해 선천적으로 주어진 개념과 원칙을 탐구했다. 선천적 종합판단을 제시하며 경험이 없이도 참인 진리가 존재한다고 주장했다. 실천이성은 행동을 결정하고 도덕적 판단을 내리는 능력이다. 이는 우리가 어떻게 행동해야 하는지를 다룬다. 이때 도덕적 행동을 근거로 정언명령을 제시했다. 조건 없이 항상 적용되는 도덕적 명령이 정언명령이다. 특정 조건이나 목적에 의존하지 않고 무조건적으로 따라야 하는 도덕적 법칙인 것이다. 가언명령은 특정 목적을 달성하기 위한 조건부 명령이다. 가령 "네가 건강해지고 싶다면 운동을 해야 한다"에서 '운동'은 건강해지기 위한 조건부 행위로 가언명령이 된다.

칸트의 철학은 헤겔의 신학철학과 니체의 도덕철학에 많은 영향을 주었다. 니체는 칸트의 도덕철학과 이성주의를 비판하면서 자신의 도덕철학을 형성했다. 헤겔은 칸트의 이성과 인식의 한계 개념을 수용하지만, 그와는 다른 '인식의 흐름과 발전'에 대한 개념으로 발전시켰다. 칸트의 절대적인 도덕법칙 대신 인간적인 가치와 의지를 중심으로 자유와 창조성을 강조한 것이다.

칸트가 주장하는 네 가지 이론에 대해 생각해보자. '순수이성'에 의해 선을 판단하고 그 선을 실천하기 위해 '실천이성'을 활용한다. '정언명령'은 아무 목적과 대가를 바라지 않는 선한 보편적 원리이자 보편적 진리를 넘어 행위하며 얻는 대가이고, 행위는 '가언명령'이다.

칸트는 "모든 이론은 회색이고 오직 영원한 것은 저 푸르른 소나무다"라고 말했다. 이론은 어떤 현상을 설명하기 위한 목적이 있으며, 늘 푸르른 소나무만 어떤 목적도 없이 그 자체로서 푸르기에 선하다고 주장한 것이다. 그러면서 선의의 거짓말은 있을 수 없고 모든 도덕적 행위는 보편적 법칙이어야 하며, 거짓말은 어떤 상황에서도 허용되지 않는다고 말했다.

당신의 친구가 당신 집에 숨어 있는데 한 살인자가 당신의 친구를 찾으러 왔다. 문 앞에 서서 그 친구의 위치를 묻는다면 어떻게 해야 할까? 칸트의 정언명령에 따르면 '거짓말하지 말라'는 도덕 원칙은 언제나 지켜져야 한다. 거짓말이 보편적 원칙이 되면 신뢰가 붕괴되고 사회적 계약이 무너지기 때문이다. 도덕적 혼란을 일으키는 거짓말은 어떤 상황에서도 정당화될 수 없다. 칸트는 이런 상황에서도 절대 거짓말을 해서는 안 된다고 주장했다. 친구가 어디에 있는지 정직하게 말해야 한다는 것이다.

이 논리는 많은 비판을 받았다. 극단적인 상황에서 진실을 말하는 것이 도덕적으로 옳지 않다고 보는 것이다. 친구의 생명을 보호하는 것이 더 큰 도덕적 책임이라는 주장이다. 칸트는 이러한 비판에 대해 이렇게 답변한다. "도덕적 원칙은 절대적이다. 상황에 따라 변해서는 안 된다. 거짓말을 통해 일어나는 결과는 우리가 통제할 수 없지만, 우리의 도덕적 행위는 통제할 수 있다. 사회에서 신뢰를 유지하기 위해서는 거짓말을 하지 않는 것이 중요하다. 이는 장기적으로 더 큰 도덕적 이익을 가져올 것이다."

헤겔은 칸트의 정언명령이 실제 현실 세계에서 발생하는 구체적인 상황들을 충분히 반영하지 못한다고 주장했다. 헤겔은 칸트의 철학이 지나치게 형식적이며 추상적이라고 비판한다. 구체적인 상황에서 생겨나는 괴리와 전혀 고려되지 않는 사회적 조건을 지적한 것이다.

개인의 행위는 개인의 자유와 자율성 속에서 실현되며 이는 사회적 맥락과 역사적 조건 속에서 구체화된다. 이러한 주장은 많은 논란을 불러일으키지만, 칸트의 도덕철학의 핵심 원리를 가감 없이 보여준다.

 ## 비판적 사고력 UP!

1. 순수이성과 실천이성, 정언명령과 가언명령의 개념을
   예를 들어 설명해보자.
2. 칸트가 말한 자유의지와 자율성이 내 생활에서 얼마나
   작용하고 있는지 살펴보자.
3. 선의의 거짓말에 대한 자신의 생각과 그 이유를 설명해보자.

에필로그

지금은 도약할 때

이 어려운 책을 끝까지 읽어낸 여러분에게 박수를 보낸다. 읽고, 생각하고, 답했던 그 치열한 과정이 쌓이고 쌓여 훗날 저력을 발휘할 거라 믿는다.

"나는 생각한다. 고로 나는 존재한다."

철학자 데카르트는 '생각의 힘'을 강조하며 이런 말을 했다. 이는 사고를 확장해 나가는 인간의 '발전 가능성'을 시사하는 말이기도 하다. 여러분의 가능성 역시 무한하다. 무한히 생각할 수 있기 때문이다. 쓸데없이 핸드폰을 들여다보며 먹방, 게임, 댄스 챌린지, SNS에 빠져들지 말자. 재미는 있을지 모르겠으나 '재미' 외엔 남는 것이 아무것도 없다.

조금 더 멋지고 근사한 사람이 되고 싶은 마음이 우리 안에 있다. 언제, 어디서든 자신의 존재감을 드러내고 싶은 여러분에게 '생각할 시간'을 선물하고 싶다. 그 선물을 열어 만끽한다면 누구나 근사한 사람이 될 수 있다. 여기서의 근사함은 단순한 '멋'이 아니라 남다른 '생각의 차원'이다.

1편과 마찬가지로 핵심 내용을 요약, 정리하고 마음껏 질문해보자. 아는 것과 모르는 것을 구분하고 그에 맞춰 질문하는 습관은 그 어떤 공부나 학습보다 중요하다. 이러한 포맷은 책에서 다룬 60개의 토픽에 국한되지 않는다. 모든 이슈와 사상, 철학, 논리 등이 여러분만의 새로운 토픽이 될 수 있음을 기억하자.

"읽고, 생각하고, 질문하라."

무엇보다 이 책이 그 시작을 함께할 소중한 러닝메이트가 되길 진심으로 바란다.

중등 필독 신문 2

1판 1쇄 발행 2024년 10월 21일
1판 2쇄 발행 2024년 11월 11일

지은이 이현옥, 이현주
발행인 김형준

책임편집 박시현, 허양기
디자인 design ko
온라인 홍보 허한아
마케팅 성현서

발행처 체인지업북스
출판등록 2021년 1월 5일 제2021-000003호
주소 경기도 고양시 덕양구 원흥동 705, 306호
전화 02-6956-8977
팩스 02-6499-8977
이메일 change-up20@naver.com
홈페이지 www.changeuplibro.com

ⓒ 이현옥, 이현주, 2024

ISBN 979-11-91378-61-0 (43370)

체인지업북스는 내 삶을 변화시키는 책을 펴냅니다.